小学课程校本化实施的理论建构与实践探索

主编 庞永红 蒋明权
副主编 任晓玲 王红

西南大学出版社
国家一级出版社 全国百佳图书出版单位

图书在版编目(CIP)数据

小学课程校本化实施的理论建构与实践探索 / 庞永红, 蒋明权主编. -- 重庆：西南大学出版社, 2024. 12. -- ISBN 978-7-5697-2789-0

Ⅰ. G622.3

中国国家版本馆CIP数据核字第2025XS3129号

小学课程校本化实施的理论建构与实践探索
XIAOXUE KECHENG XIAOBENHUA SHISHI DE LILUN JIANGOU YU SHIJIAN TANSUO

主　　编：庞永红　蒋明权
副主编：任晓玲　王　红

选题策划	张浩宇
责任编辑	张浩宇
责任校对	张丽娜
装帧设计	闰江文化
排　　版	吕书田
出版发行	西南大学出版社（原西南师范大学出版社）
地　　址	重庆市北碚区天生路2号
邮　　编	400715
电　　话	023-68254353
经　　销	全国新华书店
印　　刷	重庆市圣立印刷有限公司
成品尺寸	185 mm×260 mm
印　　张	17.25
字　　数	330千字
版　　次	2024年12月 第1版
印　　次	2024年12月 第1次印刷
书　　号	ISBN 978-7-5697-2789-0
定　　价	68.00元

编委会

顾　问：艾　兴

主　编：庞永红　蒋明权

副主编：任晓玲　王　红

编　委：（排名不分先后）

广　雅	王文俊	王　红	王帮勇	王　露
文朝娅	任立平	任晓玲	刘　丹	刘　芳
刘凌燕	刘霞(A)	刘霞(B)	许琳彬	杨　莉
杨清华	张　文	罗巧玲	罗茜尹	周登平
庞永红	高小权	郭　兰	唐　岭	龚怡萍
蒋明权	游古学	黎兴梅		

序

　　教育作为构建未来社会基础的关键领域,正面临着前所未有的机遇与挑战。随着《关于深化教育教学改革全面提高义务教育质量的意见》的实施,我国基础教育领域正掀起一场旨在提升教育质量、促进学生全面发展的深刻变革。在此背景下,任何有益于探索新型教学模式、促进学生个性化成长、教师专业发展的努力,都显得弥足珍贵。为此,重庆市南川区隆化第一小学校编著了这本关于"问学·体验"阳光课堂教学范式探索与实践的书籍,希望能为小学课程校本化实施的理论建构和实践探索贡献力量。

　　本书不仅汇集了重庆市南川区隆化第一小学校近年来在教育教学改革中的积极探索与实践成果,同时也凝聚了该校与众多合作伙伴智慧交流的结晶。它系统地阐述了"问学·体验"阳光课堂教学这一创新教学范式的概述、基础、构成模型及流程,深入浅出地解析了该范式在各学科中的具体应用,通过丰富的实施策略与案例分析,展现了该范式在实际教学中的生命力与育人性。尤为重要的是,本书还对该课堂教学的评价体系以及支持体系进行了全面梳理,为其他学校提供了可借鉴、可操作的实践路径。

　　教育不是灌输的过程,而是点燃火焰。教育的真谛在于唤醒学生潜能、培养学生能力、引领学生创新。重庆市南川区隆化第一小学校所践行的教学范式,正是对这一教育哲学的深刻演绎。该范式挣脱传统教学的束缚,转而以学生为中心,全力促进学生个性化成长与综合素质的飞跃。同时,它还为教师专业化成长搭建了广阔平台,鼓励教师成为学生学习的领航者、促进者,从而极大地提升了教师专业素养,增强了课堂教学的互动性与有效性。

　　此外,本书所展现的不仅仅是教学方法的创新,更是对教育理念的深度反思与重塑。它提醒我们,面对新时代的教育需求,我们必须勇于探索、敢于实践,不断寻找更加符合学生成长规律、更加有利于培养未来社会所需人才的教学模式。重庆市南川区隆化第一小学校的实践,无疑提供了一个值得我们细致剖析与借鉴的范例。

　　最后,在此向参与此书编著的每一位同仁表示由衷的敬意与感谢。正是你们的辛勤耕耘与不懈追求,为小学课程校本化的宏伟蓝图增添了坚实砖瓦。同时,也热切期盼这本书的面世,能够激发更多教育工作者对教学改革的深刻思考与积极行动,共同推动我国基础教育事业的蓬勃发展。让我们携手并进,在教育的征途上不断探索、不断前行,共同为培育德智体美劳全面发展的社会主义建设者和接班人,倾注我们的智慧,奉献我们的力量。

2024 年 10 月

前 言

当前,课堂教学改革已然步入新课改攻坚阶段。在此关键之际,《小学课程校本化实施的理论建构与实践探索》一书应运而生。该书出版旨在进一步推广、运用本校研究成果,为课堂教学改革呈上一份行之有效的蓝本,使"问学·体验"阳光课堂范式的成功经验与理念惠及更多学校。该范式深化育人实践,有效提升学生自主学习、合作探究以及交流运用的学习能力,进而提升学生综合素养,为课堂教学范式改革注入新活力。

伴随科学技术的迅猛发展,教育理念、方法和手段正经历深刻变革。在素养型育人观的持续推动下,以学生为中心的教学范式愈发契合教育本质并日渐深入人心。在此范式下,学生转变为主动的学习者与问题解决者,而非单纯的知识接受者;教师则成为学生学习的指导者与辅助者,而非机械的知识灌输者。课堂教学也不再局限于教师的单一化讲解,而是灵活运用小组讨论、角色扮演、案例分析等多样化教学活动,培养学生批判性思维、沟通协作、自我管理等综合能力。因此,重庆市南川区隆化第一小学校积极立足新课改理念,探寻具有本校特色的课堂范式,以实现教学效果的优化与提升。

传统课堂教学常常拘泥于"旧三中心",主要关注讲授知识、传授技能及单一化评估标准来判断教学目标的达成程度。教师是知识的传授者,学生是知识的接收者,课堂以教师讲解为主,学生学习侧重于听讲与记忆,缺乏主动性与参与度。为扭转传统课堂教学的弊端,突出学生的主体地位,呵护学生好奇心、想象力与求知欲,激发学习兴趣,提升学生自主学习、合作探究及批判性学习能力,将课堂归还学生,使其真正成为学习的主人,重庆市南川区隆化第一小学校在探索学生发展的课堂范式之路上奋勇前行、大胆尝试,并在专家引领下探索出"问学·体验"阳光课堂教学范式。此范式以培育品学兼优、胸怀天下的阳光少年为目标,让学生在"自学、互学、展学"的课堂学习活动中实现个性化成长。该范式突破以往研究方法的局限,为教学改革提供新视角与新方法，有助于丰富和完善教学范式理论体系。同时，它还以"自学—互学—展学"为切入点，拓展学生个性化发展空间，为学生搭建展示自我的平台，激发学生生命蓬勃向上，使每位学生成为一名"善提问、会学习、能创新、有温度"的阳光少年。

全书共包含七章。第一章由游古学、唐岭、龚怡萍、庞永红撰写，从"范式""价值与意义""内涵与特征"等方面对课堂教学范式进行了概括性阐述。第二章由郭兰、杨莉、刘丹、罗茜尹负责撰写，从"缘起与发展""理论基础""现实依据"等角度阐述了课堂范式的发展与建构。第三章由任晓玲、罗巧玲、周登平、黎兴梅撰写，对课堂范式的构成、模型和流程进行了系统性论述。第四章由王红、文朝娅、许琳彬和刘霞撰写，对课堂范式在小学各学科教学中的实践运用进行了有序梳理与阐释。第五章由王文俊、广雅、刘芳、蒋明权撰写，对教学的实施策略和实践案例展开了多角度分析。第六章由王帮勇、任立平、王露、刘霞撰写，对教学评价策略展开了细致论述。第七章由张文、杨清华、刘凌燕、高小权撰写，从"学校文化创新""教师素养发展""课程建设"等方面对教学范式的支持体系进行了全面阐释。全书由庞永红、蒋明权整体策划。

本书所探索的"问学·体验"阳光课堂教学范式，是重庆市南川区隆化第一小学校全校师生历经多年课堂教学实践研究的结晶，在此期间，得到西南大学朱德全、罗生全、艾兴等专家的悉心指导，南川区教委、进修校给予的大力支持。于此，一并表示衷心的感谢！

该书理论与实践相结合，以期为大家提供学习与借鉴的范例，为课堂教学改革带来一抹亮色。任何课堂教学范式都非尽善尽美，只有契合本校实际与课程特色的范式，才是切实有效的最佳选择。在学习借鉴过程中，应汲取精华，因地制宜，为我所用。由于时间仓促，编者水平有限，本书难免有不足与失误之处，敬请批评指正！

书中所涉参考文献均收集在与该书配套的电子资源包中，需要的读者可在西南大学出版社官方网站中的"天生云课堂"栏目免费下载。

编者
2024年10月

目录

第一章　范式和"问学·体验"阳光课堂教学范式的概述
第一节　科学革命的范式和课堂教学范式　　/ 003
第二节　"问学·体验"阳光课堂范式建构的价值与意义　　/ 013
第三节　"问学·体验"阳光课堂教学范式的内涵与特征　　/ 020

第二章　"问学·体验"阳光课堂教学范式的基础
第一节　"问学·体验"阳光课堂教学范式的历史基础　　/ 037
第二节　"问学·体验"阳光课堂教学范式建构的现实依据　　/ 046
第三节　"问学·体验"阳光课堂教学范式建构的理论基础　　/ 052

第三章　"问学·体验"阳光课堂教学的构成、模型和流程
第一节　"问学·体验"阳光课堂教学的构成要素分析　　/ 065
第二节　"问学·体验"阳光课堂教学的基本模型建构　　/ 074
第三节　"问学·体验"阳光课堂教学实施的主要流程　　/ 084

第四章 "问学·体验"阳光课堂教学范式在学科中的应用

  第一节 "问学·体验"阳光课堂在小学语文学科中的应用   / 093

  第二节 "问学·体验"阳光课堂在小学数学学科中的应用   / 107

  第三节 "问学·体验"阳光课堂在小学英语学科中的应用   / 116

  第四节 "问学·体验"阳光课堂在其他学科中的应用   / 127

第五章 "问学·体验"阳光课堂教学的实施策略与案例分析

  第一节 小学一二年级"问学·体验"阳光课堂教学的实施策略与案例分析   / 141

  第二节 小学三四年级"问学·体验"阳光课堂教学的实施策略与案例分析   / 159

  第三节 小学五六年级"问学·体验"阳光课堂教学的实施策略与案例分析   / 179

第六章 "问学·体验"阳光课堂教学的评价

  第一节 "问学·体验"阳光课堂教学的评价理念   / 199

  第二节 "问学·体验"阳光课堂评价工具开发与应用   / 203

  第三节 "问学·体验"阳光课堂教学的评价策略   / 213

第七章 "问学·体验"阳光课堂教学范式的支持体系

  第一节 学校文化的创新   / 229

  第二节 教师素养的发展   / 235

  第三节 课程建设的优化   / 254

第一章
范式和"问学·体验"阳光课堂教学范式的概述

在21世纪的今天,教育领域正经历着前所未有的变革。随着科技的飞速发展和全球化进程的不断深入,教育的理念、方法和手段都在发生着深刻的变化。教育不再局限于传统的教师讲授模式,而是向着更加开放、灵活和个性化的方向发展。正是在这样的背景下,对教育领域中科学革命的范式转换和课堂教学范式的创新需要进行更深入的探讨和分析。

科学革命的范式转换,作为教育发展史上的重要里程碑,不仅推动了人类知识的积累和更新,也为教育实践提供了新的思路和方法。托马斯·库恩的范式理论为我们理解科学发展中的革命性变化提供了重要的视角,也为教育领域的改革和发展指明了方向。

课堂教学范式的创新,是在传统教育模式的基础上,结合现代社会的需求和教育理念的发展,形成的新型教学模式。正如夸美纽斯在《大教学论》中指出,找到一种教育方法,使教师可以少教,但是学生可以多学;使学校可以因此少些喧嚣、厌恶和无益的劳苦,独具闲暇、快乐及坚实的脚步。"问学·体验"阳光课堂教学范式的提出,正是对传统教学模式的一次深刻反思和大胆创新,旨在培养学生的批判性思维、创新能力和综合素质。

第一节
科学革命的范式和课堂教学范式

科学革命的范式是科学理论或观念的根本性转变,它通常伴随着科学方法和思维方式的深刻变革,从科学革命的范式谈课堂教学范式,可以看到教学方式的变革与科学革命的范式有着密切的联系。

一、范式的定义与内涵

(一)范式的界定

范式(paradigm)是指在某个领域或学科中被广泛接受和应用的一种规范、模式或标准。它可以是一种思维方式、方法论或实践经验,也可以是一种理论框架、模型或规则集合。范式通常是由该领域的专家、学者或从业者共同形成并认可的,具有一定的权威性和普遍性。

范式这一概念最初是1962年由美国著名科学哲学家托马斯·库恩在《科学革命的结构》中提出来的,它是常规科学所赖以运作的理论基础和实践规范。库恩曾在第一部著述《哥白尼革命》的前言里说起范式,在《必要的张力》里正式论及范式,而在《科学革命的结构》中赋予了范式丰富的内涵和崭新的生命。追溯历史,"范式"一词并不是库恩第一个创造的,它曾经在古希腊文中就已经出现过,最初被用于语言学中,意指"模范"或"模型",而库恩将"范式"这个词重新提出来,并赋予了其新的意义。在库恩看来,范式是在某科学领域中公认的模型或模式,范式是科学共同体的成员所共有的信念、价值、技术等构成的整体。[1]范式具有以下两个特征:它们的成就空前地吸引了一批坚定的拥护者,使他们脱离科学活动的其他竞争模式。同时,这些成就又足以无限制地为重新组成的一批实践者留下有待解决的种种问题。[2]简单来说,库恩认为,当一种科学成就能够吸引到一批坚定的追随者,并且存在很多开放性的、未解决的问题时,这一科学成就就可以称为范式。

在《科学革命的结构》一书中并没有提出范式的确切含义。虽然该著作中"范式"的含义还比较模糊,但自从库恩提出"范式"这一概念之后,外界学者站在不同的角度,根据自己的理解和需要,对范式加以了新的解读。瞿葆奎认为,因为科学家在解决问题时会使用一种标准的方式,即范式,它能决定研究人员使用的研究方法和程序,所以对于共同研究的课题,他们的语言、方式和规划是基本相同的。③范式是一种文化的人工制品,反映了特定时间内特定科学团体在科学行为方面占主导地位的观点,它以一种范例的形式决定了新一代科学家的科学研究方法和程序。④默顿认为,范式是将一个指定领域或某种分析方法的一些假定、概念问题与发现加以整理排列,使未来的研究者有所慰藉。⑤崔允漷认为,范式就是指科学共同体用基本一致的思考方式来研究同一领域的特定问题,简言之,范式代表了一种近乎固定的问题和解题方法,范式不是理论,但它对理论的形成起着很大的作用。⑥

总之,范式原本是描述自然科学的术语,但它又准确地抓住了人类知识的共同特征。库恩指出,按既定的用法,范式就是一种公认的模型或模式,我采用这个术语是想说明,在科学实际活动中某些被公认的范例——包括定律、理论、应用以及仪器设备在内的范例——为某种科学研究传统的出现提供了模型。⑦也就是说,每个时代所具有的科学模式就是范式,它可以是抽象的理论原则,也可以是具体的范例,它们都是能被科学家模仿的东西,规范他们做研究的方式。但范式又区别于规则,范式比能从其中明白地抽象出来进行研究的任何一组规则更优先、更具约束力、更加完备。⑧

(二)范式的内涵

一门科学从不成熟到成熟的标志,就是形成一个范式,范式的确立能够化解基本争论,形成共识的理论著作和研究成果。以物理光学为例,在牛顿提出光的粒子学说之前,各个学派对光的本质都有许多独特的见解,而牛顿却第一个从这些贡献中得到人们公认的物理光学范式;同样,电学研究史也经过了很长一段时间的研究,才获得了第一个普遍被人们接受的范式。在库恩以前,人们普遍认为科学的发展是单纯的知识积累,而库恩却告诉我们,科学的演化不仅有积累,更是有很多的间断和革命。创造一个新的范式比较容易,但要在已有的范式上破旧立新就比较困难,因为那意味着需要改变人们已经坚信不疑的原则和习以为常的观念,而这恰恰就是科学的革命,范式的转换就是科学的革命。

在科学的演进历程中,科学革命扮演着关键角色,其核心表现之一便是范式的转变。每至特定发展阶段,若范式未能适时革新,科学便难以契合时代进步需求,亦无法顺应自身内在发展规律。以物理光学领域为例,18世纪时,牛顿于《光学》中提出光是物质微粒的范式,在随后漫长岁月里,众多研究者笃定地在这一范式框架内展开探索。直至19世纪早期,托马斯·扬与菲涅尔的光学著作横空出世,光的波动理论崭露头角,全新范式应运而生。此后,爱因斯坦提出光电效应理论,进一步揭示了光的波粒二象性。此类范式更迭,正是科学革命的生动体现,成熟科学通常沿着一种范式经革命过渡至另一种范式的轨迹前行。

在《科学革命的结构》中,库恩将科学发展模式概括为三个阶段。起初是前科学时期,任何一门科学在尚未达成公认"范式"之前,处于诸多相互竞争的前"范式"混沌阶段。一旦具有权威性、共识性的"范式"得以确立,科学便踏入常规科学发展的正轨。在常规科学阶段,科学共同体依循范式指引,全力攻克疑难复杂问题。但随着研究深入,原有"范式"难免遭遇无法解释的现象与难题,危机随之浮现。此时,不同范式激烈竞争,旧"范式"渐被新"范式"取而代之,旧有的"科学共同体"亦被新生力量所替换,此即为科学革命爆发之际。而后,科学发展再度迈入全新常规科学阶段,如此周而复始,循环不息,一切科学发展皆遵循这般规律。[⑨]

实质上,科学革命的要义就在于持续转换范式,唯有冲破旧有框架的羁绊,方能实现科学进步。回顾化学史,氧气的发现堪称典型例证。拉瓦锡提出氧气学说,确立全新范式,一举取代普利斯特列的燃素说旧范式,为化学科学发展注入强大动力。

技术持续革新以及新专业、新学科不断涌现,必然促使科学革命发生。在常规科学实验进程中,研究者时常邂逅新奇现象,库恩将之定义为"反常"。事实上,任一范式都存在尚未明晰的反常之处、难以解答的谜题。当聚焦这些反常深入探究,危机悄然降临,往往会催生多种范式,且每种范式皆能容纳一系列反常现象。察觉反常、直面危机,进而孕育新范式,伴随新范式取代旧范式,科学革命爆发,顺势推动科学大步向前。需明确的是,范式本身并无绝对对错之分,不同范式折射出对社会与现实本质的多元见解,本质上是各异的观察研究方式与思维路径。

以传播学为例,其内部不同范式代表着研究传播现象的不同视角与思路。传统派秉持经验主义研究范式,聚焦人类共性展开探索;批判学派则持有异议,认为凭借个体研究难以推导出普适结论,强调人作为主体性存在,个体差异显著,是特定历史与社会情境的产物,因而侧重人的个性探究。历经岁月洗礼与长期争鸣,传播学博采众长,将哲学思辨法与实证主义方法融合,量化、质化研究手段并重,塑造出新人本主义范式的核心研究方法。[10]

总而言之,范式仿若阶段性模具,必须与时俱进、适时更新,否则无法化解难题。创新性作为科学的鲜明旗帜,一旦缺失,科学必将陷入退化、衰败困境。

二、课堂教学范式的定义与内涵

(一)课堂教学范式的界定

根据库恩提出的范式的概念:范式就是指从事同一领域研究的学者所持有的共同信念、传统理念和方法等。如果将科学革命范式的概念应用到课堂教学,那课堂教学范式,就是指课程与教学研究者研究课程与教学问题时,所持有的共同信念、传统、理论和研究方法等,是在旧的课堂教学适应不了当前教学发展或问题调整的"危机"背景下,某一个共同体(这里的共同体往往指某个或某几个学校、区域,或者是一个协同的研究团队)针对课堂教学的方法论、认识论和本体论等有了一组新的准则和观点,形成了一套符合当前改革情景下的有关课堂教学的核心理念、价值导向和实践样态。

随着库恩《科学革命的结构》一书诞生,教育研究者不断把这一概念引进教学领域,旨在形成对本领域内范式的界定。在教育学领域,最早引用"范式"一词的是美国著名的教育研究专家盖奇,他在对范式理解的基础上,认为教学范式是由研究共同体、理论基础、研究方法、研究共同体统一的表达方式和评价标准所构成的综合体。随后,国内外很多学者对教学范式的概念从不同的角度也做了界定,有的学者从理论层面出发,强调教学范式的理论性,即教学范式是一种形而上的世界观,对教学实践活动起指导作用,如教学范式是人们对教学现象和教学活动的理解和看法。还有学者从实践层面出发,侧重强调教学范式的实践性,即理念指导下教学范式的实践行为,如教学范式在教学活动中,师生通过教学资源,多维度、多层次的平等交往与对话,达到心理认同、情感认同和价值认同,以便更好地促进教学实践活动。[11]近年来,在我国基础教育课程教学范式建构实践中,不少一线教育教学教师和管理人员积极学习、认真研究,对课堂教学理论认识在一定程度上形成了比较成熟的见解,提炼出不少的课堂教学范式。这些范式,能在一定的学校或者教师群体范围内,成为大家共识的关于课堂教学的理论认识和实践范式,它并不一定是影响整个教学研究领域的根本性、基础性的理论认识,它可大可小,可能是对课堂教学中的某一方面形成的共识,如对师生互动的共识,对学生自主学习重要性的共识,或者是对课堂教学某种程序步骤安排的共识,也可能是在有限范围内的群体成员之间形成的共识,如一个区域内所有学校教师的共识,一所学校内教师群体的共识,甚至是一所学校内同一门课程的任课教师的某种共识,虽然群体范围不同,但这种共识都具有范式的特征和意义,能对课堂教学的研究和实践发展产生积极的影响。[12]

(二)课堂教学范式的内涵

教学范式是范式理论在教育学领域的运用,是由哲学层面向具体学科层面的运用,它是教学范式中教学共同体(包括教学理论研究者和教学实践工作者)在特定时代背景下形成的较为稳定的教学理念和教学模式,其中教学理念指导教学实践活动形成较为稳定的教学模式,反过来,教学实践活动中出现的教学问题促使教学理念不断更新,从而建构更为完善、更具指导性的教学范式。

对于课堂教学范式的内涵研究,我国学者借鉴库恩的理论和国外教学论领域的范式理论,结合中国的教育研究理论流派及特色提出中国特色的教学范式。叶增编先生认为教学范式可以从两个层面去理解:第一个层面是对教学活动结构的形式抽象;第二个层面是教学理念对教学实践过程的具体指导,即教学范式对教学实践的影响。[13]陈晓端教授认为,教学范式的内涵要从多元整合的角度去把握,如艺术的角度、科学的角度、系统的角度、技能的角度和反思的角度等。[14]谢晓宇等学者认为,教学范式包含制度层面和课程层面两个方面,制度层面上需要探讨教学目的、教学场所、教学实施、成绩考核等问题,课程层面则体现了教学方法在课堂中的具体运用。[15]徐晗认为,教学范式应包括三段四环节,三段是指课前延伸预习、课内研究、课外提升三个步骤;四环节是指分层自主学习、交流、建构和检测。[16]马启民教授认为,教学范式的本质属性要通过教学过程的结构变化体现出来,主要表现在课程结构、课程时间、教学方法、教师考试方法和教学层次上的调整。[17]从以上观点可以看出,无论是强调理论指导,还是注重范式的实践运用,各学者对教学研究范式定义的核心基本一致,都强调了它对行为主体的指导作用。

课堂教学范式是一种教学理念、方式、方法、策略和模式的综合体,它涵盖了教学活动的各个层面,包括课前准备、课中实施和课后评估等环节,其核心是围绕特定的学科或领域,通过系统化的教学设计,运用多种教学方法和策略,实现特定的教学目标。具体来说,课堂教学范式可以根据不同的学科和教学环境进行分类,例如,数学课堂教学范式、英语课堂教学范式、科学课堂教学范式等,每种范式都有其特定的教学目标、教学内容、教学方法和评价标准,以及师生角色定位和教学组织形式。课堂教学范式的内涵还可以从以下几个方面来考虑:第一,教学理念是教学范式的核心,它反映了教师对教学的理解和追求。传统教学理念强调知识的传授和学生的听讲,而现代教学理念则注重学生的主动性和创造性,培养学生的思维能力和学科素养;第二,教学方式是教学范式的重要元素,包括教师讲授与学生学习的途径和方式。现代教学方式倡导多元化、互动性和探究性,注重培养学生的自主学习能力和合作学习能力;第三,教学内容是教学范式的关键要素之一,它反映了教学目标和教学任务。教学内容应该根据学科特点与学生需求进行选择和设计,注重内容的深度和广度,以及学生的实际应用能力;第四,教学评价是教学范式的另一个重要方面,它是对教学效果的评估和反馈。教学评价应该采用多种评价方式,包括形成性评估和终结性评估,注重学生的实际应用能力和综合素质。

综上所述,课堂教学范式是指在一定层次和范围内的教育工作者,包括教育管理部门领导者、校长、教师、教学管理人员等对课堂教学所持有的理论共识,以及反映这些共识的实践模式。[18]它是一种系统化的教学设计方法和策略,旨在实现特定的教学目标和任务,包括教学理念、教学方式、教学内容和教学评价等方面,并强调学生的主动性和创造性、自主学习和合作学习等多种教学方法和策略的综合运用。

三、课堂教学范式的发展与转型

(一)课堂教学范式的发展

纵观课堂教学范式的发展,随着教学思想的变化,课堂教学范式呈现出多元化的发展态势。追溯到古代的教学思想萌芽阶段,教学范式的形成与教育家的思考紧密相连,例如孔子提出的"因材施教"和"有教无类"等理念,以及古希腊哲学家苏格拉底所倡导的"产婆术"等,这些思想都在一定程度上为课堂教学范式的形成奠定了基础。随着历史的发展,各种教学思想和教学方法开始相互交融和碰撞,在这个时期,出现了诸如"情境教学""对话式教学"等新的教学范式,同时,不同的宗教和文化背景也促进了教学范式的多样化发展。到了近代,随着科学技术的发展和社会变革的加速,出现了诸如"探究式教学""合作学习""项目制学习"等多种教学范式,这些教学范式不仅注重学生的知识学习,也注重学生的能力培养和个性发展,更加贴近教育的本质。其中,近代第一个比较成形的教学范式,是夸美纽斯建立的以注重观察、记忆、理解、练习为特征的科学知识教学范式,而赫尔巴特创立的明了、联想、系统、方法等"四阶段"教学范式,以及由赫尔巴特的学生席勒改造而成的预备、提示、联想、巩固、方法即"五阶段"教学范式,对世界教育实践产生了深远而持久的影响。随着西方工业革命和资本主义民主制度的建立,以及教学内容的增多和教学对象的扩大,新的形势对原有的教学模式提出了挑战,迫使教育家们更加深入、广泛地研究教学活动,教学思想也逐渐形成体系。

任何学科研究的发展与未来走向,都和研究范式变革紧密相关,而教学范式的变革又深受教学理论的指引。随着教学的时代背景和教学理论的变化,学者们对课堂教学范式的研究也进行着不断的转换,从单纯的教师教学行为的考察,转向对更多的课堂因素、对整体的课堂情景的把握。比如:佐藤学的隐喻,从"黑匣子"——以定量的方法探讨对教学过程诸要素之功能的因果关系;到"玻璃盒"——基于对课堂观察的质性研究取得教学过程的理论解读;再到"潘多拉盒"——亲临课堂,直面课堂事实的复杂性与丰富性,直面教师实践的难度与可行性,在复杂的混沌中,满怀"希望"地求得实践性问题的解决。[19]Doyle W.的划分思想,从行为主义的研究取向的"过程—结果范式",基本旨趣在于在严格的、科学的统计方法基础上寻求教师教学行为和学生成就之间的关系;到认知主义的研究取向的"中介——过程范式",通过考察教师教学行为背后的认知、思维和决策过程,去理解教师是如何应对教学的复杂性的;再到社会建构主义的"课堂——生态范式",通过参与式观察对教学活动进行"深描"并在与环境互动中理解与诠释教学活动的意义。还有我国学者张武升参与的逻辑演绎的研究范式、自然类比的研究范式、实证分析的研究范式、人文理解的研究范式;崔允漷的"目的—手段范式""过程—成果范式""社会—语言范式"等等。课堂教学范式不是固定不变的,在不同的时代和研究之中,为适应不同的环境会选择不同的研究范式,它需要根据不同的教学环境和条件进行适时的调整和改进,需要在实践中不断探索和创新,不断完善教学理念和方法,以适应不断变化的教育需求和学生发展的需要。

课堂教学范式的发展是一个不断探索和实践的过程,随着教学思想的变化和教学理论的指引,当今教学研究的发展逐渐把研究者拉回到教学的现实生活,更确切地说是回到每一个真实的课堂,去勇敢面对这一极其复杂、充满矛盾和挑战的世界。总之,课堂教学范式的发展是一个不断适应时代需求和变化的过程,未来的课堂教学范式将更加灵活多样,注重学生的主体性和参与性,关注学生的个性化需求和能力发展,注重与现实生活的联系和实用性,根据不同的教学目标、社会需求及个体差异而不断调整和完善,同时也将积极探索和应用信息技术等新兴教学手段,提高教学效率和效果。

(二)课堂教学范式的转型

课堂教学范式的转型主要是从传统的以教师为中心的教学范式向现代的以学生为中心的教学范式转变。在传统的以教师为中心的教学范式中,教师是知识的传授者,学生是知识的接受者,课堂教学以教师讲解为主,学生的学习主要集中在听讲和记忆上。这种教学范式注重的是知识的传递,而忽视了学生的学习过程和个性的发展,随着教育改革的不断深入,人们逐渐认识到以学生为中心的教学范式更加符合教育的本质。在这种教学范式下,学生不再是知识的接受者,而是主动的学习者和问题的解决者,教师不再是知识的传授者,而是学生学习的指导者和辅助者。课堂教学也不再是单一的教师讲解,而是通过多种形式的教学活动,如小组讨论、角色扮演、案例分析等,培养学生的综合能力,如批判性思维、沟通协作、自我管理等。此外,为了满足不同学生的学习需求和个性特点,课堂教学也在不断尝试多元化的教学模式。例如,翻转课堂、混合式教学等。这些教学模式通过将学习时间和空间从课内延伸到课外,利用信息技术和网络资源,让学生更加自主地学习和探索,进一步提高了学生的自主学习能力和创新能力。

建构主义学习观强调,学习是个体主动建构的过程,不是由教师将现成知识传递给学生,而是由学生面对新的事物时,主动地以个体先前的经验为基础,去建构知识,而且这种知识有其发展性和演化性,并非固定不变的。建构主义不仅注重知识是由学习者主动建构的精神,也注重知识在社会层面、同伴与师生之间的沟通与协商。所以,建构主义教学所追求的"学习"不是背诵现成知识的"应试型学习",而是活生生的"生存能力"——"应变型学习"。因此,在如今社会发展的时代背景下,面对当前教育改革背景下核心素养的培养,大规模个性化的学习,学校、区域或者团队作为课堂教学范式的共同体,要清楚旧的课堂教学范式已经无法解决新的时代背景带来的挑战,我们需要在旧的教学范式的危机中建立起适合当前教学理论的新范式。

有学者分析了中国课程教学范式的发展特点,将其分为三个阶段,首先,成就可以说是在"面"上——使课程教学范式得以全面铺开;其次,贡献在于"线"上——教学范式按照系统化的线路延伸;最后,作用在于"点"上——针对各种现实问题或教学理论定点进行专业研究。当下教育重视的"点"是学科核心素养,它是学生通过课程学习逐步形成的正确价值观、必备品格和关键能力,是课程育人价值的集中体现。例如,义务教育语文课程培养的核心素养,是学生在积极的语文实践活动中积累、建构并在真实的语言运用情境中表现出来的,是文化自信和语言运用、思维能力、审美创造的综合体现。学科素养强调引导学生形成综合应用知识、技能方面的能力,突出情感、品格等方面的培养,就像菲利普·W.杰克逊在《课堂生活》中说的那样,除了观察教学互动的主要特征以及课程的总体设计,也不能忽略那些转瞬即逝的事情,也就是学生打个哈欠或者教师皱下眉头那样的事,与人们最初的印象不同,这一类事件恰恰包含了有关课堂生活的丰富信息。[21]因此,建构新的课堂教学范式需要弄清楚素养教育是教的研究还是学的研究,需要转变课堂研究的主体,形成多向互动、动态生成的教学形态,变革主动的学习方式,发展学生以学习品质为核心的综合素质,转向"源头活水"的价值取向。

如果以世界各国课堂研究的发展状况为参照,长期以来,我国的课堂研究传统教学论的演绎框架进展缓慢,幸运的是,随着基础教育课程改革对课堂转型的呼吁,我国的课堂研究已经从传统教学论的紧箍咒下解放出来,坚定地从多个角度探究课堂教学范式,积极开拓新型的课堂教学研究已成为历史发展的必然。2001年,教育部印发《基础教育课程改革纲要(试行)》,这是应对经济全球化的挑战,规划我国基础教育课程改革的纲领性文件,是推进我国基础教育的课程范式从"应试教育"向"素质教育"转型的重大举措。它揭示了素质教育新的课程理念,将保障每一名学生的"学习权",求得每一名学生得到发展贯穿通篇主旨,体现了课程政策的转型;它凸显了课程的综合化趋势,主张对话中心的教学,课程综合化,强化品德教育,关注人文精神,突出信息素养,求得知识整合,体现了教学规范、课程结构、评价制度的转型;同时,它打破了一纲一本的传统课程编制的束缚,形成了一个理论与实践不断互动、不断对话的生动活泼、持续发展的局面。[22]除此之外,2021年3月,教育部等六部门印发《义务教育质量评价指南》;2021年7月,中共中央办公厅、国务院办公厅印发《关于进一步减轻义务教育阶段学生作业负担和校外培训负担的意见》,关键在于优化教学方式,强化教学管理,提升学生在校学习效率。促进学生全面发展、健康成长;2022年4月,教育部印发《义务教育课程方案(2022年版)》中提出,全面落实关于培养担当民族复兴大任时代新人的要求,结合义务教育性质及课程定位,从有理想、有本领、有担当三个方面,明确义务教育阶段时代新人培养的具体要求;2023年5月,教育部办公厅印发《基础教育课程教学改革深化行动方案》,在第三部分的重点任务中也着重指出了全面推进教学方式变革。我国课堂教学范式的教学理念早已由"为教而教"转向"以学论教";教学目标由"知识传递"转向"个性化智能发展";教学设计由追求"结论获得"转向"过程参与";教师发挥主导作用的形式由"传授知识"转向"指导与设计";师生关系由"主客间授受关系"转向"主体间对话"关系;知识呈现形态由"单调"转向"多媒体",教学模式呈现多样化趋势。[②]

总之,在当前的课程改革和教育实践中,课堂教学范式的应用和研究越来越受到重视。它不仅可以帮助教师更好地理解和掌握教学方法和策略,提高教学质量和效果,还可以促进学生的自主学习和个性化发展,实现教育公平和优质发展。因此,课堂教学范式的转型是一个不断探索和实践的过程,需要广大教育工作者积极参与到这个过程中来,通过不断地尝试和创新,推动教育的发展和进步。

第二节 "问学·体验"阳光课堂范式建构的价值与意义

"问学·体验"阳光课堂范式是重庆市南川区隆化第一小学校在"尝试学习——引导学习——拓展学习"的教学模式下,经过多年的研究和改进,基于新课改理念诞生的。它提出的"问学"概念是以"问学"为策略,从问题入手,让师生在问题的驱动下探究,在探究中生疑,在解惑中生智;"体验",即学生具身实践,在情景中开展体验活动,在体验活动中建构知识。"问学·体验"阳光课堂范式以培育品学兼优、胸怀天下的阳光少年为目标,通过"自学、互学、展学"的课堂范式,实现学生个性化成长。

传统的教学方式中,教师是中心,在课堂上扮演主导角色,主要通过讲授知识、传授技能和进行评估来实现教学目标,而学生往往是接受者和执行者,缺乏主动性和参与性。一刀切的教学方式,无法满足不同学生的学习节奏和能力水平,忽视了学生的个体差异和学习需求;重知识轻实践的教学方式,往往使学生的学习能力只停留在理论层面,难以将所学知识应用到实际生活中,影响了学生的综合素质和实际能力的培养;强调记忆和重复的教学观念,限制了学生批判思维和创新能力的发展;以考试成绩为唯一的评价标准,忽视了学生的综合能力和学习过程,学生在传统教学中往往只追求分数,而忽视了对知识的深入理解和能力的培养。

2019年6月,中共中央、国务院印发《关于深化教育教学改革,全面提高义务教育质量的意见》指出,突出学生主体地位,注重保护学生好奇心、想象力、求知欲,激发学习兴趣,提高学习能力。坚持教学相长,注重启发式、互动式、探究式教学,教师课前要指导学生做好预习,课上要讲清重点难点、知识体系,引导学生主动思考、积极提问、自主探究。综合运用传统与现代技术手段,重视情境教学,探索基于学科的课程综合化教学,开展研究型、项目化、合作式学习。精准分析学情,重视差异化教学和个别化指导。于是,教育部门进一步探讨并寻找新型的教学模式,如课堂教学模式等,以改善教学效果,"问学·体验"阳光课堂教学范式就应运而生。

一、"问学·体验"阳光课堂范式建构的理论价值

(一)"问学·体验"阳光课堂范式为范式教学的理论发展提供了新思路

纵观已有的研究成果,"问学·体验"阳光课堂范式探讨范式教学的观念、要素、程序与基本策略,突破了以往研究方法的局限,为教学改革提供了新的视角和方法,有利于丰富和完善教学范式的理论体系。

通过对"范式""教学范式""课堂范式""问学·体验"阳光课堂范式的内涵特征和理论基础的分析,进而论述"问学·体验"阳光课堂范式在小学各学科中的应用,最后,总结反思"问学·体验"阳光课堂范式实施过程中的价值和不足,这将有助于丰富发展小学课堂范式的基本理论。

(二)"问学·体验"阳光课堂范式为范式教学的理论发展提供了新方法

尽管"范式"这一概念最初是在科学的语境中使用,而且主要是在自然科学中,但是"范式"的思想具有广泛的认识论意义。[1]借用"范式"概念来分析教学的发展,打破对教学研究发展的历史性的、渐进性的认识。"问学·体验"阳光课堂范式以"自学—互学—展学"为切入点,以范式理论为指导研究教学范式是具有方法论意义的。

二、"问学·体验"阳光课堂范式建构的实践价值

"问学·体验"阳光课堂范式是对已有课堂实践的反思与系统改进,为课堂教学范式更好地应用于教学研究提供了实践指导。对学生的综合能力、教师的教学水平、地方教育的辐射引领作用都有实践意义。

(一)"问学·体验"阳光课堂范式是学生实现个性化发展的广阔平台

"问学·体验"阳光课堂范式是唤醒学生学习兴趣的重要平台。"学起于思,思源于疑。"学习兴趣是教学活动的出发点和起因,对学习者起着激励、导向、支持和调控的作用,给教学过程带来内在驱动。内在驱动力是一切成长的动力,孩子具备了自主学习的内在驱动力,就会在认知活动中发挥主动性,成为学习的主体。"问学·体验"阳光课堂范式通过使用"引学单",学生在经过充分预习后,可以明确学习目标,形成学习任务,从而优化学习过程与动机,学生还可以适时做出反省反思,并进行情绪调节等。实

现了这些,就实现了兴趣对学业的正向影响。

建构主义学习理论认为学习是学习者主动进行知识建构的过程,知识不能够只通过教师单一讲授获得,而是学习者在特定的学习环境里,凭借教师和学习同伴的帮助,利用特定的学习材料,通过意义建构而获得。获得知识的多少和质量取决于学习者根据自身经验去建构相关新知识的意义的能力,并非学习者背诵和记忆教师讲授新知识的能力。在"问学·体验"阳光课堂范式的课堂教学中,学习者并不依赖于、适应于老师的授课,不再是单纯地接受任务、解答提问、积极参与互动,共同完成老师设置的目标,而是更多地体现为学习者在上课时自主探索,不满足于结果和答案,不满足于探讨的浅尝辄止和教学活动的蜻蜓点水,这使学生变成教育活动的参与者、答案的追问者、课堂教学发生的"制作者"、学习价值的实践者和课堂教学节奏的把握者。

除内在动力之外,学习者的学习兴趣还必须来自学习者以外的某种原因,或在学习者行为之外的、由外界的原因所引发产生的动力来激发。"问学·体验"阳光课堂范式为我们搭建学习共同体平台,需要确立共同学习目标,实现课堂教学目标;[2]创造良性的小组和学习气氛,成为小组学习"教育场",发挥团队学习的示范效应与传播效果;调整教师的教学策略,按照学生的特点合理安排课堂教学,营造富有魅力的课堂环境;进一步充实课程,使之更富有科学性、趣味性和实用价值,使学生想学、能学、会学。

在当今教育语境下,"问学·体验"阳光课堂范式展现出了独特的价值,其核心优势在于能够有力推动学生的个性化发展进程。从社会心理学的专业视角剖析,独特性作为个体自身特质的有机整合,广泛涵盖气质、性格、爱好等诸多维度。当面对同一社会现象时,具备不同特质的个体往往会产生各异的心理反馈,这些在心态及行为表现上的差别,实则是个性差异发挥引导效能的直接体现。深入探究教育的本质意义,不难发现发展学生个性至关重要。人生的熠熠光辉源于生命个性的独一无二与不可复制性,社会生活的绚丽多姿恰恰是由丰富多样的个体个性相互交织、共同构建而成。就社会的持续发展而言,对个性的珍视与彰显无疑构成了其前行的根基与原动力。因而,无论是聚焦于学生个体的成长轨迹,考量其长远的人生发展;还是着眼于社会整体的进步需求,乃至适配于瞬息万变的客观环境,教育教学实践都务必将重视孩子的个性特征置于关键地位,深度挖掘他们的个人潜能,坚定不移地践行因材施教的教育理念,如此方能为学生的未来铺就坚实之路,为社会的发展注入蓬勃动力。

在学校教育的领域中,因材施教作为教学的基石性准则,其实施贯穿于学生成长发展的各个阶段,且紧密贴合学生个体化的发展诉求。基于这一根本性原则,教育研究者与实践者从多元维度对课程的组织形态展开了深入探究,着重强调教师群体应立足学生的个别差异,全方位、精细化地对课程所涵盖的各类要素、各个关键环节予以重新整合与优化配置,力求达成学生个人能力的施展与社会整体进步需求之间的动态平衡,进而切实实现真正意义上教学机会的均等化分配。就"问学·体验"阳光课堂范式而言,唯有充分确认并高度重视学生个体差异的客观存在,方能在课堂教学实践中切实关照到全体学生,将因材施教的理念落到实处。聚焦课堂教学流程,依据实际学情以及学生个人能力的差异化表现进行科学分组与合理分工,是这一范式的关键实践路径。在此过程中,教师务必敏锐捕捉学习者在问题解决进程中所展露的个体能力差异,将其作为教学引导与资源分配的重要依据。与此同时,课堂问题的设计与编排应紧密围绕学习者多维度素质的培育与提升,以充分契合不同学习者多样化的学习需求。

在课堂教学的实际场景里,学习者能够依据自身特质灵活选取各异的思考路径探索问题,凭借个性化的活动形式化解难题,并运用独特的思维模式呈现学习成果或表达个人见解。换言之,从教学方式的抉择、教学过程的把控、学习成果的展现形式,乃至知识信息的甄别筛选等各个环节,均依据学生个体情况实现定制化操作。整个教学活动体系之中,学习者作为自身精神世界的主导者以及知识构建的核心力量,其思维始终处于高度活跃状态,由此所收获的并非是流于表面的平等——同质化的知识与技能,而是深层次、具有内涵的平等——个性的充分彰显与成就感的深度体悟。

"问学·体验"阳光课堂范式搭建起一座供学生尽情展示自我的广阔平台,聚焦于学生个体在学习历程中的个性舒展、成就感累积以及求知欲的持续激发。该范式以问题为导向,层层递进、环环相扣,稳步推进育人目标的达成,为学生的成长注入源源不断的动力,助力其向着更高远的方向迈进。

"问学·体验"阳光课堂范式是学生形成积极思维品质的精神沃土。陶行知曾指出,教学的本质是学习。教学为学习创造了必要条件,帮助学习者更有效地学习,学生是学习的主体,学习是教学的主要任务,学生和学习是课堂教学的两个中心。布鲁纳认为,学习是一个主动的、个体化的过程,学生通过与环境的互动来建构自己的知识和思维。在"问学·体验"阳光课堂范式中,教师通过"引学单"的完成情况,分析学情,根据学习目标和学情确定"问学单"学习任务,激发学生的思维发展。在课堂教学上,教师采取了少教多学的教学方法,缩短了教师的知识输入的时间,从而增加了学生探究思考的时间。

在教育理念的历史溯源中,中国古代经典《学记》所提出的"君子之教,喻也。道而弗牵,强而弗抑,开而弗达。道而弗牵则和,强而弗抑则易,开而弗达则思。和、易以思,可谓善喻矣",为当代"少教多学"理念提供了深厚的理论根基。其内涵强调,教育者应给予中小学生充裕的探究空间,以启发性教学策略诱导其深度思考,开启思维路径。学生于自主探究后开展小组互学,不同思想相互碰撞,借助实践活动有力促进发散思维、逻辑思维以及批判性思维的茁壮成长。这与孔子在《论语》中所主张的"不愤不启,不悱不发。举一隅不以三隅反,则不复也"高度契合,二者皆聚焦于启发式教学对学生思维激发的关键作用。

就课堂范式构建而言,"问学·体验"阳光课堂范式作为培育学生合作能力的核心阵地,与戴维·约翰逊(David W. Johnson)、罗杰·约翰逊(Roger T. Johnson)兄弟所提出的社会互赖学说紧密关联。该学说指出,在教学情境中存在合作、竞争、个人单干三种目标结构。其中,合作目标结构下,个体目标与团队目标紧密相连,一荣俱荣;竞争目标结构中,个体目标的达成与团队内其他成员目标的实现呈负相关,彼此竞争资源与机会;个人单干目标结构则使个体利益与他人利益完全割裂,各自为战。这三种结构深刻影响着课堂教学成效与学生发展走向,而"问学·体验"阳光课堂范式正是立足合作优势,致力于为学生营造互助共赢的学习氛围,推动其综合素养的提升。

合作探究是问题导学式"问学·体验"阳光课堂范式教学的主要学习方式。在教学中,小组分工合作,共同完成"问学单"中的学习任务,并在展学环节,小组共同将结果进行展示,形成了一种荣誉共同体,也因此在同学间建立了一种团结互助的良好人际关系。所以,在学习研究的活动中要学会团结合作,如组内成员爱好不同、个性差异、专长也不同,怎样合理分配时间和任务才能完成目标,怎样做出评价才能更利于问题解决,组员出现的畏难情绪怎样解决等问题,都要求他们独自分析、解决,而在此活动中,他们领悟了灵活分工、换位思考、激励与赞赏、尊重与互助等解决问题的方式。

"探究"的过程,是指学习者使用学习智慧、习得学习智慧的过程。在小组合作研究过程中,学习者要根据教学内容尝试提出多样化的问题,探究问题的合理性,对必须处理的问题提出各种设想,利用现有经验与方法解决,最后形成结果。在这里涉及怎样分析问题,用何种方式解决问题,用何种方法展示成果。但必须注意的是,合作探究的时间并不是无限延长的。学习者必须进一步总结现有的学习经历与生活经验,并运用到新的问题探究过程中去,如通过观察、概括、综合、演绎、思考、感受等,才能在协作研究的过程中找到合作解决问题的方法,从而习得新的经验。

(二)"问学·体验"阳光课堂范式是促进教师专业成长的重要途径

"问学·体验"阳光课堂范式为课堂教学实施提供了基本框架,对于新教师而言,它可以提供一套教学模式,帮助新教师根据前人总结的理论或经验,一步步模仿练习以达到熟练的地步,这能帮助他们不断调整教学认识、积累经验,也是他们走向成熟、形成个性化教学的过程。③

对于有经验的教师而言,课堂教学是其职业生涯的最基本的构成部分,它的质量直接影响教师对职业的感受、态度以及专业水平的发展。首先,"问学·体验"阳光课堂范式强调教师对学科知识生命力的发掘,学生的学习是需要主动建构的有意义学习,因此教师应成为激发学生思维活力的主动探索者。

其次,教师绝非仅囿于专业发展领域的局域个体,而应是持续自觉精进德行的成长者。当下,多数教师已然具备这样的觉悟,能够将践行社会主义核心价值观教育,深度融入育德育心、养德润心的课堂建设之中,积极开展培育学生核心素养的探索实践。在日常教学进程里,教师会自觉且持之以恒地从多元人性维度出发,对自身进行深度省思,不断完善自我人格架构与教育理念。

再者,教师在尊崇并着力挖掘学生个性潜能之际,必然要以激发学生创造性为导向。教师凭借自由开放、互动性强、鼓励讨论的教学流程,高效训练学生接收与处理信息、吸纳掌握新知、剖析研究问题以及沟通协作等基础技能。这一良性互动过程,不仅切实助力学生成长,反过来也强力驱动教师教学范式的革新转变。在此过程中,既逐步构建起和谐有序的课堂生态,也为教师提供了展露个人教学特色、彰显独特风采的舞台,实现师生双向奔赴、协同成长的教育愿景。

(三)"问学·体验"阳光课堂范式是保证学校整体教学质量的重要手段

在学校课堂教学改革的起步阶段,引入特定范式以规范教师课堂教学行为,乃是保障整体教学质量的关键举措。过往长期沿用的旧有教学模式,教师们已然驾轻就熟,故而难免安于既有状态。然而,随着课程改革持续推进、教育领域深度变革,教学方式的迭代更新势在必行,新型教学范式亟待规范构建并广泛铺陈开来。

从学校管理维度切入,推行统一课堂教学范式,并佐以奖惩等激励约束机制,一方面能够促使教师积极接纳新范式、扭转固有观念,进而驱动课堂教学变革;另一方面,这也是学校实现高效管理,助力课堂教学从失序走向有序的必要途径。凭借统一的课堂范式、趋同的教学目标以及一致的管理理念,学校得以有效凝聚教师共识,营造优良教学氛围,为统一管控教师课堂教学实践筑牢根基。

起初,部分教师或许对改变心存抵触,可一旦少数先行者率先试水新范式,并于实践中真切领略其优势,便极易引发示范效应,带动其余教师纷纷效仿。借助教研会、教学竞赛等多元平台,新范式的应用范畴得以从语文、数学等核心学科逐步拓展至全学科领域,充分激发教师群体的主观能动性,确保每位教师在新范式框架限定下都能达成教学效能最大化。

再者,聚焦中小学课堂研究范式现存状况与衍生问题深入剖析总结,探寻校本化课堂教学研究范式的进阶路径,并对其未来走向予以展望,这对于量身定制契合本校学情的教学研究范式、助力同类型学校教育教学事业蓬勃发展,无疑具有不可忽视的指引价值,能够为教育实践的持续优化提供坚实理论支撑。

第三节
"问学·体验"阳光课堂教学范式的内涵与特征

"问学·体验"阳光课堂教学范式中,学习任务的设计以实际问题或挑战为主要内容,与学生的日常生活和未来职业规划紧密相连,从而激发学生对知识的好奇心和学习热情。在教学过程中,教师扮演引导者和协助者的角色,为学生提供必要的支持和指导,鼓励学生充分发挥主体性和自主性,积极参与课堂活动,勇于提出问题和发表见解。

"问学·体验"阳光课堂教学范式强调师生互动,教师需创建真实的学习情境,引导学生提出问题、思考问题并解决问题。在此过程中,学生可以运用所学的知识和技能解决实际问题,提高实践能力和解决问题的能力。此外,具身实践对于深入理解和掌握所学知识具有重要作用,有助于培养学生的认知能力和创新精神。

"问学·体验"阳光课堂教学范式不仅适用于各学科教学,还可广泛应用于各个教育阶段和教育领域。教师在实施教学过程中,要密切关注学生的学习过程和学习成果,及时给予反馈和指导,帮助学生更好地完成学习任务。通过这种教学方式,学生能够在课堂上发挥主动性,积极参与课堂讨论,勇于提出问题和发表见解,从而提高学生的自主学习能力和创新精神。

一、"问学·体验"阳光课堂教学范式的内涵

(一)理念:问学相长

"问"wèn,会意字,"問"的简体字,从门从口,"問"最早见于殷商甲骨文。"門",与门有关;"口",与嘴有关,此处引用"说话、沟通"的引申义。造字本义:隔着门沟通,引申为"不熟",如责问、过问、审问等;后引申为"一般意义上的问询"。

孔子十分推崇"问"之效用，主张"每事问""不耻下问"。无论遇到什么事情都可以问，并且无需顾忌彼此的身份地位。①如果学生不能提出问题，教学就应暂时停止直到他们能提出问题时再进行。在孔子看来，这"问"不是简简单单地提出问题，学生在提问题的时候就能够反映出是否动脑思考以及对讲授内容的掌握程度。一方面，点明了学生"问"的重要性，另一方面，相应地指出了能够"逼迫"学生发问的教学小窍门。而问学之意不仅仅停留在口头之问，这"问"的前提为"生疑"。有了"疑"的产生，"问"才有可能被提出。而在读书的过程中，产生疑问的过程也是不断思考，不断深入的过程。

朱熹提到，读书始读，未知有疑；其次则渐渐有疑；中则节节是疑；过了这一番后，疑渐渐解，以至融会贯通，都无所疑，方始是学。②随着不断地深入读书，其"疑"与日俱增，直至最后解疑，方可融会贯通。王夫之指出，由不疑至于疑，为学日长；由疑至于不疑，为道日固。③

有了疑，宣之于口，便成了"问"。问亲友、问同窗、问教师，所有的"问"皆是为了解疑，这一过程伴随着整个读书和学习的过程，这便是所谓的"问学"之道。学习进程中，"问"为"学"指明方向，是"学"的思维起点，"学"是对"问"的探索，引学启问，以问促学，促进了思维的提升，享受了解惑的快乐。"问"与"学"相融，相辅相成、螺旋上升，同构共生。

"问学·体验"阳光课堂教学范式以"问"为特征，以"学"为核心，课堂遵循学生学习的规律，突出学生的主体地位，最大限度调动了学生敢问、好问、善问的能力，让学生站在课堂正中央，让"问"与"学"相互促进，相生相长。以"问"导"学"，尊重问的权利，理解问的意图，利用问的资源，让学生学得主动。以"问"启"学"，在善问中理清思路，在追问中深入思考，在发问中发展思维，让学生学得更灵活。以"问"延"学"，走向丰富的阅读，走向综合的学习，让学生学得更深入，真正增长学习智慧。

(二)方法：体验建构

对体验的理解，在我国古已有之。概括起来，大致有三层含义。第一层含义是亲身经历，实地领会。如《朱子语类》中提到，讲论自是讲论，须是将来自体验。④第二层含义是通过亲身实践所获得的经验。如鲁迅在《花边文学·看书琐记》提到，文学虽然有普遍性，但因读者的体验的不同而有变化，读者倘没有类似的体验，它也就失去了效力。⑤第三层含义是查核、考察。从这三层含义的解释来看，体验既是亲身实地经历的一种过程；又表示为名词性的一种亲身经历后获得的一种结果，即称之为经验；还可作为体察、查验理解。

《现代汉语词典》对"体验"的释义为：通过实践来认识周围的事物；亲身经历。从这个解释可以看出，体验强调亲身经历和实践。体验到的东西使得我们感到真实，并在大脑中留下深刻印象。

把体验的概念用到教学方法上，就是让学生在对知识的获取中，自己作为知识的探求和发现主体，亲身实地融入设置的教学情境中去，在这个过程中建构知识，产生情感。"问学·体验"阳光课堂教学范式在课堂中强调"体验"，开展"自主体验——展学体验——深化体验"等学习活动。在操作中体验，为学生提供"做"的机会；在交流中体验，为学生提供"说"的机会；在实践中体验，为学生提供"用"的机会。从内容丰富的体验过程中的去发现、归纳、提炼，变灌输为自学、互学、展学、拓学的思维训练，让整个学习过程富有活动性与研究性，从而做到在自主体验中引学启问、在展学体验中互学启思、在深化体验中拓学启用。让学生始终站在课堂中央，做到问学相长、体验建构、学以致用。

（三）目标：多彩绽放

在"品学兼优，胸怀天下"育人目标的引领下，通过丰富的课程、灵动的课堂为学生创造一个充满阳光、活力和创新的学习环境，让每名学生都能在这里找到自己的兴趣和激情，实现自我价值和全面发展。具体来说，"问学·体验"阳光课堂教学范式的目标包括以下几个方面。

1. 太阳红

象征着热情与活力，一方面代表着教师对教育的热爱和投入，教师以热情洋溢的教学，点燃学生对知识的渴望，让他们在课堂中感受到太阳般的温暖和活力。另一方面代表着树立理想信念、传承红色基因、养成优良的行为习惯、形成道德品质，达成心怀梦想、自信豁达、胸怀家国等美德目标维度。

2. 大地黄

象征着希望与收获，一方面代表着教师对学生的期待和信任。我们相信，通过努力，学生能够在学业和人生道路上取得丰硕的成果，就像大地上金黄色的麦穗一样，充满希望和收获。另一方面黄色作为智育基调，代表着养成学习习惯、习得学习方法、建构知识体系、拓展视野格局，达成乐学好问、善思求新、放眼世界等"智慧"目标维度。

3.天空蓝

象征着广阔与无限,一方面代表着教师对教学的开放和创新。教师鼓励学生在课堂上自由探索,追求真理和智识,让学生的思想像天空一样无边无际,充满无限的可能。另一方面蓝色作为美育基调,通过陶冶审美情操、培养审美兴趣、发展艺术实践能力,达成高雅内敛、爱美识美、多才多艺等"优雅"目标维度。

4.活力橙

象征着创新与活力,一方面代表着教师对学生的鼓励和支持。教师致力于培养学生的创新精神和实践能力,让学生在课堂上展现出自己的个性和才华,让活力四射的橙色成为他们成长的色彩。另一方面橙色作为体育基调,通过让学生坚持体育运动、掌握健康知识与运动技能、形成积极心理品质,达成充满活力、人格健全、体魄良好等"健康"目标维度。

5.生命绿

象征着生长与发展,一方面代表着教师对学生的关怀和爱护。教师要关注学生的身心健康,帮助他们建立健康的生活习惯和心态,让学生在课堂上茁壮成长,展现出蓬勃的生命力。另一方面绿色作为劳动教育基调,通过养成劳动观念、习得劳动技能、培育科学探究精神、发展创新实践能力,达成热爱劳动、心灵手巧、善于创新等"创造"目标维度。

总之,阳光课堂范式的目标是多彩绽放,通过激发学生的学习兴趣和动力,培养他们的自主学习能力、创新精神和实践能力,促进学生的全面发展。老师们将以太阳般的热情、大地般的期待、天空般的开放、活力橙般的创新和生命绿般的关怀,助力学生多彩绽放,成为有理想、有本领、有担当的阳光少年。

二、"问学·体验"阳光课堂教学范式的特征

本课堂教学范式使学习者在体验中认知建构、发展思维、形成能力,从而真正完成了由知识向能力的过渡。学生可以在自学、互学、展学、拓学过程中逐步展现自己,并感受成功,进而提高学习兴趣。尤其是在展学过程中,展讲(注:展讲是展学的具体方式之一。)的时候学习者不仅要弄懂自己展讲的内容,还需要与小组相互协作完成小组的展讲,从而形成一个整体的展讲。展讲的内容必须通过个体思考,把自己理解

的内容转换成让别人也能理解的表达方式。这样的学习方式正是知识金字塔的最底层。"问学·体验"阳光课堂教学范式以训练学习者的创新能力和核心素养为主要目的,为学习者的终身发展和美好未来打下牢固的基石。本课堂教学范式有四个基本特征:以问启学,量身定制,授人以渔,具身实践。

(一)以问启学的课堂

以问启学是本课堂范式在课堂上的出发点,学生的学习活动始于"问",而后有"学","问"是建立自学、互学基础上的思考,当学生对学习的知识形成了自身的理解时,会主动与已有的认知产生矛盾,如此才能形成对"问"的要求,产生"学"的原动力。

本课堂范式的运用,使得课堂发生了巨大的变化,学生都有上台展学的机会,在讲台上侃侃而谈,成为学习的主人。范式的实施,让他们敢问、乐问、善问,让他们愿学、能学、会学。营造了一个以问启思、以问促学、问学相融的学习环境,孕育、碰撞、绽放出精彩的观念,形成了一种全新的教育样态。

1."德"育为首

21世纪以来,由于经济全球化、信息化和大数据社会时代的降临,未来社会将变得更为复杂和难以预测。在这样的环境下,怎样才能使学生适应未来的社会,教育应该培养怎样的人,成为了我们思考的首要问题。假如说核心素养提出的是对"培养什么样的人"的应答,那么我们的课堂教学范式就是对"怎样培养人"的校本化的回答。

立德树人根本任务的主阵地在学校课堂。立德树人的落实要求学校课堂教学范式必须改革。所以,我们的课堂教学范式如何着眼于学生的整体发展,将立德树人寓于学科教学中。让学生乐在其中,把"德"内化于心,外化于行。"问学·体验"阳光课堂范式,以培养品学兼优,胸怀天下的阳光少年为育人目标,坚持以学生为核心,努力发展和培养学生的知识潜质和个性特点,使每一名学生都在学校课程教学、教育实践活动中不断发展,让每一名学生都成为德、智、育、体、美、劳全面成长的新时代人才。

2."问"贯始终

本课堂范式的"三问":课前每一名学生4Q预习以后的主问题,教师统计汇总之后变成问学单的主问题;课中每个小组通过问学单的学习产生的主问题,教师巡视以后产生的拓学单;课后完成拓学单以后产生的问题,新的4Q预习。如此循环往复。

"问"和"学"都是我们获得认识非常重要的手段和办法。因而,以"学生为主体"和"学习为中心"的"问学·体验"阳光课堂教学范式就应运而生,它是一个以"问"激发、促进和维持"学"的课堂新样态,它要求的是以实际的问题为依据,从而建立一个问题群或问题链,并由此来打开学习者的思路,促进他们的学习进步,促使学习者在对真实问题的情境探索中勇于尝试,大胆创新、砥砺前行,从而为学生的终身发展和美好未来奠基。

(1)有问题就问,有见解就发。学生是天生的好问者。虽然他们总爱问这问那,但他们似乎总有问不完的问题。问,其实是学生对认识未知领域的第一个反应,同时也是学生探索未知世界的一种重要的学习方式。是儿童在"思考"的体现和主动学习的表现。本课堂教学范式,呵护学生,尊重学生"问"的天性,使他们在课堂上做真正的自我,可以有问题就问,有见解就发,开心快乐地学,从而还学生一个本真状态。

(2)反复进行思想爬坡的教学。"问学·体验"阳光课堂教学范式,不只是在于使学生获取专业知识,更是在于启迪学生的心智,发展他们的思维,让他们具备有文化的思想,发掘有意义的话题。学生提问可以带动思考,解题也要求思考的积极参与。"问学·体验"阳光课堂教学范式是充满思想张力的教学,是学生反复进行思想爬坡的教学。在教学中,教师要尽量把"问"和"学"的权力留给孩子,不越俎代庖,尽量不以教师的"问"来替代学生的"问"。当然,教师在重视学生的"问"和"学"的时候,也不要淡化自身的作用,要明白他们的"问""学"离不开教师的激发和引导,他们的思考也需要教师适时、适度的"问"来激发。唯有如此,才能在师生互动中提高"问""学"的水平,在充满紧张的"问""学"过程中激发学生思考。

(3)获得发现问题、分析问题和解决问题的方式与路径。我们教学改革的最后落脚点,必须放在"教学"二字上,所以,我们需要深刻理解教学的内涵,正确掌握教学的特征,切实领会教学的意义。尼尔·波兹曼提到过,一旦你学会了提问,经常善于提出有意义的、恰当的和实质性的问题,你就掌握了学习的真正的捷径。从今而后,再也没有人能够阻止你学到你想学到的任何东西,善于提问是一种最重要的认识世界、了解世界的方法。本课堂教学范式,特别提倡学习者敢问、乐问、善问,保持和激活学习者与生俱来的探索求知欲、好奇心和创新力。有助于学习者找到并获得发现问题、分析和解决问题的方式与路径,教给学生学习的方法,更好地为他们的终身发展奠基。

3.问学相融

"问学相融"是一种以学生为主体,以问题为导向的教学理念。它强调学生的主动参与和思考,激发学生的学习热情和求知欲,提高学生的自主学习能力和思维能力。同时,也要求教师发挥主导作用,设计适合学生的问题,引导学生进行思考和探索,促进"问"与"学"的融合,提升教学效果,我们做了以下改变。

(1)让学引思。这实际上是再次回答"谁是课堂教学的主人"或"以谁为中心"的提问。不言自明,学生是学习活动的主体,是教学活动的主角,缺少学生积极参与的课堂一定不会灵动缤纷。"问学·体验"阳光课堂教学范式致力于构建"学生中心"的课堂教学,所以,对教师来讲,一定要具备"让学引思"的教学观念和实际行动,要想尽一切办法"让学生主动学,引学生勤于思",并引导他们以学促思,以思提学。教师从"前台"迈向"后端",树立起"学生为主体,教师为主导"的思想,努力做到"道而弗牵,强而弗抑,开而弗达",把"让学引思"当成自身的一项专业自觉。

(2)善问乐学。拉尔夫·泰勒教授指出,学习是通过学习者的主动行为而发生的,学生的学习取决于他自己学了什么,而不是教师教了什么。教师的教就是为了不教,就是为了启发和唤起学生的自主学习。"问学·体验"阳光课堂教学范式就是从"教的中心"迈向"学的中心",把"问""学"的主动权交给学生,让学生敢问、乐问;愿学、能学,并从中总结、生成若干有助于提高学生核心素养的教学问题,培养他们善问,会学。所以,"问学·体验"阳光课堂教学范式,是学生"问"的课堂,"学"的课堂,而不是教师"讲"的课堂,"教"的课堂。

(3)不愤不启。"问学·体验"阳光课堂教学范式认为学生学习的正常过程往往始于"问",而后"学",进而"教",形成的是"问—学—教"的教学过程。为了全面提升学生的核心素养,着力推进教学方式的优化,我们不但要关心教师"教了什么""怎样教",更要关心学生"学会了什么""学了什么""怎样学的""学得怎么样",而且变"学"为"问—学",让学生在学习知识的时候,先问后学、因问而学,教师随着学生的问与学,开展引导、启迪、解惑。当然,所谓"问—学—教"并不是全盘否定"教—学—问",而是在汲取其精华的基础上,更好地顺应学生学习的天性,以体现学生的主体地位,从而助力他们的勤学好问。

(二)量身定制的课堂

"问学·体验"阳光课堂教学范式提倡把学生放在"课堂的正中央",这样的课堂是基于学情、为了学生发展,注重新时代和新要求的高质量课堂。发挥学生的主体作用,成为课堂的主人,要想一想、讲一讲、做一做、评一评。但教师也不能袖手旁观,而是要去导学、助学、促学、评学。如此才能充分体现教师主导与学生主体的完美融合,达到高效的学习效果。这主要从以下方面着手。

1. 了解学生学情,定制学习方案

教师要了解学生的已有经验和学习需求,不断修改教学设计,优化学习方案,细化每个单元的知识点,研讨分析每一节课的重点与难点。课前的"引学单"就是教师制订教学目标,进行教学设计的依据。学生现在在哪里,通过"引学单"反馈,学生要想到哪里,通过"引学单"了解。教师根据教学设计,确定学生"如何到",根据教学评价,确定学生"是否到"。

教师在课前思考该如何备课、如何组织教学,课中想着该如何保障学习效果,提高学生课堂积极性,课后又反思如何检测学习效果,巩固已学知识。但教与学是一个师生双边互动的过程,教师只是其中的一方,若想要取得教学双赢,学生的意见不容忽视。教师需要关注学生的学习感受,听取学生的建议,明确学生的需求,以便实时调整授课方式,确保教学安排有效并为学生所接受和喜爱。教师也可以通过学生了解其他教师的授课方式,从学生的反馈中了解情况,向学生喜爱的教师汲取经验。

2. 根据学生学习特点,定制课堂设计

除了提前了解学生的学习需求,及时搜集反馈意见之外,针对如何设计课堂也要进行不断探讨和调整。我们采用"引学生问—以问导学—小组互学—全班展学—反思评学—拓展运用"六步,旨在更好地激发学生学习的目的性、主动性、创造性和保障学生的学习效果。

我们根据各阶段学生的年龄特点,开发了"引学单""问学单""拓学单",各年级三单的设计和教学设计期末统一上传学校云盘,下一年级的教师在此基础上进一步修改和完善,在减轻教师工作量的同时,更加细化和优化教学设计。

3. 尊重学生差异,定制学习资源

为满足不同水平和情境下的学生学习需求,教师在课程配套资源里提供不同种类、不同难度的学习资料供学生依据自身情况进行选择。教师需要整合学科资源,创建学科教辅资料库,随时能从资料库中提取最适合学生发展的学习资料。

(三)"授人以渔"的课堂

"授人以鱼,不如授人以渔",强调的是"渔"的重要性,看重方法而非产物。陶行知先生说过,好的先生不是教书,不是教学生,乃是教学生学。这句话也是同理,在强调一个"学"字,也就是要掌握"学"的方法。"问学·体验"阳光课堂教学范式中的"三单"就是教给学生"学"的方法。

1.引学单:引学启问

"引学单"作为课前学习辅助工具,主要有三个组成部分:学习目标、4Q预习检测以及我的问题(一问)。其核心设计意图在于,借助清晰设定学习目标,使学生从一开始便明晰学习的方向,知晓自己即将"奔赴何处";通过4Q预习检测环节,一方面助力学生自查预习成效,另一方面让教师精准把握学生的知识起点,清楚了解学生当下"身处何方";而"我的问题(一问)"板块,则为学生开辟了表达疑惑的空间,促使他们主动思考学习过程中的困惑,展现出学生内心"渴望去往的地方"。如此一来,"引学单"全方位地发挥作用,不仅为学生规划了预习路径,还系统地传授了预习方法,切实保障课前预习的质量与效果。

首先,学习目标部分是对即将学习的内容的初步认识。这部分内容可以帮助学生了解本节课的主题和重点,让学生对即将学习的内容有一个清晰的方向感。同时,通过明确学习目标,教师可以更好地指导学生该如何进行学习,帮助学生掌握正确的学习方法。

其次,4Q预习检测部分是对学生自主学习能力的培养。这部分内容要求学生在课前对即将学习的内容进行预习和思考,提出自己的问题和观点。通过这种方式,学生可以培养自主学习的能力和习惯,提高自主学习的效率和效果。同时,4Q预习检测也可以让教师了解学生的预习情况和学习准备情况,为后续的教学提供参考和改进方向。

最后,"我的问题"部分是学生提出问题和展示自我认知的平台。这部分内容要求学生提出自己在学习过程中遇到的问题和困惑,以及对本节课的期待和想法。通过这种方式,学生可以展示自己的认知水平和思考能力,同时也可以让教师更好地了解学生的学习需求和问题所在。在学生提出问题的过程中,教师可以对学生想去哪里、喜欢去哪里进行更详细的阐述。教师可以通过观察和了解学生的兴趣爱好和学习特点,为学生提供更加个性化的指导和帮助。例如,对于对本节课感兴趣的学生,教师可以引导他们深入思考和探究;对于遇到困难的学生,教师可以给予及时的支持和指导。通过这种方式,学生可以更加明确自己的学习方向和目标,也可以让教师更好地了解学生的学习需求和问题所在,为学生提供更加精准和个性化的教学服务。同时,引学单还可以促进学生之间的交流和合作,让学生在学习过程中相互启发和促进。

2.问学单—互学启思

"问学·体验"阳光课堂教学范式强调通过提问和体验学习来促进学生的主动学习

和深层次理解。在这种教学模式中,问学单扮演着核心的角色,它是教师设计的一种问题清单,旨在引导学生进行探究和思考。以下是对问学单在课堂教学过程中的详细阐释。

(1)问学单的设计

教师在设计问学单时,通常会根据课程内容和学生的学习需求,提出一个或多个核心问题。这些问题可以是开放性的,鼓励学生自由探索和发表观点;也可以是引导性的,帮助学生集中注意力并深入思考特定主题。

(2)引导学生主动思考与探索

在课堂教学中,教师使用问学单来引导学生主动思考和探索。学生被鼓励提出自己的问题,并围绕这些问题进行讨论和研究。教师可以组织小组讨论或全班讨论,让学生分享自己的想法,并从他人的观点中学习和获得启发。

(3)培养批判性思维能力和解决问题的能力

通过问学单,教师可以培养学生的批判性思维能力。学生被要求分析和评价不同的观点和信息,从而形成自己的见解。此外,问学单还可以帮助学生练习解决问题的方法,如提出假设,收集证据,进行推理和验证结论等。

(4)展学活动

在学生进行了深入思考和讨论之后,可以进行展学活动。这通常包括学生展示他们的研究成果、分享他们的发现和见解,以及展示他们是如何使用所学知识来解决实际问题的。展学活动可以采取口头报告、海报展示、实验演示等多种形式,旨在让学生将所学应用于实践,并与其他学生交流。

(5)反馈和评估

教师在学生完成展学活动后,会提供反馈和评估。这可以帮助学生了解自己的学习成果,发现自己的优点和需要改进的地方。同时,教师也可以根据学生的表现调整教学方法和策略,以更好地满足学生的学习需求。

总的来说,"问学·体验"阳光课堂教学范式通过问学单的设计和使用,创造了一个以学生为中心的课堂环境。在这种环境下,学生被鼓励主动思考、积极探究和深入讨论,从而促进了他们对知识的理解和应用能力的提升。

3.拓学单:拓学启用

"问学·体验"阳光课堂教学范式中的拓学单是课堂教学的拓展和延伸,它为学生提供了将理论知识与实际生活相结合的机会,培养实践能力和创新精神,同时加深对知识的理解和掌握。

（1）连接课堂与现实世界

拓学单通过提供与课堂教学内容相关的实践活动、项目作业和课外阅读材料，帮助学生将所学知识应用到实际生活和解决问题中。这样的设计让学生能够看到知识的实际用途，增强学习的动机和兴趣。

（2）实践活动

通过设计相关的实践活动，拓学单鼓励学生将理论知识转化为实际行动。这些活动大概包括实验、实地考察、社区服务等，让学生在实践中学习和成长。

（3）项目作业

项目作业通常需要学生综合运用所学知识来解决现实问题或完成一个特定的任务。这个任务通常需要学生进行团队合作，培养他们的沟通、协作和项目管理能力。

（4）课外阅读材料

课外阅读材料可以扩展学生的知识面，提供课堂之外的背景信息，为学生提供自我学习的资源，或者引导学生深入研究某个主题。主要包括学术论文、杂志文章、在线资源等。

拓学单为学生提供了自主学习的机会，学生可以根据自己的兴趣和能力选择不同的拓展活动，进行个性化的学习。通过拓学单，学生可以将课堂所学与现实世界联系起来，加深对知识的理解和掌握。同时，这些实践活动和项目作业有助于培养学生的实践能力、创新精神、解决问题的能力、自主学习能力和终身学习的习惯。

（四）具身实践的课堂

在教育领域的纵深发展进程中，认知科学对人类认知过程的探究始终如一地发挥着深刻影响力，持续渗透并重塑着学习设计的理论根基与实践模式。尤其引人瞩目的是，其围绕身心关系所展开的深度研讨，促使人类学习路径分化为两条截然不同的设计轨迹。其一为"离身"学习设计路线。这一设计范式扎根于身心二元论的哲学土壤，秉持着一种相对传统的知识观，即将学习过程狭义地定义为既定知识的单向传递。在此框架下，教育者的着力点主要聚焦于如何全方位地助力学习者对抽象符号展开精密的加工运算，以及如何强化他们对客观知识的长效记忆，使之得以长久储存。从某种程度上来说，这种设计侧重于知识的外在灌输，而一定程度上忽视了学习者个体内在体验的挖掘与调动。与之形成鲜明对照的是"具身"学习设计路径。它矗立在身心一体的整体性观念之上,对学习本质有着全然不同的解读,将学习视同为个体经验的自然涌现过程。在这一视角下,学习不再是枯燥知识的机械堆砌,而是注重激发学习者身体力行的鲜活参与感,力求通过身体与环境、知识的深度交互,推动知识意义的动态生成。学习者不再是被动的知识接受者,而是主动的探索者与创造者,他们在亲身实践中感悟知识、构建意义。

随着第二代认知科学的蓬勃兴起,具身认知理论顺势脱颖而出并迅速壮大,这股浪潮对传统的"离身"学习设计发起了强有力的冲击。"认知根植于身体行动,经验建构于具身交互"这一前沿观点逐渐深入人心,赢得了广泛的认可与接纳。学习设计领域由此开启了一场深刻变革,从以往的"离身"主导模式逐步迈向"具身"主导模式。而要想切实推动具身学习设计的高质量发展,就离不开基于具身认知观点对学习本质进行精准、深入的把握,唯此方能为学习者营造出更具活力、更贴合人性需求的学习环境。

具身认知对学习设计的启发主要体现在两个方面。一是应着重促进学习者的反思性实践,通过引导学习者在行动中反思来充分调动其身体和心理的参与,从而构建身心合一的个体实践性知识。二是基于复杂性科学的思想和方法,通过激发和维持学习者身体、心灵和环境间的具身交互来实现人与环境的双向建构,进而推动整个学习系统的不断进化和持续发展。[⑦]

"问学·体验"阳光课堂教学范式是指向具身实践的真实性学习,意味着学生需要在真实的情境中进行学习和实践。教师需要创设真实的学习情境,引导学生提出问题、思考问题、解决问题。通过提问、讨论、实践等方式,学生可以在教师的指导下进行自主学习和探究,从而培养他们的自主学习能力和创新精神。同时,教师也需要关注学生的学习过程和学习成果,及时给予反馈和指导,帮助学生更好地完成学习任务。注重学生的主体性和自主性,引导学生主动参与、积极思考。学生可以将所学的知识和技能应用到实际生活中,解决实际问题,提升自己的实践能力和解决问题的能力。同时,具身实践也有助于学生更深入地理解和掌握所学知识,培养他们的认知能力和创新精神。

"问学·体验"阳光课堂教学范式主要是通过自主体验、展学体验、深化体验来体现具身实践这一特征。

1. 自主体验:赋予学生自主探究的空间

自主体验是"问学·体验"阳光课堂教学范式的首要环节。它强调学生在学习过程中的自主性和主动性,通过引导学生主动参与、主动思考,培养他们的自主学习能力和创新精神,使学生能够在课堂中充分发挥自己的潜能和优势。

(1)独立思考

自主体验鼓励学生在面对问题时不依赖他人,能够独立思考,形成自己的见解和判断。这需要学生具备批判性思维和问题解决能力,能够对信息进行分析和评估,形成自己的观点。

(2)主动探索

自主体验强调学生应该是学习的积极参与者和探索者。学生可以主动寻找问题的答案,提出自己的假设,并通过实验、调查等方式进行验证。这种主动探索的过程有助于培养学生的探索精神和创新精神。

(3)积极实践

自主体验鼓励学生将所学的知识和技能应用到实际情境中,通过实践来巩固和深化对知识的理解。例如,学生可以参与实验、社会实践、志愿服务等活动,将所学的知识和技能应用到实际中,提升自己的实践能力和解决问题的能力。

(4)自我驱动的学习

自主体验要求学生具备自我驱动的学习能力,能够根据自己的兴趣和目标制定学习计划和学习策略,并持续不断地追求进步和发展。这种自我驱动的学习能力对于学生的终身学习和发展具有重要意义。

2.展学体验:搭建学生具身践行的平台

展学体验是"问学·体验"阳光课堂教学范式核心环节,它为学生提供了一个展示和交流的平台,有助于学生对所学知识的理解和应用。通过展学体验,学生可以更深入地理解和应用所学知识,同时也能培养他们的团队合作能力和沟通能力。此外,展学体验还能激发学生的创造力和创新精神,鼓励他们勇于尝试与探索新的领域和知识。

(1)小组互学

首先,学生需要根据"问学单"的主问题,在小组内进行深入讨论和交流。这意味着学生需要积极参与讨论,分享自己的学习成果和心得。通过小组讨论,学生可以听到来自其他同学的观点,这不仅有助于拓宽他们的视野,还能让他们从他人的意见中获得启发和借鉴。其次,在小组讨论过程中,学生需要充分发挥自己的主动性和创造性,积极表达自己的想法和观点。同时,学生还需要学会倾听他人的发言,尊重他人的观点和想法。通过这样的互动和交流,学生可以锻炼自己的沟通能力和团队合作能力。最后,小组讨论结束后,学生需要对每一名小组成员的发言进行综合和整理,形成小组的成果。这要求学生具备较高的组织能力和综合分析能力,能够将小组成员的发言进行归纳和总结,提炼出小组的核心观点和结论。通过这样的综合和整理,学生可以进一步加深对所学知识的理解和掌握,同时也可以提高自己的思维能力和表达能力。

(2)课堂展学

展学前,学生需要充分准备,明确自己的展学任务和要求。他们以小组为单位,共同讨论、梳理和优化小组的学习成果。此外,学生还需要准备好展示所需要的资料和道具,如PPT、海报、实物等。展学中,学生需要清晰地阐述小组的观点和想法,展示小组的学习成果。他们可以按照一定的逻辑顺序(如提出问题、分析问题、解决问题等)来组织展示内容,确保展示内容有条理、易于理解。同时,学生还需要运用恰当的语言和非语言沟通技巧(如声音清晰、语言流畅、肢体语言等)以增强展示的效果。课堂展学不仅是展示个人或小组成果的过程,更是一个互动交流的过程。在展学过程中,学生可以邀请其他同学提问或发表意见,以促进彼此之间的交流和思考。通过互动,学生可以锻炼自己的沟通能力和解决问题的能力,同时也能从他人的反馈中发现自己的不足和需要改进的地方。

展学结束后,教师和学生需要对展学的过程和结果进行评价和反思。教师可以从专业性、完整性、创新性等方面对学生的展学成果进行评价,并给出建设性的反馈和建议。学生可以对自己的展学过程进行反思和总结,找出自己的优点和不足,为后续的学习提供改进的方向和动力。

3.深化体验:给予学生检验真理的实践

深化体验是该课堂范式的重要环节,它旨在通过深度学习和反思,帮助学生更深入地理解和掌握所学知识,提升他们的认知水平和综合能力。具体来说,深化体验可以通过以下三种方式进行。

(1)深度学习

深度学习要求学生在学习过程中发挥主动性,积极参与到知识的构建和理解中。学生需要通过自主思考、提问、探索等方式,主动寻求知识和答案,而不是被动接受教师的传授。深度学习强调对所学知识进行深入的思考和理解。学生需要超越表面的知识点,进入到知识的深层结构和内在逻辑中。他们需要理解知识的本质和意义,以及知识之间的联系和相互作用。深度学习要求学生具备批判性思维,能够对所学知识进行客观、理性的评价和分析。他们需要学会如何批判性地接受和处理信息,以及如何提出自己的观点和见解。深度学习鼓励学生进行跨学科的学习和探究。学生可以通过学习不同学科的知识和方法,拓宽自己的视野和思维方式。他们可以通过跨学科的学习,发现不同领域之间的联系和相互作用,培养自己的综合素质和解决问题的能力。

(2)实践活动

在实践活动中,学生有机会将课堂上学到的理论知识应用到实际情境中。这种应用不仅加深了学生对知识的理解,还使他们能够更好地掌握和运用这些知识。例如,通过模拟实验或案例分析,学生可以将理论知识应用到实际问题中,检验其有效性和可行性。实践活动不仅有助于知识的应用,还可以培养学生的实践技能。

学生通过实践活动,可以学习与掌握一系列实用的技能和方法,如团队协作、项目管理、解决问题等。这些技能和方法对于学生未来的职业发展和社会适应具有重要意义。

在实践活动中,学生往往会遇到各种实际问题。通过面对和解决这些问题,学生可以培养自己的创新思维和解决问题的能力,也可以学习如何分析问题、提出解决方案并付诸实践。这些能力的培养对于学生未来的发展具有重要意义。他们可以通过实践活动,了解社会的真实面貌和工作的实际要求,积累丰富的实践经验。这些经验对于学生未来的职业发展和社会适应具有重要的推动作用。

(3)项目式学习

项目式学习是一种以学生为中心设计执行项目的教学和学习方法,从而促进学生的学习效果,在一定的时间内,学生选择、计划、提出一个项目构思,通过展示等多种形式解决实际问题。在这种学习模式中,学生面对的问题通常是开放性的,没有明确的答案,需要他们综合运用多学科的知识与技能来探索和解决。

学生通过完成一个具有实际意义的项目来学习,这个项目通常与现实世界的问题或挑战相关联。学生在项目过程中扮演主导角色,他们需要自己设定学习目标、规划学习路径、收集信息、分析数据、解决问题等。

学生需要综合运用多个学科的知识和技能来解决项目中的问题,这有助于他们建立跨学科的知识联系和综合解决问题的能力。项目式学习的任务通常是真实的问题或挑战,与学生的实际生活和未来职业发展密切相关。这有助于学生理解知识的实际应用价值,激发他们的学习兴趣。学生在项目式学习过程中通常需要与他人合作,这有助于培养他们的团队合作精神、沟通能力和领导能力。

第二章
"问学·体验"阳光课堂教学范式的基础

人类教育自产生之日起，便把教育界定为教育者向受教育者施加影响的活动。现代科学技术发展日新月异，网络信息化技术正改变着人类社会的生存方式。信息化社会将会改变我们固守千年的"教的世界"，推动人类教育走向"学的世界"，向民主化、人文化、多元化发展。

自从彼得·圣吉的学习型组织理论传入中国，其对构建我国学习型社会起到了积极的推动作用。无论是信息化技术，还是学习型组织理论，都在以不可抗拒的力量推动着"教的世界"向"学的世界"变革。如何建构"学的世界"？只有建构起学习型课堂，才能建构"学的世界"的新教育体系。

第一节

"问学·体验"阳光课堂教学范式的历史基础

"问学·体验"阳光课堂教学范式的理论来源是几个重要的教育思想和理念。

首先,"问学·体验"阳光课堂教学范式强调自我与经验的协调和完善,接纳新的经验,这与杜威的实用主义教育思想有密切的联系。杜威认为,教育应该以经验为基础,通过实际操作和体验来获得知识和技能。同时,学生应该成为学习的主体,积极参与学习过程,而教师则扮演引导者和合作者的角色。

其次,"问学·体验"阳光课堂教学范式注重学生的心理健康和情感体验,这与人本主义教育思想有关。人本主义教育思想强调学生的情感、价值观和人格等方面的发展,认为教育应该关注学生的内心世界和成长过程,培养学生的自我意识和情感智慧。

再次,"问学·体验"阳光课堂教学范式受建构主义学习理论的影响。建构主义学习理论认为知识是学习者主动建构的过程,学生应该通过自己的经验和思考来获取知识和技能。因此,阳光课堂教学范式中强调学生的自主学习和合作学习,鼓励学生通过探究和实践来获得知识和经验。

最后,"问学·体验"阳光课堂教学范式与后现代教育思想有关。后现代教育思想强调多元性和开放性,尊重学生的个体差异和多样性,反对传统教育的标准化和刻板化。阳光课堂教学范式中强调的个性发展和多元评价方式与后现代教育思想相呼应。

综上所述,"问学·体验"阳光课堂教学范式的理论基础包括了实用主义教育思想、人本主义教育思想、建构主义学习理论和后现代教育思想等多个方面。这些教育思想和理念为"问学·体验"阳光课堂教学范式的形成提供了重要的理论支持和实践指导。

为了适应教育发展趋势、提升教育质量、培养创新人才、促进教育公平、应对教育改革,打造适合的课堂教学范式,显得尤为重要。

一、范式萌芽

(一)满足需求去反思

1. 教育改革的需求

随着教育改革的深入,人们越来越意识到传统教学方法的局限性。为了更好地培养学生的自主学习能力、创新能力和批判性思维能力,教育者开始探索新的教学方式。基于自学、尝试、感悟、质疑的课堂教学范式,正是在这种背景下应运而生的。

2. 学生发展的需求

现代社会对学生的要求越来越高,不仅要求学生有一定的知识储备,更要求学生具备自主学习、创新思维和解决问题的能力。基于自学、尝试、感悟、质疑的学的课堂,能够更好地满足学生发展的需要,帮助学生适应未来的挑战。

3. 心理学和认知学的科研成果

心理学和认知学的研究表明,学生的学习过程是一个主动的、建构性的过程。基于自学、尝试、感悟、质疑的学的课堂,符合学生的认知规律,能够更好地促进学生的学习和发展。

4. 教学实践经验总结

在教学实践中,许多教师发现已有的教学方法不利于培养学生的自主学习能力。而基于自学、尝试、感悟、质疑的学的课堂,能够更好地调动学生的积极性和主动性,提高教学质量和效果。

(二)发掘资源找支点

结合已有的361课堂教学模式,尝试进一步深化课堂改革。

361课堂教学模式是2008年初学校为适应教学改革、基于学校办学理念、学校发展愿景、学生发展需求而打造的快乐体验教学模式,学校提出的口号是"向40分钟要质量"。将课堂教学时间分配为30%、60%、10%;教学内容分配为30%、60%、10%;将教学流程划分为三个环节、六个步骤、一个目标。

1. 教学时间分配361

30%的时间用于学生自学、尝试、感悟、质疑等自主学习形式,激发学生主动学习愿望,快乐体验的情感因素;60%的时间用于同伴互助、小组合作、全班交流等生生互动,小组互动,师生互动等合作学习形式,培养学生合作学习、快乐体验的情感因素;10%的时间用于教师精导善引、点拨拓展的师生互动,让学生感受快乐体验,享受成功的幸福感。

2.教学内容分配361

在教学内容的处理上,可遵循"361"教学策略:对于约30%的知识,学生通过自主学习、探索尝试、感悟思考等愉悦的学习活动便能自主理解掌握,对此教师无需过多讲解,仅通过检测了解学生的学习成果即可;约60%的教学内容,学生在合作探究与快乐体验中能够充分理解并熟练掌握,教师在这部分教学中无需进行系统讲授,只需做好评价反馈,引导学生深化认知;而剩余约10%的重点、难点知识,教师应鼓励学生大胆质疑、积极提问,在此过程中巧妙引导、精准点拨,对学生的学习情况进行精练且深入的评析指导。

3.教学效果达成361

在"阳光化育"课程体系框架与"培育全面和谐发展、兼具阳光特质少年"的课程总目标指引下,为促进学生能力的全面发展,计划重新构建课堂教学范式361。该范式的核心理念聚焦于分层培育:针对约30%思维活跃、学有余力的学生,通过拓展性学习内容与挑战性任务,助力其深度探索知识,充分体验成功喜悦,实现"优等生吃得好";对于约60%积极参与课堂活动、主动投入学习体验的学生,设计适配的学习任务与实践环节,确保其知识与能力稳步提升,收获充实的学习成果,达成"中等生吃得饱";面向约10%学习基础相对薄弱的学生,降低学习门槛,提供针对性辅导与支持,保障其能够融入课堂、学有所获,逐步感受进步的幸福,做到"学困生吃得到"。

此范式提取了原有361课堂教学模式的精髓,并融合"学的课堂"相关理念,旨在打造更具包容性与发展性的教学模式,满足不同层次学生的成长需求。(见图2-1)

教学流程:
- 尝试体验 → 激趣导入、自主学习
- 快乐体验 → 交流展示、检测反馈
- 深化体验 → 深化拓展、总结反思

→ 快乐体验享受幸福

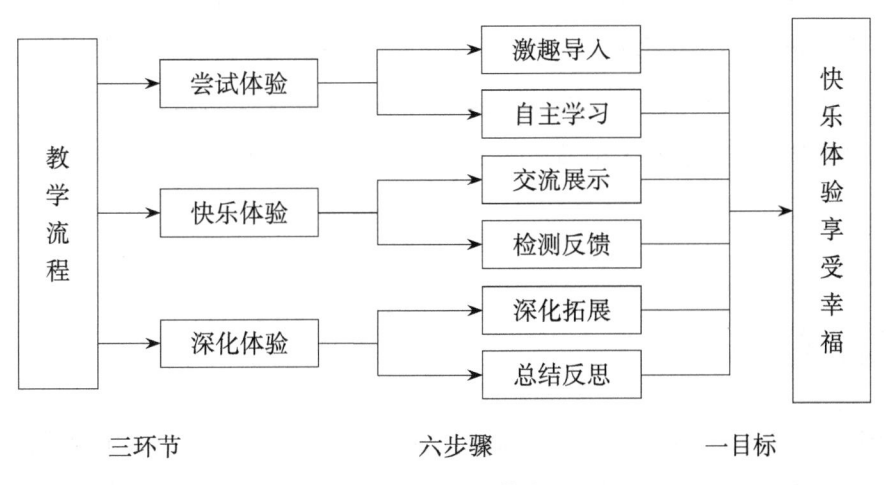

三环节　　　　六步骤　　　　一目标

图2-1　课堂教学范式361

(三)找到依据明方向

依据中共中央、国务院印发的《关于深化教育教学改革全面提高义务教育质量的意见》精神,学校教育应当着眼于学生的终身发展,引导学生开展自主探究,着力培养学生的学习能力。

在教育理念不断革新的背景下,教与学的关系正经历深刻调整,以"学生中心、学习中心"为核心的课堂模式日益得到广泛认可与推广。这类课堂聚焦于将自主学习与知识建构有机融合,着重培养学生发现问题、分析问题和解决问题的能力。在此趋势推动下,学校教育正从对传统"教的课堂"的深入剖析,逐步向对"学的课堂"的深化研究迈进,力求实现教学模式的转型升级,更好地适应新时代人才培养需求。

构想的"问学·体验"阳光教学课堂范式将充分尊重学生在学习活动中的主体地位,引导学生自觉地通过自学、互学、展学、拓学,由"被动"听转到"主动"学;教会学生综合使用口、耳、眼、脑和手等多种感官,通过体验式的学习,激发学生的好奇心和探究欲,让学生在体验中掌握知识、生成能力,真正实现从知识到能力的转化。

在课堂学习过程中,学生通过自学、互学、展学等环节充分展示自我风采,在收获知识的同时深度体验成功的喜悦,由此激发并提升学习兴趣。特别是在展学环节,承担展讲任务的学生不仅要深入理解所学内容,还需与小组成员紧密协作。更重要的是,他们要将个人的思维成果,转化为易于理解的表达方式传递给他人,这种学习方式完美契合了"学习金字塔"理论中效率最高的底层模式——"马上应用"与"教别人"。

课堂以学生为绝对主体,他们自信从容、积极表达,在知识的交流碰撞中充分展现个人魅力。教师则扮演着主持人、引导者的角色,同时作为评价体系的重要组成部分参与其中。课堂上,师生之间频繁互动,学生之间互帮互学、共同进步,构建起活跃且高效的学习氛围,这正是符合学生成长需求的理想课堂形态。该教学范式的实施,始终围绕培养学生高阶思维能力、提升综合素质这一核心目标,为学生的终身发展筑牢根基。

二、范式探索

2012年秋季至2015年夏季期间,经过反复研讨与实践探索,团队共同确定了课堂教学的六大核心环节:引学、问学、互学、导学、展学、拓学,并明确各环节具体要求,将原有的361模式创新发展为"问学·体验"阳光课堂教学范式,即"预学启问、自主体验；互学启思、交互体验；拓学启用、深化体验"。

(一)自主学习:夯实基础,激发内驱

经过多次打磨,4Q预习模式应运而生并融入学生的学习实践。该模式采用前置预习策略,要求学生在教师指导下,课前依托课本内容、学习目标、课后习题,围绕知识结构、逻辑结构、目标结构、能力结构与问题结构开展自主学习。其核心价值在于培养学生结构化阅读文本的能力,掌握终身学习的有效方法。4Q预习遵循"阅读理解—梳理总结—尝试解答—提出疑问"的结构范式,以四个核心问题为导向展开预习活动。

教师在收集学生预习中存在的问题后,结合课程标准与教学重难点,提炼形成关键问题串,并编制成问学单。小组互学环节以"问学单"为载体,在关键问题串引导下开展展学体验活动,旨在激发学生学习内驱力,推动学生在互助合作、探究展示中实现思维发展、能力提升与素养培育。

小组互学具有多重教育价值,包括:

提升学习效率:为不同层次学生创造参与机会,促进信息多向流动,实现智力激发、情感共鸣、操作协同与结果互评,将学习内容转化为学生内在需求,强化知识理解与问题解决能力。

培养合作意识:引导学生在互动中敞开心扉、分享想法、相互指正,逐步形成良好的合作意识。

强化集体观念:帮助学生学会协作,发挥个人优势服务团队,增强集体归属感与社会适应能力。

锻炼自主能力:在教师引导下,学生通过自主探索与问题解决,提升自主学习能力,以适应社会发展需求。

增强问题解决能力:共同应对学习难题的过程,有效提升学生解决实际问题的能力与面对困难的信心。

激发创新思维:鼓励学生突破常规,提出创新想法与解决方案,培养创新思维与实践能力。

推进情感教育:搭建情感交流平台,增进学生间的理解与友谊,提升情感表达与社交技能。

在实施过程中,小组学习面临诸多挑战,如缺乏核心成员、团队氛围不和谐、分工

模糊、互动不足等问题。为此,教师需深入了解学生个体情况,选拔能力突出的学生担任组长;引导小组成员基于相互了解与尊重,共同协商确定分工、设计特色组名与激励口号;同时,通过观看互学视频、激发组长积极性、精心设计问学单等方式,优化小组学习效果。经过努力,班级中涌现出众多团结高效的学习小组,学生明确目标、掌握方法,互学成效显著。

(二)全班展学:聚焦展示,多维成长

全班展学是课堂教学的核心环节,其重要意义体现在以下方面。

拓宽知识视野:学生通过展示学习成果,不仅巩固自身知识,还能从同伴处获取新的知识与技能,实现知识的多元积累。

增强个体自信:为学生搭建自我展示平台,使其在成果展示中发现自身价值,提升自我效能感与自信心。

深化学习体验:"教授他人"的过程促使学生深度理解知识,实现学习过程可视化,提升学习效果。

提升表达能力:要求学生清晰阐述观点、有效互动交流,在实践中锻炼沟通与表达能力。

凝聚班级力量:共同学习与展示活动,增进学生间的联系,营造积极向上的班级氛围,增强集体凝聚力与归属感。

培育创新思维:鼓励学生突破常规思维,提出创新性解决方案,培养批判性思维与创新能力。

强化责任意识:学生需主动承担展示任务,对学习过程与成果负责,提升自我管理能力。

在展学初期,学生面临诸多障碍,如缺乏展示礼仪、自信心不足、互动能力弱等问题。教师通过组织学生观看展学视频、开展礼仪培训、进行示范指导、布置课后练习任务并针对性点评等方式,助力学生掌握展学技巧。经过师生共同努力,学生逐步克服困难,在展学过程中实现深度互动与思维碰撞,课堂呈现出更丰富的层次与活力。

(三)拓展学习:巩固深化,构建体系

学生在经历知识的"同化"与"顺应"后,初步形成新的知识结构,但结构间的联系仍较为薄弱。拓学单作为重要媒介,能够有效强化知识关联,促进知识体系的稳固构建。

教育改革之路并非坦途,需秉持稳步推进的原则:从语数学科、高年级逐步扩展至语数英学科、中高年级,最终覆盖全学科与各学段。"问学·体验"阳光课堂教学范式聚焦学生核心素养与学习能力提升,能够为学生带来全新的学习体验。推动这一范式的成功落地,需要教育工作者保持清醒认知、激发内在动力、凝聚思想共识,以钻研精神与坚定信念持续探索,直至收获教育改革的丰硕成果。

三、范式突破

2015年秋季至2018年夏季期间,经过深入的理论研究与大量的课堂实践,团队创新性地构建起了契合素质教育理念与新课程标准要求的"问学·体验"阳光课堂教学范式。该范式的关键在于明晰了从传统"教"的课堂模式向以学生为中心的"学"的课堂模式转变的思路,团队认为实现这一转型存在四条核心途径:

教学内涵转变:从单纯的知识讲授转变为以问题为导向的学习模式。通过设置具有启发性和挑战性的问题,引导学生主动思考、探索和解决问题,培养学生的自主学习能力和问题解决能力。

组织形式变革:由传统的舞台式管理型教学模式转变为小组合作的团队学习模式。强调学生之间的协作与互动,通过小组讨论、合作探究等方式,促进学生之间的知识共享和思维碰撞,培养学生的团队合作精神和沟通能力。

教学思维调整:从"先教后学"的传统教学思维转变为"先学后导"的新型教学思维。鼓励学生在课前进行自主学习,教师在课堂上根据学生的学习情况进行有针对性的指导和引导,实现教学的个性化和精准化。

教师角色转型:教师角色从单纯的知识传授者向学习引导者和促进者的深度转型。教师不仅要关注学生的知识学习,更要关注学生的情感、态度和价值观的培养,注重学生的全面发展。

这一范式在概念、模式、课型、组织和策略等多个层面进行了全面而系统的创新与重构,为课堂教学改革提供了全新的思路和方法。

2018年秋季至2021年夏季,团队又在持续的探索研究基础上,对教育观念、教学理念以及特色行动策略体系进行了全面梳理,为"问学·体验"阳光课堂教学范式开发出了一套完整的教师导学技术体系。这一体系的形成标志着知识建构型有效教学研究实现了从实践到理论的系统提炼和升华,为教师的教学实践提供了更加科学、系统的指导。

以数学学科为例,"以问导学"教学模式以问题为核心,引导学生进行学习。课堂围绕学习目标设置一个"大问题"或一组"问题串",通过这些问题引领学生的学习进程和思维活动,促使学生在知识探究过程中形成自己的体验、理解和思考,从而实现知识的建构、能力的发展、经验的积累和思想的感悟,最终提升学生的数学素养。其课型结构如图2-2所示。

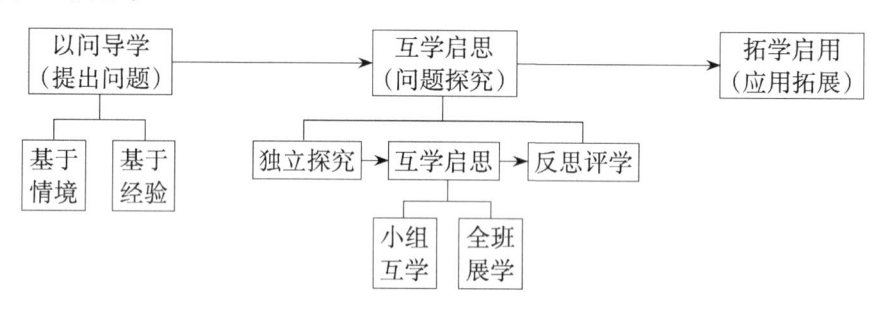

图2-2 "以问导学"课型

教,是为了不教,教要为学服务,教学的重要目标是促进学生学会学习。"预习交流"课型,先"预习",再"展学",给学生创设充分的"学"的机会,体现了"先学后教、以学定教"的转型思路,促进学与教结构的转换,改变学生被动接受、以练代学的现象,在"学"的经历和体验中逐步从"学会"走向"会学",提高自主学习、自主思考的能力。

"预习交流"课型,是基于前置预习的互学、展学式学习的数学课堂。强化学生的前置预习,转换学教结构,即先由学生在新授课之前独立预习,让学生带着学会的知识和存在的问题参与课堂,再组织小组互学、全班展学——"分享学会的知识,提出自学中的疑问",最后,在师生、生生互动过程中,梳理知识、解疑释惑,促进学生能力素养的同步发展。(见图2-3)

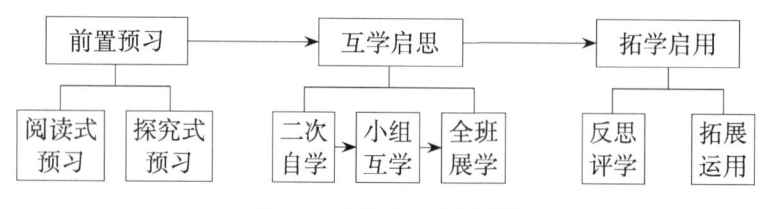

图2-3 "预习交流"课型

教师们经过几年的潜心实践,撰写了多篇论文:《"问学·体验"阳光课堂范式下4Q预习法实践研究》《4Q预习具体操作指南》《"4Q预习法"三单:引学单、问学单、拓学单》等;开展了多个小课题研究:《"问学·体验"阳光课堂教学范式中"小组互学"策略》《语、数学科核心素养在范式中的落地策略》《"问学·体验"阳光课堂"三单"作业设计及评价策略》《"问学·体验"阳光课堂教学范式中教师导学策略实践研究》《教师导学之课后拓学策略》等。

在范式构建中转变教学方式，如教师引导学生主动参与学习，让学生成为学习的主人，培养学生的自主学习和合作学习能力；优化教学设计，注重课堂互动和学生参与，同时要确保教学内容的准确性和深度；提高教师素质，教师具备良好的课堂管理、教学设计和组织能力，同时还需要教师具备创新思维和不断学习的能力，不断提升自身素质；评价与反馈机制的建立，为了确保阳光课堂教学的质量，团队建立了有效的评价和反馈机制，及时了解学生的学习情况并做出相应的调整，更加注重学生的反馈，不断改进教学方式和手段；充分利用信息技术手段，提高学生的学习兴趣和参与度。

四、范式形成

2021年秋至2023年秋，主要是采用韩氏有效教学法指导中小学课堂改革，在实验学校创建学本课堂。学习型课堂不是知识传递型课堂，而是教师、学生及参与者以学习者身份共同学习、共同发展的课堂。结合学校已有积淀和资源，以及学生、学校、教师发展的需求，努力传承与创新。随着实践研究的不断深入，理论研究成果也不断成熟，"问学·体验"阳光课堂教学范式的概念逐渐清晰，创建操作体系也逐步完善，"学本教育"的观点逐渐形成，思想理论也逐渐建构。以"三单"（引学单、问学单、拓学单）为载体，以"六步"（引学启问、以问导学、小组互学、全班展学、反思评学、拓展活学）为过程，形成具有以下特征的课堂范式：以问启学的课堂、量身定制的课堂、"授人以渔"的课堂、具身实践的课堂，旨在更好激发学生学习的目的性、主动性、创造性，保障学生学习的效果。

"问学·体验"阳光课堂教学范式是一种"人人愿学习、人人都学习、人人会学习"的课堂模式，这样的课堂是学生、教师、参与者作为学习者共同合作、共同学习、共同发展、学会终身学习的课堂。它可以让学生体验成功和快乐，进而成长为自主、独立、创新意识浓厚的新时代人才。

第二节

"问学·体验"阳光课堂教学范式建构的现实依据

课堂教学是实施素质教育的主渠道,党中央、国务院对课程教学改革高度重视。20多年来,基础教育课程改革从义务教育阶段到普通高中阶段,从部分地区、学校先行试点到全面推广,促进了先进教育理念的传播,带动了基础教育的整体变革,取得了显著成效,为全面深入推进素质教育发挥了重要作用。

为贯彻党的二十大精神,落实立德树人根本任务,办好人民满意的教育,2023年5月,教育部办公厅印发《基础教育课程教学改革深化行动方案》,要求各地明确责任分工,建立健全推进机制,不断将课程教学改革引向深入。基于对课堂教学在学校内涵式发展和改革创新中重要作用的战略性思考,"问学·体验"阳光课堂教学范式建构成为学校推进教育现代化发展的一个关键领域,成为学校课堂教学大变革、大发展中的一大亮点。

一、"问学·体验"阳光课堂教学范式建构是落实国家教育政策的需要

在各国综合国力竞争日益激烈的背景下,针对应试教育无法培养适应21世纪现代化建设所需要的社会主义新人的突出问题,党中央、国务院做出推进新一轮基础教育课程改革的重大决策。

1999年,《中共中央、国务院关于深化教育改革全面推进素质教育的决定》中指出:积极实行启发式和讨论式教学,激发学生独立思考和创新的意识,切实提高教学质量。这是对传统讲授教学法的补充与完善,倡导启发与讨论,旨在让学生在知识的掌握过程中,培养其创新思维和科学方法,培养学生获取知识的能力、收集信息的能力、分析与解决问题的能力、语言表达的能力、社会交往的能力等,教学方式开始从注重知识传递向学生多种能力的培养转变。

2001年,《国务院关于基础教育改革与发展的决定》中提出:继续重视基础知识、基本技能的教学并关注情感、态度的培养;充分利用各种课程资源,培养学生收集、处理和利用信息的能力;开展研究性学习,培养学生提出问题、研究问题、解决问题的能力;鼓励合作学习,促进学生之间相互交流、共同发展,促进师生教学相长。这个文件具体提出了研究性学习和合作学习,并把"知识与技能、过程与方法、情感态度"作为课程与教学改革的"三维目标"。

2001年,教育部印发《基础教育课程改革纲要(试行)》并明确提出:改变课程实施过于强调接受学习、死记硬背、机械训练的现状,倡导学生主动参与、乐于探究、勤于动手,培养学生搜集和处理信息的能力、获取新知识的能力、分析和解决问题的能力,以及交流与合作的能力。这三个文件为我国基础教育课程改革的目标与任务指明了方向,对课程实施中的课堂教学方式的变革提出了具体的要求,这是我国基础教育课堂教学方式变革的"初心使命",是我国基础教育课堂教学方式变革的"第一起跑线"。

经过十年的实践探索,课程教学改革取得初步效果,为贯彻落实《国家中长期教育改革和发展规划纲要(2010—2020年)》,适应新时期全面实施素质教育的要求,深化基础教育课程改革,提高教育质量。2011年,教育部对课程标准的内容、要求进行了调整和完善,印发了义务教育语文等学科课程标准(2011年版),再次强调:要引导广大教师严格依据课程标准组织教学,合理把握教学容量和难度要求,调整教学观念和教学行为,重视激发学生学习的主动性和积极性。经历多年的改革实践,"学生是学习的主体"教育理念已经根植于教师的心中,自主、合作、探究等学习方式广泛运用于基础教育的各学科课堂,课程教学改革取得了显著成效。

为把课程教学改革引向深入,2014年,教育部发布了《关于全面深化课程改革落实立德树人根本任务的意见》,明确提出了将研究制订学生发展核心素养体系和学业质量标准、修订课程方案和课程标准、改进学科教学的育人功能等,作为落实课程改革的关键领域和主要环节。2016年,教育部公布了《中国学生发展核心素养》,确定中国学生发展核心素养以培养"全面发展的人"为核心,分为文化基础、自主发展、社会参与3个方面,综合表现为人文底蕴、科学精神、学会学习、健康生活、责任担当、实践创新等6大素养,具体细化为国家认同等18个基本要点。核心素养是党的教育方针的具体化,是连接宏观教育理念、培养目标与具体教育教学实践的中间环节。党的教育方针通过核心素养这一桥梁,可以转化为教育教学实践可用的、教育工作者易于理解的具体要求,明确学生应具备的必备品格和关键能力,从中观层面深入回答"立什么德、树什么人"的根本问题,引领课程教学改革和育人模式变革。

党的十八大明确提出把"立德树人"作为教育的根本任务。为落实这一根本任务,2022年,教育部印发《义务教育课程方案(2022年版)》,完善了培养目标,从有理想、有本领、有担当3个方面,明确义务教育阶段时代新人培养的具体要求。2023年,教育部办公厅印发《基础教育课程教学改革深化行动方案》,从课程方案转化落地规划、教学方式变革、科学素养提升、教学评价牵引、专业支撑与数字赋能等5个方面提出14项举措,促进基础教育课程教学改革的深入推进,更新教育理念,转变人才培养方式,为实施科教兴国战略、全面推进中国式现代化奠定人才基础。为我国基础教育课堂教学方式变革找到了"第二起跑线"。这是相对"第一起跑线"而言的"加速提质"起跑线,是新时代中国基础教育现代化对课堂教学方式变革提出的新要求。

由此可见,21世纪以来我国基础教育的课程教学改革旨在推进素质教育,落实中国学生发展的核心素养,为中华民族的伟大复兴培养一代新人,在课堂教学方式的变革方面,要积极探索并建构具有中国特色的素养导向的教学方法体系。

学校作为国家教育政策落地实施的关键阵地,肩负着培育时代新人的重要使命。"问学·体验"阳光课堂教学范式应运而生,它以未来人才核心素养模型为指引,紧扣"立德树人"根本任务,致力于培养具备终身学习能力、适应未来社会发展的人才,同时助力全民终身学习型社会建设,是对传统教与学方式的革新。如今,自主合作探究的新型学习方式已在校园中广泛应用,成为教师教学的有力抓手;以素养为导向的综合学习模式与学科实践方法,也在课堂教学的探索实践中蓬勃发展,不断推动教育教学向更优质、更高效的方向迈进。

二、"问学·体验"阳光课堂教学范式建构顺应了学校教学改革的趋势

重庆市南川区隆化第一小学校具有百年办学历史,一直秉承"人民满意,追求卓越"的办学宗旨,坚持落实"五彩阳光,金色童年"的办学理念,先后被评为全国科普教育示范学校、全国网络教育示范学校、全国"十五"教育科研基地学校、重庆市德育示范学校、重庆市教育科研基地学校、重庆市教育科研先进集体等。

该校素有以教学科研促进学校发展的传统。早在20世纪90年代,学校就参加了目标教学改革实验,从转变观念、开发校本教材等方面进行了有益的尝试,还在学生的

学习方式上进行过积极的探索。21世纪初，基础教育课程改革正式启动，学校紧跟时代步伐，在学习推广尝试教学法、情境教学法、目标教学法、学导式教学法等多种国内知名的教学方法和模式基础上，在努力尝试和实践创新学习理论的过程中，于2004年构建了"创新学习'学·导·创'课堂教学模式"，为"问学·体验"阳光课堂教学范式的建构奠定了基础。该模式坚持"学生为主体、教师为主导、训练为主线、以疑为轴"，不仅改变了学生的学习方式，提升了教师的专业素养，还有效地指导和规范了学校的各学科课堂教学，推动了学校新课程改革的进程，提高了学校的教育教学水平。

随着学校课程改革的深入，原有的"创新学习'学·导·创'课堂教学模式"已经不能适应学校的课堂教学实际。2011年，教育部印发"义务教育语文等学科课程标准（2011年版）"后，学校启动新一轮的课改工程，进一步明确了学校的办学理念是"五彩阳光，金色童年"，在陶行知的"生活教育"、邱学华的"尝试教育"、李吉林的"情景教育"等思想的润育之下，借鉴了洋思、杜郎口、綦江等全国各地著名课改学校的先进经验，修订完善了具有时代特色和学校特点的"361快乐体验课堂教学模式"，该模式将教师的讲授为主变为学生尝试性的活动为主，调动学生探索和解决问题的欲望，积极主动地参与学习过程，旨在解放学生的脑、口、手，让学生在有限的时空里不断尝试体验、获得成功、获得快乐、获得人生的幸福。"361快乐体验课堂教学模式"在南川区推进课堂教学改革、提高课堂教学效率和师生综合素质方面起到了积极的示范引领作用。

新课程改革不断推进，《关于全面深化课程改革落实立德树人根本任务的意见》为我们指明了教学改革的方向，不仅要向长期以来的过于强调接受学习、死记硬背、机械训练的传统教学方式说"不"，坚决扭转片面应试教育倾向，而且要明确倡导学生自主学习、合作学习、探究学习、研究性学习等新型学习方式，把培养学生的多种能力作为教学方式变革的主要内容，并逐渐完善核心素养导向的中国特色教学方式体系的建构。2020年初，结合学校"阳光化育"总的课程体系，培养"品学兼优、胸怀天下的阳光少年"课程总目标，提取"361阳光快乐体验模式"中的精华，借鉴学本课堂的相关理念，重新建构了学校新的课堂教学范式——"问学·体验"阳光课堂教学范式。随着"问学·体验"阳光课堂教学范式的推进，学校的课堂发生了令人欣喜的变化：学生成了课堂的主人，他们自主探究、合作交流，常常有发人深思的提问、精彩纷呈的答案，学习兴趣和能力明显提升。学生朝着"善提问、会学习、能创新、有温度的阳光少年"的目标持续发展。

三、"问学·体验"阳光课堂教学范式建构解决了教学中的现实问题

在立德树人、发展学生核心素养的背景下,学校以培养积极的终身学习者为使命,努力践行课堂教学变革。大多数学校关注课程改革,对课程实施目标、学科建设目标、学校发展目标、教师与学生发展目标等都有整体规划,能依据学校实际情况实现国家课程校本化,依据学生需求和学校实际能力开发并实施校本课程,能科学制定学校课程实施方案。然而一些地区、一些学校,课程改革只是写在纸上,说在嘴上,名为进行课堂教学改革,往往"有名无实""有形无神"。而且,为了维护学校的声誉、争取优质生源和在相关教育行政部门组织的考核中取得优异成绩,部分学校仍将见效快、易量化、可操作性较强的学生学业成绩作为指导课堂教学的关键指标,学校课程的系统规划、实施方案不够完善,对课堂教学改革的参与度不足。

随着新课程改革的持续推进,教师教学方法的变革逐渐变得理性起来,能够正确对待传统教学方法与非传统教学方法之间的关系,大多数教师辩证地结合使用两种教学方法,既对自身已经熟悉的传统的教学方法进行变革,又对新型的教学方法进行尝试探索,进而为建构"问学·体验"阳光课堂教学范式打下了良好的基础。但是,仍然有一部分教师的专业发展水平不能与改革需求相适应,究其原因,是教师发展动力不足,存在职业倦怠感。许多教师在工作中不能处理好新旧教育思想的矛盾和新旧教学方法的矛盾。

教师教学行为的变化,必然带来学生学习方式发生变化。师生在不断探索新型的自主学习、合作学习、探究学习、综合学习、学科实践、跨学科主题学习、综合实践等学习方式的同时,形成了新时代中国特色的"少教多学""先学后教"的教学理念与方法。目前,在"问学·体验"阳光课堂教学范式的引领下,课堂中的浅层独白与灌输填鸭的旧方式逐渐被合作探究、深度对话交流等新型范式所取代。但在一些课堂上,我们发现,学生的学习能力还需提升,有的学生缺乏应有的问题意识,质疑和反思的主动性不足,独立学习能力不强,不会倾听同伴的发言等。课堂发言中,部分学生的思维条理性不足,语言表述不能彰显学科特点,对要解决的核心问题仅仅是走过场,并未深度问学,这对促进学生终身发展带来了很大的局限性。

如何传承学校教学改革经验,促进学校的内涵发展;如何提高教师的专业素质,走出一条聚焦学生学习方式深度变革的课程改革新路;如何提升学生的核心素养,培养终身学习者,成为当前亟待我们研究解决的重大问题。

为此，在学校领导的带领下，在学校全体师生的共同努力下，建构了"问学·体验"阳光课堂教学范式，以期望能解决课堂教学中出现的诸多问题。"问学·体验"阳光课堂教学范式将国家育人"蓝图"转化为学校"施工图"，坚持"五彩阳光，金色童年"办学理念，将课程方案转化为规划行动，以提高教学质量为工作重心，聚焦学生学习方式的深度变革，强化跨学科综合教学，拟定切实可行的方案，组织多渠道的培训、多层次的学术沙龙及教学竞赛，强化教师发展专业引领，引领教师不断学习和尝试运用"问学·体验"阳光课堂教学范式，持续优化体现学校办学特色的课程育人体系。

"问学·体验"阳光课堂教学范式的终极目标是育人，使学生成为完整的、活泼的、全面发展的人。课堂教学范式实践过程中，教师的教学方式和学生的学习方式都发生了巨大的变化。课堂上，教师不再把知识作为一种符号存在和确定性的结果看待，也不再通过解题训练、灌输等方式达到"堂堂清""周周清""月月清"，而是引导学生做中学、用中学、创中学，使学生从会做题转向会做事，让学生在真实情境中选择做什么、学会怎么做、知道做成什么样，提高分析和解决现实问题的能力，从中感悟学科内在的思维方式、价值观念和文化精神。

"问学·体验"阳光课堂教学范式的深化研究坚持问题导向和实践导向。我们所追求的是能满足学生发展需要的理想课堂，能为每一位教师和每一名学生提供思考、创造、表现及成功的机会，使其主动积极地发展自我，从而促进学生全面成长，成就教师职业追求，实现学校品质发展。

第三节

"问学·体验"阳光课堂教学范式建构的理论基础

育人的根本在于立德。全面贯彻党的教育方针,落实立德树人根本任务,培养德智体美劳全面发展的社会主义建设者和接班人。坚持以人民为中心发展教育,加快建设高质量教育体系,发展素质教育,促进教育公平。深化教育领域综合改革,加强教材建设和管理,完善学校管理和教育评价体系,健全学校家庭社会育人机制。学校的教学范式改革也应当遵循这些原则,因此,"问学·体验"阳光课堂教学范式也需要具备相应的充足的理论基础。

一、哲学基础

哲学(Philosophy)在希腊文为 Philosophia,Philosophia 就希腊文的字义来说,是指对于智慧(sophia)的热爱(philein)。就当前而言,教师应该教些什么？学生怎样才能最佳地学习？课堂应由谁来控制？这些问题是任何教学范式都必须正视的问题。教学的基础问题是人的问题、知识问题和价值问题。因而,教学范式的理论问题与改革实践,需要获取哲学理性的支撑。哲学因其自身的特殊性而对"问学·体验"阳光课堂教学范式的产生、形成和发展起着巨大的影响,为其提供了理论化、系统化的世界观和方法论。学校"问学·体验"阳光课堂教学范式具体的哲学基础体现在以下方面。

(一)哲学是教学范式的基石和理论依据

哲学与教学的宗旨及过程有着内在的一致性,这种一致性在西方教育哲学的思想中得到体现。

赫尔巴特作为康德哲学在教育领域的重要代表人物,是近现代西方理性主义教学流派的集大成者。他凭借思维之间的深度共鸣,以及对高尚精神生活的追求,极大地提升了教学境界。赫尔巴特认为,人类精神生活的核心难以单纯依靠经验积累和人际交往得到有效培育,而教学却能够深入影响人的思维。从宗教教义对信众思想的深刻影响,到哲学讲演对听众认知的有力塑造,再到小说读物对读者情感的强烈触动,这些现象都印证了教学的强大力量——无论其产生的影响是积极的还是消极的。[①]赫尔巴特将具有深刻教育意义的活动与教学紧密相连,同时建立起教学与高尚精神生活的内在联系,这不仅提升了教学的品质,更为学校教育范式奠定了坚实的哲学基础。

夸美纽斯强调,探寻教与学的方法需要遵循如磐石般稳固的原则。他认为,若想弥补自然教育的不足,必须从自然本身出发寻找解决之道,因为教育艺术若脱离对自然规律的遵循,将难以发挥其应有的作用。在夸美纽斯的教育理念中,"适应自然"是教育学的根本原则,无论是顺应自然还是改造自然,都必须以自然规律为出发点。而遵循自然的教育秩序开展教学,则是教学论的核心准则,"秩序"更是实现"把一切知识教给一切人"这一教育理想的关键要素。[②]在新课程改革的背景下,学校若想有效推进改革进程,必须直面教育教学实践中遇到的实际问题。只有切实革新教育教学方法,才能全面促进学生多元智能的发展,为学生的终身发展奠定坚实基础。

在思维发展的过程中,非理性因素是理性认知的重要先导和契机;在认知形式方面,非理性形式对理性形式起到辅助作用,是推动创造性认知活动不可或缺的手段。[③]河南大学教育学部刘济良教授在探讨"生命在场"的理想课堂时也提出,理性与非理性的发展演变反映了人类精神的变革,尽管理性通常占据主导地位,但当理性走向极端,对个体形成过度束缚时,个体生命就会陷入扁平化、抽象化的困境。后现代主义对非理性的推崇,旨在释放被理性压制的生命本源力量,避免人性被理性异化。我们应当以辩证的眼光看待理性与非理性的关系,避免陷入绝对排斥理性或绝对推崇非理性的极端思想。要充分认识到个体生命的发展并非是简单、有序的线性过程,而是充满非连续性、无序性和复杂性的动态过程。关注非理性因素的力量,有助于防止理性霸权对个体生命的过度干预和人性的异化。[④]

后现代主义将关注焦点投向个体生命,试图突破现代性的固有框架,将被抽象化的"主体"还原到真实的生活世界中,为理解个体的存在提供了独特视角。在后现代主义的视域下,个体生命展现出独特的精神特质,这与学校"问学·体验"阳光课堂教学范式的育人目标高度契合。该教学范式通过一系列创新的教学理念和方法,致力于培养善于提问、乐于学习、勇于创新且富有情怀的"阳光少年"。

格里芬曾指出,未来与现在的联系不同于过去与现在的联系,若以过去的模式规划未来,将扼杀发展的自由。⑤学校教育必须与时俱进,正如生命的演进并非机械重复的过程,无法用固定的模式去定义和复制。后现代主义推崇创造性活动,怀特海也认为,"生成过程"本质上是不断追求创新的发展过程。⑥"问学·体验"阳光课堂范式以培养学生的主体意识、探究精神和创新能力为核心目标,鼓励学生主动学习、积极探究,实现全面发展与个性绽放。这一目标与后现代主义的教育观点相契合,也正因如此,该教学范式在课程改革实践中具备了坚实的理论支撑和实施价值。

(二)哲学为教学范式提供方法论的指导

近现代教育哲学秉持尊重人的天性、聚焦儿童发展、探寻科学基础并初步搭建教学理论体系的理念,为学校"问学·体验"阳光课堂教学范式提供了方法论层面的指引。

作为西方近代教育理论的奠基者,"教育学之父"夸美纽斯于《大教学论》中,以"把一切事物教给一切人"为根本主张,指出依循自然规律开展教学乃是"教学的艺术",着重强调要对学生的心智加以开发,以此让知识更易于被获取。在探讨"怎样教学"这一问题时,他从感觉论视角切入,提出了直观性教学原则。德国哲学家、教育家赫尔巴特认为,教师的首要角色是思想的践行者,教学的核心目标是让儿童领悟人类思想方法的强大力量,从而在未来能够理性地生活,成为"理性的人"。他指出,教育者若具备思考能力和知识,能够运用人类的思想方法去观察和描述现实世界的局部,就有能力引导儿童走向更高尚的精神境界。⑦同时,赫尔巴特还强调,真正适合儿童的教育力量,来源于人类所感知、发现和思考的全部智慧,而非单一的教师个体。⑧

赫尔巴特所构想的课堂,是充满理智培育与智力趣味的场所,他所强调的兴趣,本质上是对理性的持续追求。他认为,观察与同情是人们把握当下、真实生活的重要方式;当这种能力减弱时,人们会感到空虚,而勇敢的人则会突破时间的局限,追寻永恒。⑨赫尔巴特教育理论的独特魅力在于,以认识的确定性为起点,将教学建立在师生相互理解与共情的基础上,从而培养儿童多方面的兴趣。他指出,教育艺术使儿童的心灵从平静状态中激动起来,给他以信任与爱,使他能被控制与激发起来,并在时间尚未来到之前就把它投入到未来岁月的漩涡中去。⑩因此,他主张设计教学方案时,应优先考虑认识与同情的要素,而暂时不考虑学科知识的分类,因为这些知识本身对人格发展的各方面影响并无差异,与个体的全面发展关联不大。⑪此外,赫尔巴特也关注教学及教学论的本质,提醒人们在赋予教学特定使命前,需明确其能力边界。⑫赫尔巴特的"教育性教学"理论,紧密联系着学校教学方向、教师专业成长和学生终身发展,为学校

"问学·体验"阳光课堂教学范式提供了重要的方法论指导。

美国教育家、现代西方教学理论与实践的改革者杜威,创立了以"经验的改造"为核心的教学论。他高度重视经验课程对培养"问题解决者"的价值,反对传统的书本知识接受式教学,将"从做中学"作为其课程与教学论的核心原则。杜威认为,经验处于持续发展和变化之中[13],它包含主动尝试与被动接受结果两个方面,二者缺一不可,共同构成了对个体成长有意义的经验[14]。他批判传统教育导致经验与认识脱节,强调在经验中反思的重要性,即科学思维在实践活动中的关键作用。他指出,思维产生于问题和不确定性,是一个探索、观察和研究的过程,结果只是探究过程的附属,其本质在于探索未知。[15]在杜威看来,学习不仅是思维和探究的过程,更强调主动积极的探究。这些理论为"问学·体验"阳光课堂教学范式"以问启学,以学定教,少教多悟,具身践行"的四个基本特征,提供了坚实的哲学支撑。

(三)马克思主义哲学是教学范式本体论基石

学校"问学·体验"阳光课堂教学范式以马克思主义认识论为哲学根基,为我们认识现实的人、全面理解人的本质以及教学的存在,提供了切实的理论依据、丰富的思想内容与科学的思维方法。同时,《现代教学论》中的范式本体论等思想,也为该教学范式构建了坚实的理论支撑。

马克思主义哲学在教学论研究中占据核心地位,它不仅为教学研究提供方法论指引、明确认识论与价值论方向,更奠定了本体论基石。马克思主义本质上具有革命性与批判性,这决定了它自身以及以其为指导构建的理论,必须不断进行自我超越与自我扬弃,才能紧跟时代步伐,始终保持活力。

"问学·体验"阳光课堂教学范式将马克思主义认识论作为教学论的哲学基础,源于对教学过程本质的深刻认知。教学旨在解决学生从不知到知、从知之甚少到知之甚多的矛盾,因此教学过程本质上是学生的特殊认识过程,且这一过程与人类总体认识过程相契合。马克思主义认识论对认识螺旋式上升过程的经典阐释,也使得教学论研究以其为指导和基础成为必然选择。

教学过程首先是师生共同参与的社会生活过程,这是学生特殊认识过程的前提与基础。而社会生活的本质是实践,由此可见,马克思主义哲学对现代教学论的指导思想应是实践唯物主义。只有以实践唯物主义为指引,才能充分发挥马克思主义哲学对现代教学论的指导效能。

"问学·体验"阳光课堂教学范式强调教学是生活的过程,注重其生活性,倡导师生以内在体验的方式投身教学生活。教学过程是师生创造生命意义、实现人生价值的过程,是一种生活体验。[16]教师在自我超越与自我扬弃中焕发生机活力,不仅助力学生认知成长,还能推动教学范式从抽象的科学世界回归本源性的生活世界,凸显教学过程中人的问题与社会属性。

近20年来,笔者所在学校的教学实践中情感、合作、交往、教学艺术等要素备受重视,情境教学、合作教学、翻转课堂等教学模式蓬勃发展。这些实践促使我们深入思考教学过程的性质,明确其首先是师生的社会生活过程。这也表明,马克思主义哲学对学校"问学·体验"阳光课堂教学范式的指导意义,突破了以往仅以认识论作为教学范式哲学基础的思维局限,凸显了实践唯物主义作为现代教学范式哲学基础的本体论核心地位。

二、社会学基础

从社会学视角审视,教学范式的核心目标在于保存与传递社会文化、推动社会重建以及实现个体社会化。社会学的功能主义、冲突理论、解释社会学等理论,不仅为"问学·体验"阳光课堂教学范式的发展提供了涵盖政治经济变革、意识形态更替等方面的思想资源,同时也为课堂教学中的时空构成、师生角色、课堂互动等维度,构建起社会化的认识论框架。

(一)教学范式的时空构成

1.时间构成

教学范式时间构成的社会学研究,重点聚焦于课堂教学中不同类型互动所占的时间比重,期望通过这一维度阐释教学范式的社会学特征。英国学者高尔顿以"互动者"为研究线索,将教师与学生的课堂活动划分为"有互动"与"无互动"两大类别。我国学者吴康宁研究发现,我国小学课堂教学时间构成呈现三种典型类型:师生互动独占型、师生互动主导型、师生互动混合型,其中师生互动占据主要地位,而学生间互动相对薄弱。"问学·体验"阳光课堂教学范式致力于重塑课堂时间构成,着重凸显学生在时间维度上的主体地位。

2.空间构成

课堂教学的空间构成存在广义与狭义之分。广义的空间构成可理解为课堂内的整体物理环境；狭义的空间构成则指向课堂教学参与者人际组合所形成的空间形态。美国社会学家沃勒从"课堂生态学"视角出发,指出学生对座位的选择呈现出相对稳定的群体特征。英国社会学家赫特围绕"空间位置"对师生交往的影响,对秧田型、马蹄型和分组型这三种课堂教学空间构成进行了比较研究。"问学·体验"阳光课堂教学范式遵循组间异质、组内同质的原则,精心安排学生的空间小组构成。

(二)教学范式中的角色

1.教师角色

美国教育家弗兰德斯将教师的课堂讲话归纳为"直接教学"(包含讲授、指导、批评或维护权威等行为)与"间接教学"(涵盖接纳、表扬鼓励、同意或运用学生观点、提问等行为)两大类别。我国学者吴康宁将小学教师的课堂角色概括为四种"总体类型":定向者型、定向·定规者型、定向·定论者型、定向·定规·定论者型。"问学·体验"阳光课堂教学范式主要采用定向·定规·定论者型的教师角色定位。

2.学生角色

学界在学生课堂角色性质的研究上存在分歧,主要形成两种观点:部分学者认为学生属于"受抑性角色",他们指出学生在课堂结构中地位较低,往往受到诸多限制,多扮演遵从者、取悦者和忍受者等角色；另一些学者则主张学生是"适应角色",在承认学生角色受抑的同时,更强调学生具有反抗性,认为学生在课堂中常以旁观者、诘难者及谈判者等角色出现,并非一味顺从。"问学·体验"阳光课堂教学范式下,学生不仅是"适应角色",更是课堂的真正主人。

(三)课堂教学中的互动

美国社会学家沃勒斯坦率先从社会学角度对课堂互动展开研究,他以制度性的支配、服从关系为研究主线,深入剖析了师生之间存在的各类冲突。英国教育家德拉梅特撰写了首部关于课堂互动问题的著作《课堂中的互动》,并依据互动主体构成,将课堂教学中的互动分为教师个体、学生个体及学生群体三种类型。"问学·体验"阳光课堂教学范式尤为注重学生个体与学生群体之间竞争与合作并存的互动模式。

三、教育学基础

教育学主要研究教育学、心理学等方面的基本理论和知识，包括教育现象、教育问题、教育规律、教育方法、学生心理状态等，培养良好的人文素养和教师职业素养，进行教育教学、教育研究和教育管理等。

（一）"最近发展区"理论

苏联心理学家维果茨基提出的"最近发展区"理论指出，学生的发展存在两种水平：其一为学生的现有水平，即学生在独立活动时能够达到的问题解决水平；其二是学生的潜在发展水平，也就是在成人或更具经验的同伴帮助下所能激发的发展潜力。这两种水平之间的差距，便是"最近发展区"。

"最近发展区"是一个用于阐释儿童心智发展与教学关系的重要心理学概念。维果茨基以园艺家为例说明，若要了解果园的培育状况，仅评估成熟的果树是不够的；同理，认识儿童的发展状态，不能仅观察其已成熟的能力，还需关注正在发展中的能力，即理解"最近发展区"。新型教学范式强调，教师在"课堂"这一学习者共同体中，应为学生构建知识设计小组活动"脚手架"，使学生在对话中实现知识建构。著名认知科学家诺尔曼作为跨学科"认知科学"研究的代表性人物，积极倡导"协同学习"（collaborativelearning），并将其列为美国第一届认知科学大会的12个研究"主题"之一。[⑰]从个体学习向"协同学习"转变，符合维果茨基揭示的人类心智从"心智间"到"心智内"过渡的规律。维果茨基认为，语言作为社会活动，起源于连接个体心智的口头语言，之后才发展为支撑个体语言与心智活动的内在工具，因此个体的内在语言关联着其社会关系。

在课堂教学中，存在着"认知冲突""角色分工"等重要现象。认知冲突源于不同思维方式引发的观点碰撞，课堂作为学习者对话与协同学习的场所，其基本特征在于交互行为产生的创生性。学习者与解释者的"异质性"引发对话交互，不同观点的碰撞或印证会带来"震撼"，促使学习者纠正自身思考，推动知识获取与发展，这便是"认知矛盾"[⑱]。角色分工则能减轻个体认知负担，小组作业通过合理分工有助于成员专注思考问题，但需避免机械分工，应采用功能性分工。在课堂讨论之初，既有不急于发表自己见解的学生，也有立马发表自己见解的学生。要使得讨论活跃，就得有几个能积极地发表见解的学生。这样的学生大多持有这样的态度：自己的见解暂且先说说看，听取对方的见解之后再来斟酌自己的思考。实际上，这种学生是"从伙伴的见解之中来求得理解",或者"倘有能够接纳的见解,就改变自己的想法"的看法而发言的。当然,倘若在讨论的开头部分尽是这样一些发表见解的学生,讨论也不可能很好地展开。所以,边听取见解、边梳理见解,再发表归纳性见解的学生也是必要的。另外,以下这样的学生也是需要的——尽管明确地梳理了自己的见解,自信满满,但在众说纷纭的阶段里并不急于发表意见,而是在出现跟自己相同的见解的时候,才表示同意,或开始发表拓展该见解的意见。[19]基于对话与协同的学习而产生的"优质的相遇"中,也包含了同"优质教学内容"与"优质教材"的相遇。在学习交流中应当使用怎样的学习内容与教材,应当展开怎样的对话,这也是同采取怎样的教学形态相通的问题。在探讨基于对话与协同的学习时,必须明确论点的内容与指向何种目标。因此,重要的是从对话学习与协同学习的角度出发研究教材,不能把系统学习与问题解决学习二元对立起来。[20]钟启泉教授基于"最近发展区"提出"教学的先导作用"命题,该理论为新世纪从"知识本位"向"素养本位"的"课堂转型"奠定了基础。其中"协同学习""口头语言""认知冲突""角色分工"等关键概念,与"问学·体验"阳光课堂教学范式操作层面强调的引学启问自主体验、互学启思展学体验和拓学启用深化体验三个环节相互呼应,为范式提供了理论依据。这意味着,学校"问学·体验"阳光课堂教学范式应聚焦学生的最近发展区,提供具有挑战性的学习内容,充分激发学生的积极性,促使其发挥潜能,超越当前最近发展区,迈向新的发展阶段,并以此为基础持续推进后续发展。

(二)建构主义理论

建构主义理论作为认知心理学派中的重要分支,其对学习过程的阐述具有独特且深刻的见解,呈现出以下特点。

1.主动建构性

建构主义认为,学习绝非知识由教师向学生的简单传递,而是学生主动构建自身知识体系的复杂过程。在此过程中,学生并非被动接纳信息的容器,而是积极主动地对信息意义进行建构的主体,这种建构具有显著的个体独特性,无法由他人替代。每一位学习者均以其原有的经验系统作为基石,对新信息进行编码处理,进而构建属于自己的理解。与此同时,原有知识体系会因新经验的融入而发生调整与改变,由此可见,学习实则是新旧经验之间双向且持续相互作用的动态过程。

2. 社会互动性

建构主义者着重指出,学习是个体通过参与特定社会文化活动,进而内化相关知识和技能、熟练掌握相关工具的过程,这一过程通常需要借助学习共同体内部成员的合作互助方可完成。学习共同体具备如下主要特征:其一,高度重视共同体中各成员所拥有的多元化知识与技能优势,这使得每个成员都能为团体目标的达成贡献独特且有价值的力量,从而赢得认可与尊重;其二,共同体拥有共同的目标,即围绕共同关注的问题,推动集体性知识的持续发展与创新,而非仅仅聚焦于个人知识与技能的获取;其三,在学习活动方面,强调个人发展与共享性知识建构活动的有机统一,大力倡导成员之间知识与技能的共享、学习资源的共享,以及成员间学习过程的透明化;其四,强调学习共同体对学习过程的自主管理,而非依赖教师的主导性控制。教师在其中扮演着学习共同体的组织者与促进者角色,其核心职责在于精心设计并有效组织以学习共同体为核心的各类学习活动。

学习共同体内部的协商、互动与协作对于知识建构具有极为重要的意义,具体体现在以下三个关键方面:其一,实现智慧的分布与共享。通过小组协作的形式,将活动任务合理分解,每个小组成员分别负责不同侧面的子任务,如此一来,学习小组便能共同攻克单个学生难以完成的复杂探究任务。围绕某一探究主题,小组中的每一位学生都能在自身负责的领域成为"专家",他们彼此交流探究成果,分享经验与感受,共同为集体任务的完成贡献力量,最终实现共同建构知识的目标;其二,促进认知整合与思想改进。经由协作互动,学习者能够表达出多元化的理解,在学习共同体内部展开深入的交流与激烈的争论,从而达成观点的整合与思想的改进。这一过程有助于激发学生进行深入思考与批判性反思,助力他们建构起更为深层次的知识体系,培养多视角理解问题的能力;其三,推动思维的外显化与精致化。为了能够与他人顺畅交流并共享自己的想法,学生必须首先将自己的思路与观点清晰明确化,并提供充足的证据予以支持,进行自我解释。如此一来,学生的知识体系与思维策略得以外显化并不断精致化,这对于促进学生的反思监控,提升思维与学习活动的质量具有积极作用。

3. 情境性

建构主义认为,知识无法脱离具体的活动情境而抽象存在,学习理应与情境化的社会实践活动紧密结合。建构主义理论的核心在于以学生为中心,高度强调学生对知识的主动探索、主动发现以及对所学知识意义的主动建构。

艾兴教授认为,建构主义学习的情境性表现在以下三个方面。第一,学习的任务情境应与现实情境相类似,以解决学生在现实生活中遇到的问题为目标。学习的内容要选择真实性任务,不能对其做过于简单化的处理使其远离现实的问题情境。学习在真实情境或者模拟真实情境的场景下进行,在这种场景中的学习所要解决的都是一些真实的具体问题。这些问题并不是某一学科抽象的概念或知识所能解决,它往往都同时与多个学科或理论相关。正因如此,建构主义主张在学习过程中弱化学科界限,强调学科间的交叉。第二,学习的情境性还表现在知识的建构和问题解决融合在一起,建构主义之所以强调学习的情境性,是因为在他们看来,知识的建构并不是为了知识本身。知识获得的过程实际就是在一定的情境下解决问题的过程,而解决问题所需要的工具、资料往往隐含于情境当中,教师并不是将提前准备好的内容教给学生,而是在课堂上展示出与现实中专家解决问题相类似的探索过程,提供解决问题的范式,并指导学生的探索。第三,情境性教学需要进行与学习过程相一致的情境化评估,或者融合于教学过程之中的融合式测验,在学习中对具体问题的解决过程本身就反映了学习的效果。[21]

学校"问学·体验"阳光课堂范式的实施过程中,学生正是在特定情境中开展体验活动,以发现问题作为学习的起点,历经探究问题、解决问题的过程,循环往复地经历同化—顺应—同化—顺应等阶段,在平衡—不平衡—平衡—不平衡的交替状态中,促使自身认知水平不断发展,进而实现对所学知识的意义建构。

在自主学习阶段,学生将新旧知识进行链接,在知识同化过程中,发现问题、探索问题、梳理并生成问题,经过认真思考,初步建构知识的意义,其中"联系"与"思考"是意义构建的关键要素。这一环节充分体现出学生作为信息加工的主体、意义的主动建构者的地位,而非外部刺激的被动接受者与被灌输的对象。在初步建构知识意义的基础上,在关键问题串的引领下,学生展开体验活动,通过二次自学、小组互学、全班展学等环节,经历同化与顺应的过程,在不断补充、修正的过程中加深对知识的理解,对新信息进行重新认识与编码,构建自己的理解体系,使原有的知识经验因新知识经验的介入而发生调整与改变,持续建构新的知识结构。学生在经历新旧知识的"同化"和"顺应"后,新的知识结构初步形成,通过知识梳理、深度反思、多元评学以及拓学单的深化练习,在持续体验中,对知识进行融会贯通,经历知识建构从"平衡—不平衡—平衡"的不断调整过程,最终达成使学生有效地实现对当前所学知识的意义建构的目的。这里所建构的意义是指对事物的性质、规律以及事物之间内在联系的深刻理解。这种理解在大脑中的长期存储形式便是建构主义理论中的"图式",即关于当前所学内容的认知结构。

(三)学习金字塔理论

1946年,美国学者埃德加·戴尔提出了"学习金字塔"理论。该理论以数字形式直观形象地展示出:采用不同的学习方法,学习者在两周以后对学习内容的平均学习保持率存在显著差异。以语言学习为例,在初次学习两个星期后:单纯听讲的学习者能够记住学习内容的5%,通过阅读的学习者能够记住学习内容的10%,通过聆听声音并结合看图的学习者能够记住20%,观看示范、演示的学习者能够记住30%,参与小组讨论的学习者能够记住50%,进行实际演练、在做中学的学习者能够记住75%,通过做报告、教别人的学习者能够记住90%。学习效果在30%以下的几种传统学习方式,大多属于个人学习或被动学习;而学习效果在50%以上的学习方式,均为团队学习、主动学习和参与式学习。

学习方法的差异,会导致学习效果产生极大不同。"问学·体验"阳光课堂范式充分尊重学生在学习活动中的主体地位,积极引导学生自觉地通过自学、互学、展学和拓学等环节,实现从"被动"听向"主动"学的转变;教会学生综合运用口、耳、眼、脑和手等多种感官,通过体验式学习,给学生留下深刻的记忆,从而有效激发学生的好奇心和探究欲。

本课堂范式致力于让学生在体验中掌握知识、生成能力,真正实现从知识到能力的转化。学生在自学、互学、展学过程中充分展示自我,体验成功的喜悦,进而提升学习兴趣。特别是在展学环节中,展讲的学生不仅要自己透彻弄懂展学的内容,还需要与小组其他成员相互协作,并且要透过个体思维,将自身理解的内容转化为他人能够理解的表达方式,这种学习方法恰好处于学习金字塔的最底层,也是最为高效的学习层级之一。整个范式的实施以培养学生的能力、提高学生的素质为根本目的,为学生的发展奠定坚实的基础。

第一章

"问学·体验"阳光课堂教学的构成、模型和流程

"问学·体验"阳光课堂范式通过"引学—互学—拓学"三个梯度层层推进,为课堂教学实施提供了基本框架。课堂教学是学生获取知识和技能的重要途径,在课堂教学中,教育环境、教学行为、评价方式等因素都会对学生学习效果和心理健康产生一定的影响。因此,分析课堂教学构成因素对于优化课堂教学质量具有重要意义。在我国的教学理论研究中,关于教学活动构成因素的分析有以下几种不同的观点:一种是包括教师、学生、教材的"三因素说",另一种是包括教师、学生、教学内容、教学手段的"四因素说",还有包括教师、教材、教学环境、教学媒体等的"多因素说"。这些研究都注重研究教学活动中的可见现象和形式,试图从中抽象出关键因素,以实现对教学活动本质的认识。笔者认为课堂教学受多种因素的影响和制约,因此本章借鉴多因素观点来分析"问学·体验"阳光课堂教学的构成要素。

第一节

"问学·体验"阳光课堂教学的构成要素分析

为了深入研究和分析"问学·体验"阳光课堂中影响学生学习效果和心理健康的因素,结合教学论观点与教学实践,我们将影响小学教师教学的因素从教学环境、目标、内容、方法与实施、评价反馈五个维度进行了划分。

一、"问学·体验"阳光课堂的教学环境

教学环境是一个由多种不同要素构成的复杂系统,它可以分为物理环境和心理环境两个方面。物理环境是指教学设施、教学空间、教学时间等物质条件,而心理环境则是指班级气氛、师生关系、教学模式等文化心理条件。这个分类最早可以追溯到意大利幼儿教育学家蒙台梭利的教育思想,该思想强调了教学环境对于儿童发展的重要性,认为应该为儿童提供有准备的环境,包括物质环境和心理环境两个方面。后来,随着教育心理学的发展,越来越多的研究表明,教学环境对于学生的学习效果和心理发展都有重要影响。因此,在教育实践中,教师应该注重创设一个良好的教学环境,包括提供足够的教学资源、营造积极的班级氛围、建立和谐的师生关系等。这些措施可以有效提高学生的学习效果和心理发展水平,促进教育的良好发展。

(一)物理环境

物理环境包括教学场所和教学用具,是教学环境核心的组成部分。"问学·体验"阳光课堂的教学场所设计以整洁、舒适、安全为主,充满着自然光线、拥有舒适的座位与先进的数字化学习资源。"问学·体验"阳光课堂教学注重学生的亲身体验,通过实验、

观察、实践等活动,让学生在实际操作中发现问题、解决问题,增强其感性认识和实际操作能力。因此,该课堂将为学生提供大量可操作的学习用具。教室中设有展示学生作品的区域,可以让学生感受到自己的努力与成果被认可和赞赏。

(二)社会文化心理环境

社会文化心理环境是由文化因素和心理因素构成的一个复杂的环境系统,它与物理环境共同构成了教学环境。与物理环境不同的是,社会文化心理环境是一个看不见、摸不着的无形环境,但它对师生心理活动的影响和社会行为,乃至整个学校的教育、教学活动都有着重要的影响,有时其影响力会超过物理环境。

(1)班风与课堂气氛

班风是指班级内所有成员在长期交往中形成的一种共同心理倾向。班风一旦形成,便成为一种约束力,反过来又影响班级团体中的所有成员。它既塑造了学生的态度和价值,又影响了他们在教室里的学习活动。

课堂气氛指学生在课堂上所感知到的班级团体中影响其学习的心理氛围,包括班级目标导向、学习进度、困难、偏向、内聚力、团结友爱、冲突、民主、满意度、竞争等心理因素。课堂气氛是在师生交往、生生交往的过程中,通过大量的学习活动和互动交流形成的,它不仅对每个学生的学习行为产生一定的影响,对班级群体的学习行为也会造成一种"社会压力"或"社会助长"。"问学·体验"阳光课堂充满尊重、信任和包容,其良好的课堂气氛促使师生之间相互尊重、密切合作,学习活动有明确的目的性,学生对自己的学习充满自信。

(2)情感环境与师生关系

影响班风及教室气氛的重要因素是由师生关系营造的情感环境,它是指教学中形成的一种情绪、情感状态。课堂教学既是信息交流的过程,也是情感交流的过程。

"问学·体验"阳光课堂注重建立良好的师生关系,首先,教师关心学生的进步,尽可能依据学生的需要和理解来开展教学、指导学习,通过多种形式的评价给不同认知水平的学生以学习指导和帮助,运用适当的期望和奖惩让他们始终保持旺盛的求知欲。其次,教师要尊重学生作为"学习者"的角色,教师在教学过程中尊重学生对学习的自主意识,充分鼓励学生积极主动地探索,师生之间做到互相了解和互相尊重。

二、"问学·体验"阳光课堂教学的目标要素

在课堂教学中,目标的设定旨在指导学生的学习方向和发展轨迹,促使他们获得预期的知识、技能和态度。"问学·体验"阳光课堂教学总目标是让学生挺胸抬头做学习的主人,主动学习,积极探究,做勇敢的体验者,大胆的创新人,实现全面发展,多彩绽放,成为"善提问、会学习、能创新、有温度"的阳光少年。具体制定目标时可围绕教学目标、学习目标两方面思考。

(一)教学目标

教学目标应与课程内容密切关联。教师要构建"总目标—单元目标—课时目标"有机链条。基于课程标准分析学期目标、单元目标,从而确定课时教学目标。课时教学目标要能反映出课程中涉及的主要知识点、技能和实践经验。通过设定与课程内容相关的教学目标,可以更好地引导学生的学习,确保他们对课程所涵盖的内容有清晰的认识和理解。

教学目标应符合学生的学习水平和能力。教学目标的设定应根据学生的前置知识、认知能力和发展水平,合理地安排学习的难度和深度。在"问学·体验"阳光课堂教学中,教师课前利用引学单充分做好学情调研,收集学生在自学中存在的问题,然后结合课程标准、教学内容的重难点提炼出关键问题串,设定探究和应用的教学目标,培养学生分析和解决问题的能力。

教学目标还应具备评估的可行性和可测性。教学目标的设定应便于教师进行评估和检查学生的学习成果。在"问学·体验"阳光课堂教学中倡导评价任务先行,从"教学目标"出发,到"评价设计",再到"教学展开"。把评价任务嵌入后续的学习过程中,不断对"目标"回望,促进对教学活动的有效管理和指导。

(二)学习目标

学习目标在教学设计和实施中起到指导和衡量学生学习进展的作用。在"问学·体验"阳光课堂教学中,学习目标的制定应该具备明确、具体和可衡量性的特点。

"问学·体验"阳光课堂的学习目标具有明确性。通过明确学习目标,教师能够清楚地了解学生在学习中应该达到的水平和能力,并能够有针对性地设计教学活动和搭建相应的学习支架。同时,学生也能够清晰地知道自己需要学习的内容和目标,从而更加有目标地进行学习。"问学·体验"阳光课堂设计了三种结构化的学习单,每种学习

单上的第一项都明确写明了本次学习任务的目标。

"问学·体验"阳光课堂的学习目标具有具体性。具体的学习目标能够确保学生详细了解需要学习的知识和技能。通过具体的学习目标,学生能够更加明确自己需要达到的学习水平,从而更加有针对性地进行学习和练习,提高学习效果。"问学·体验"阳光课堂学习目标的叙写包括4个部分:学习主体、学习方式、学习程度、学习结果。在每一条学习目标的表述上,都具体写明学生通过什么样的方式,学习什么样的内容,学到什么样的程度。学生在具体目标的引领下,能自主地、有效地完成相应的学习任务。

"问学·体验"阳光课堂的学习目标具有可衡量性。通过设定可衡量的学习目标,教师能够及时评估学生的学习进展,并进行反馈和调整教学策略。对学生而言,可衡量的学习目标能够帮助他们了解自己的学习成果,激发学习动力,并有助于自我评价和追求进步。在"问学·体验"阳光课堂小组互学环节中,当小组成员互动交流结束之后,组长会带领大家回望问学单中的学习目标,衡量小组成员学习目标的达成度,评价小组学习的效果。

三、"问学·体验"阳光课堂教学的内容要素

课程内容是实现课程目标的重要载体。无论采用哪种课堂教学范式,课堂教学内容的精心选择都是首要任务。在"问学·体验"阳光课堂教学中,教学内容的选择与组织是课堂授课的核心。教师需要根据学生的需要和学科的特点,灵活地选择适合的内容,并将其组织成统一、严密的教学体系。

(一)教学内容选择

教师在选择"问学·体验"阳光课堂教学的内容时,需要综合考虑学科特点、学生需求、实践性、时代性和多元性等方面。不同的学科具有不同的特点和要求,教师在选择教学内容时需要充分考虑学科特点,确保教学内容符合学科要求,能够实现学科教学目标。同时,教学内容的选择需要充分考虑学生的需求和特点,包括学生的年龄、认知水平、兴趣爱好等,确保教学内容能够吸引学生的兴趣,满足学生的学习需求。由于"问学·体验"阳光课堂教学注重学生的实践体验,因此,教师在选择教学内容时需要注重实践性,通过实践活动引导学生积极参与、动手操作,培养学生的实践能力。在人工智能高速发展的时代,教师在选择教学内容时要紧跟时代步伐,将最新的知识和信息

融入教学中,使教学内容更加贴近时代、贴近生活,激发学生的学习兴趣和探究欲望。除此之外,教师在选择教学内容时需要注重多元性,包括知识点的多元、教学方法的多元、评价方式的多元等,通过多元的教学内容和方法,使不同的人在学习上得到不同的发展,逐步形成适应终身发展的核心素养。

(二)教学内容组织

教学内容的组织重点是对内容进行结构化整合,探索发展学生核心素养的路径。教育家布鲁纳曾说过,不论我们选教什么学科,务必使学生理解该学科的基本结构。与其说是单纯地掌握事实和技巧,不如说是教授和学习结构。布鲁纳强调结构性学习,其根本目的是让教师在教学中要把握知识的普遍联系,因此,"问学·体验"阳光课堂教学注重研究不同学段的课程标准与教学内容,在研究教材时,要站在学科知识点的视角,将这一个知识放置到单元知识结构中,再放置到更广阔的知识体系之中,对教学内容的整体结构有清晰的认识。

(三)教学内容呈现

"问学·体验"阳光课堂的教学内容呈现注重知识与方法的多样化和个性化。教学内容尽量多样化,以满足学生差异化的学习需求,"问学·体验"阳光课堂注重拓展知识来源,除了教材,教师还从网络、图书馆、实际生活等多种资源中获取教学材料,帮助学生接触到更广泛、更多元的知识和方法。同时,"问学·体验"阳光课堂也注重内容的个性化,充分考虑学生的兴趣、特长和学习风格等因素,设计一些具有开放性的学习任务,让学生根据自己的兴趣和能力进行选择。另外,教师在教学中也要关注学生的差异,尊重他们的学习风格和节奏,为他们提供适合的学习资源和指导。

"问学·体验"阳光课堂的教学内容体现学科整合和跨学科融合。教学内容应注重学科之间的整合和融合,以促进学生对学科知识的交叉应用和综合运用能力的培养。"问学·体验"阳光课堂重视跨学科教学的实践,在课堂教学中,创设与现实生活密切相关的情境,让学生在该情境中运用不同学科的知识进行实践和探索。设计需要跨学科知识的项目,让学生在完成项目的过程中整合和应用不同学科的知识。组织学生进行学科交流活动,让他们分享各自学科的知识和方法,从而促进学科之间的融合。通过对教学内容的设计和组织,鼓励学生在解决实际问题的过程中综合运用不同学科的知识和方法,培养学生的综合素养和跨学科思维能力。

四、"问学·体验"阳光课堂教学的方法与实施要素

"问学·体验"阳光课堂教学的核心理念是"以问促思、以问促学、以问促问、以问促体验"。旨在通过问题导向和体验式学习,激发学生的学习兴趣和主动性,培养学生的自主学习和合作学习能力,提高学生的综合素质和实践能力。

"问学"是指在课堂教学中,教师通过引导学生发现问题、提出问题、解决问题,激发学生的学习兴趣和探究精神,培养学生自主学习和合作学习能力的一种教学方式。"问学"过程中,师生在问题的驱动下探究,在探究中生疑,在解惑中生智。在这个过程中,学生不仅是知识的接受者,更是知识的探索者和创造者。

"体验"是指在课堂教学中,通过让学生亲身参与实践活动,感受和理解知识,培养学生的实践能力和创新精神的一种教学方式。在"体验"过程中,学生在活动中体验探究,在体验探究中建构知识、掌握知识、运用知识。同时,体验还可以帮助学生更好地认识自己、了解自己,培养学生的自我认知和自我管理能力。

其实施要素可以包括以下方面。

1.引学生问

引学生问是课堂教学的准备环节,其目的是利用引学单结合课本引导学生自主学习,学会结构化阅读文本,让学生掌握一种终身学习方法,同时激发学生的学习兴趣与探究欲望。

2.以问导学

在教学过程中,教师结合学生预习提出的问题进行梳理,并提炼出主问题。引导学生围绕主问题进行积极思考。学生通过解决问题和思考质疑,可以培养其批判性思维能力和解决问题的能力。

3.小组互学

合作学习鼓励学生之间互相交流合作,实践体验,共同解决问题。通过小组讨论、分工合作等方式,培养学生的团队协作能力和沟通能力。

4.全班展学

教师需要创造机会让学生展示自己的学习成果和想法,并鼓励学生与他人进行交流和分享。这可以通过组织课堂展示、小组讨论、个别发言等方式实现。同时,教师需要给予学生积极的反馈和建设性的建议,帮助他们提高自信心和表达能力。

5.反思评价

在教学结束后,进行反思评价是十分必要的。学生可以反思自己在课堂上的表现和学习收获,教师则可以总结教学过程中的优点和不足,以便更好地改进教学方式。

6.拓展运用

鼓励学生进一步思考和探究,促进知识的延伸和拓展。教师可以布置一些具有挑战性的任务或问题,让学生在课后进行自主探究和学习。例如,在教授完一个主题后,可以让学生自主搜集相关资料并进行深入研究,培养其自主学习的能力。

总之,"问学·体验"阳光课堂教学通过引学生问、以问导学、小组互学、全班展学、反思评学、拓展运用等方式,全面培养学生的综合素质和能力。在实际教学中,教师可根据具体学科和学生的实际情况灵活运用该方法,以便取得更好的教学效果。

五、"问学·体验"阳光课堂教学的评价反馈

教学评价既反映了学生学习的成果,也能帮助教师对教学进行有效的反思和调整。在选择教学评价方式时,需要综合考虑多个因素,如评价的准确性、可操作性以及对学生的激励作用等。"问学·体验"阳光课堂评价关注学生的问题解决能力、重视学生的课堂体验和参与、全面考查教学质量和学习效果。将评价嵌入教与学全过程,深化评价伴随理念,强化过程评价,综合考查学生发展的增值性评价。

(一)评价内容

1.表现性评价

表现性评价是教师让学生在真实或者模拟的情境中,运用所学知识解决某个新问题或者创造某种新东西,以考查学生知识与技能的掌握程度,以及实践、问题解决、交流合作和批判性思考等多种复杂能力的发展状况的一种质性评价方式。表现性评价的基本形式包括:演示、表述、模拟表演、实验或调查、项目评估、作品选集等。[1]

表现性评价在"问学·体验"阳光课堂中是一种重要的评价方式。它侧重于评估学生在实际情境中应用知识和技能的能力。"问学·体验"阳光课堂让学生通过合作方式进行任务探究,在"问学"与"体验"过程中产生各自的观点,然后通过课堂这一重要的平台进行展学,教师与学生在展学活动中共同对学生操作的结果、发表的观点、展讲的姿态、互动的效果等方面进行全面与多元的评价。

在"问学·体验"阳光课堂中,表现性评价具体可以通过以下方式进行。

(1)实际操作任务

学生需要完成一项实际操作任务,例如实验、模型制作等。这种任务要求学生将所学知识应用于实践中,观察其操作过程并评估其理解和应用能力。

(2)口头表达

对于一些需要高级思维能力的主题,可以采用口头表达的形式。学生需要就某一主题进行讨论或辩论,教师根据其表达的清晰度、逻辑性和深度进行评价。

(3)作品集评估

要求学生提交一个作品集,以展示他们在课程期间完成的项目或作品。可以包括写作、艺术作品等,反映学生的创造性和应用能力。

(4)小组项目

小组项目要求学生合作完成一个复杂的任务。在此过程中,教师观察学生在团队中的表现,看他们如何解决问题、沟通合作等。

(5)反思日记

学生定期记录他们的学习过程、遇到的困难、解决问题的策略等。这种方式可以帮助学生自我反思,同时为教师提供学生理解水平和学习状态的宝贵信息。

2.总结性评价

总结性评价是一种在教学活动结束后进行的评价,旨在全面了解学生的学习成果和教师的教学效果。通过这种评价,教师可以获取关于学生掌握知识和技能程度的反馈,从而更好地指导学生学习。同时,总结性评价还可以帮助教师评估自己的教学效果,找出教学中的不足之处,进一步提高教学质量。

"问学·体验"阳光课堂总结性评价通常采用多种方式,包括考试、作品评价、闯关活动等,以全面评估学生的学习效果。评价的结果可以用来评定学生的学习水平、确定学生在后继课程中的学习起点、预测学生在后继课程中成功的可能性等。

(二)评价方式

课堂观察、调查问卷、纸笔测验、闯关活动等。

(三)评价工具

《"问学·体验"阳光课堂评价量表》《"问学·体验"阳光课堂观察量表》《学习能力评价表》《期末学科测试题》。

"问学·体验"阳光课堂评价是一种以学生的发展为核心的评价方式,旨在全面了解阳光课堂的教学效果和学生的受益情况。通过"问学·体验"阳光课堂评价,可以更好地促进教师改进和完善教学内容和方法,提高教学质量和效果,同时,也可以帮助学生更好地发展自己的问题解决能力和综合素质。

第二节
"问学·体验"阳光课堂教学的基本模型建构

"问学·体验"阳光课堂教学的基本模型建构是一个系统工程。它始于教学理念的转变,对教与学关系的调整。其核心在于构建教学模型,在教学理念与教学实践中架起一座桥梁。课堂模型建构要素包括教育理念、目标导向、核心环节、操作程序、操作工具、评价系统等,其目的是帮助教师更好地组织和实施课堂教学活动,提高教学质量和效果。

一、转变教育理念

从"教师主导"到"学生中心"。19世纪末,实用主义教育思想代表杜威对赫尔巴特主张的"以教师为中心"和"以课堂为中心"的传统教育进行批判,提出"学生中心说",肯定了学生在教育教学中的"主体性"和"能动性"。[②]20世纪70年代末,西方人文主义教育思想传入中国,重视人本教育,强调学生在教育教学中的地位,于是,我国掀起了教育思考和探讨热潮。2019年,中共中央、国务院印发的《关于深化教育教学改革全面提高义务教育质量的意见》,要求全面发展素质教育,坚持面向全体,突出学生主体地位。学校的一切教育活动都要围绕学生学习开展,教师的全部教育行为都要为学生的发展服务。到了21世纪,人类进入信息时代,办"以学生为中心"的教育,必然是世界各国教育改革的发展方向。"问学·体验"阳光课堂教学强调学生是学习和发展的主体,将学生置于学习的中心位置,鼓励学生自学、自问、探究。教师角色也发生相应转变,从单纯的知识传授者转变为知识引导者和知识支持者,引导学生发现问题、解决问题,培养学生的自主学习能力和创新精神。

从"被动接受"到"主动建构"。传统的教育模式过于注重知识的传递而非学生思考能力的培养,这导致学生往往只是被动地接受知识,而无法真正理解、批判和应用这些知识。"问学·体验"阳光课堂教学是一种以学生为中心,注重学生主动参与和体验的学习模式。在这种模式下,教师转变教学方式,采用探究学习、合作学习、展示交流等方式,引导学生通过实际体验、探究、交流等,深入理解知识,主动建构知识,促进思维的发展。

从"学科分割"到"跨学科整合"。传统的教育模式中,学科之间往往存在分割现象,导致学生难以形成全面的知识体系。"问学·体验"阳光课堂教学中,教师注重跨学科的知识整合,鼓励学生从多学科的角度思考问题。教师打破学科壁垒,整合教学资源,根据学生的兴趣和特长进行有针对性的跨学科整合,为学生提供更加丰富和全面的学习体验。教师采用主题式学习、项目式学习等方式,引导学生从不同学科的角度探究同一主题或问题,培养学生的综合素质和创新能力,促进学生全面发展。

从"短期性评价"到"发展性评价"。传统的教育评价关注学生的短期成绩,而忽视了学生的长期发展。《深化新时代教育评价改革总体方案》提出"强化过程评价,探索增值评价,健全综合评价"的主要原则和总体要求,意味着探索和完善以增值评价为核心的发展性评价将成为未来教育评价改革的风向标和导航仪。"问学·体验"阳光课堂教学评价以学生为中心,采用发展性评价和多元评价的基本方法,鼓励学生主动参与评价过程,通过自我评价、同伴评价、家长评价和教师评价等多种方式,对学生的学习过程、学习结果进行多角度评价。这种评价通过师生互动、生生互动等方式,形成良好的教学相长的关系,有助于培养学生的自主学习能力和合作精神,促进学生之间的交流和合作,提高学生的综合素质和能力,促进学生的全面发展。

二、调整教学关系

教师和学生的关系在课堂中主要体现为教和学的关系,处理好教和学的关系是优化教师和学生这两大要素的关键。"问学·体验"阳光课堂教学模型的建构,源于教学关系的深度调整。在"问学·体验"教育主张下,教与学的关系可以用"先学后教""任务导向""互助展评""学导融合"来概括。

首先,学生的"学"决定"教"的内容。学生通过自主学习和预习,获取背景知识和基础知识,这是"先学"的体现。在这个过程中,学生发现问题、提出问题,产生了对知识的好奇和疑问,为后续的课堂教学提供了方向和重点。教师收集并整理学生提出的问题,结合教学内容的重点和难点,提炼出关键问题串,再根据关键问题串设计出课堂问学单,这既是对"后教"的进一步深化,也是对学生"先学"的回应和提升。问学单帮助学生聚焦于最需要解决的问题,使课堂教学更加高效。

其次,"问学单"的设计和运用是实现"任务导向"的重要手段。"问学单"不仅确定了课堂学习的起点和重点,还成为了学生课堂学习和分享成果的指南。在小组合作学习环节中,每一名小组成员都明确了自己的任务和讲解的问题,他们结合"问学单"上的问题,用查阅资料、交流讨论、学具演示等方式,将自己的自学成果与小组成员分享。同时,学生也会在小组中提出自学过程中难以解决的问题,寻求同组成员的帮助。在教师设计的"问学单"作为导向的作用下,这种合作探究、质疑问难、发现规律的学习方式,充分发挥了学生的学习主体性。

再次,"互助展评"在"问学·体验"阳光课堂教学中体现了新型的教与学关系。在小组合作学习(互学)之后,小组成员向全班展示和分享小组内互学的成果和共识,同时提出仍存在的疑问,进一步激发全班同学的思考和探究。教师在学生"互助展评"过程中对学生的展示进行点评和引导,帮助他们进一步深化对知识的理解,还要鼓励全班同学进行互动和讨论,促进知识的共享和传播。"展学体验"这种新型的教与学关系,强调了学生的主体性和参与性,同时也重视教师的引导和促进作用。

最后,教师要在学生展示和交流后进行教学内容的点拨提升。通过教师的点拨提升,帮助学生巩固知识、改进表现,进一步推动学习。这个过程中,教师不再是单纯的知识传授者,而是成为了学生知识建构的引导者和促进者,这样,在"问学·体验"阳光课堂教学模型中实现了学生的自主学习和教师的指导作用的有机融合——"学导融合"。"学导融合"的关系中,教师与学生是合作关系,共同参与知识的探索和建构。教师通过设计情境、提供资源、引导思考等方式,激发学生的学习兴趣和主动性,促进他们进行深度学习和思考。同时,学生通过自主学习、交流展示、反馈问题等方式积极参与教学过程,与教师共同完成知识的建构,以达成学习的目标。

随着教和学关系的调整,建立一种新的课堂成为必然,即把"教师中心、讲授中心"变为"学生中心、学习中心"的课堂,使自主学习和知识建构相融合,致力于学生提出问题、解决问题能力的培养。教师应该转变观念,重新构建一种"引学生问、以问导学、小组互学、全班展学、拓展运用、反思评学"的课堂形态,让学生居于课堂中央,课堂的一切活动以学生的"学"展开。这种以学生的学习疑问为起点、以学生的学习体验为核心的课堂教学,我们把它叫作"问学·体验"阳光课堂教学。

三、建构教学模型

"问学·体验"阳光课堂教学范式以培养善提问、会学习、能创新、有温度的阳光少年为终极目标。"问学"是策略,教学中以"问"为载体、以"学"为主线,从问题入手,让师生在问题的驱动下探究,在探究中生疑,在解惑中生智;"体验"是方法,学生在情境中开展体验活动,在体验活动中建构知识;"阳光"是目标,让每一名学生都自信阳光,快乐成长。在此理念的支撑下,我们构建了"问学·体验"阳光课堂教学的基本模型。这个模型强调了学生在学习过程中的积极参与、自主思考和实际体验,以便更好地理解和应用知识,提高技能,发展能力。其教学模型如图3-1所示。

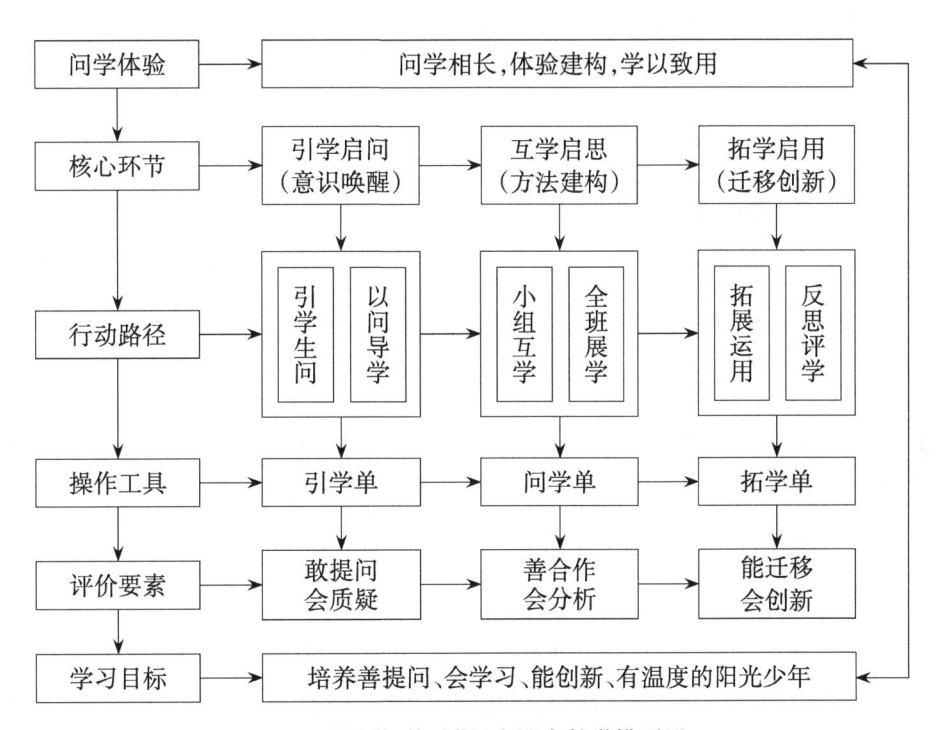

图3-1 "问学·体验"阳光课堂教学模型图

(一)"问学·体验"阳光课堂教学的核心理念

"问学·体验"阳光课堂教学模型的核心理念包括了"问学相长、体验建构、学以致用",这一理念强调了积极的学习方式,注重学生的主动参与性和实践性学习。

1.问学相长,培养思维

"问学"强调学习过程中提问的重要性。学生被鼓励积极思考、提出问题,并主动寻求答案。这不仅培养了学生的好奇心和批判性思维,还促进了学生对知识的深入理解。在这一过程中,教师扮演了引导者和启发者的角色,帮助学生找到解决问题的路径,从而推动学习的持续发展。

2.具身体验,建构知识

"体验建构"强调学生通过亲身经历和实践活动来构建知识。学生被鼓励积极参与各种情境的体验活动,通过实际操作、观察、探究等方式来获得知识,这种基于体验的学习有助于学生将理论知识与实际经验相结合,更好地理解和应用所学知识。

3.学以致用,解决问题

"学以致用"强调知识不是为学而学,更是为了应用于实际生活中去解决问题。教育不仅仅是传授知识,还包括培养学生的实际技能和解决问题的能力。学生被鼓励将所学的知识应用于实际情境中,解决真实世界中的问题,从而使他们的学习更具实用性和深刻性。

(二)"问学·体验"阳光课堂教学的教学策略

"问学·体验"阳光课堂教学模型是一种以学生为中心的教育教学方法,旨在通过促进学生的主动学习和积极参与,提高他们的学习效果。这个模型的教学策略包括多种方法,涵盖了教育过程中的各个关键环节和活动。

1.自主体验,提出疑问

著名的教学论专家江山野认为,每个学生都有独立的要求,整个学习过程就是一个争取独立和日益独立的过程。[2]"问学·体验"阳光课堂教学模型中,自学是整个教学模式的基础和起点,即学生采用前置预习的方式,课前在教师的指导下进行4Q预习。

(1)预习教材

课前,学生根据教师的指导,借助4Q预习单,按照一定的知识结构、逻辑结构、目标结构、能力结构、问题结构进行前置性自主学习,预习教材相关章节或内容,独立解决学习中的问题,这样有助于学生对课程的整体结构有一个初步的了解,为后续的学习打下基础。

(2)自主探究

自主预习阶段,学生可以参考其他学习资源,如网络、参考资料等,深入了解相关知识,帮助建立基本的背景知识,培养信息获取和分析能力。同时,学生可以通过笔记、摘要或思维导图等来总结他们的预习结果,以便更好地理解和记忆相关信息。

(3)解决问题

学生在自主预习时会获得许多新知识,他们将获得的新知与问题联系起来,可以提出假设、制定计划,然后尝试解决问题。解决问题需要学生主动查找信息、整合知识和自我引导学习进程。这能培养他们的自主学习能力,使他们更有能力在未来独立地学习和解决新问题。

(4)提出疑问

对学生而言,只有主动发现问题,才能改变被动学习的状态,提高学习效率。[3]发现问题、提出问题是"问学·体验"阳光课堂教学中的重要因素,学生通过自主学习和预习,获取一定的背景知识和基础知识。然后,学生会自发地产生对知识的好奇和疑问,主动提出需要进一步研究和解答的问题。

教师收集学生自学中存在的问题,并将收集到的问题进行整理和分析,结合教学内容的重点和难点,提炼出关键问题串。这些关键问题串是学生自学中存在的普遍问题或需要进一步解决的重要问题。

根据提炼出的关键问题串,教师设计出课堂问学单,问学单确定了课堂的起点,帮助教师更好地引导学生,将课堂重点聚焦在学生最需要解决的问题上。

2．展学体验,实现共建

(1)小组合作,探究质疑

目前,合作学习已广泛应用于许多国家的中小学教学,对于改善课堂内的社会心理氛围,大面积提高学生的学业成绩,促进学生良好的非认知品质的发展起到了积极的作用,其实效令人瞩目。各国的研究一致认为,合作学习是一种极其有效的教学理论。[4]

"问学·体验"阳光课堂教学模式中应用小组合作互学,旨在促进学生之间的合作学习和共同探究,它是"问学·体验"阳光课堂教学模式中的一个重要因素。

在合作学习环节,每一名小组成员在小组长的指导下,明确自己要讲解的问题,并结合问学单、调查资料、学具演示等方式分享自己的自学成果。同时,学生还会提出自己在自学过程中难以解决的问题,寻求同组成员的帮助,从而在小组中合作探究、质疑问难、发现规律。此模型中的合作学习要注意如下要点:

①小组成员分工明确

在互学环节中,每一名小组成员在小组长的指导下明确自己要讲解的问题,这样的组织方式有助于发挥每一名成员的特长,提高学习效率。同时,每一名成员的讲解和分享可以让其他成员从不同角度理解问题,丰富了学习的层次。

②分享方式多种多样

互学环节鼓励学生采用多样化的方式来分享自己的自学成果,如思维导图、调查资料、学具演示等,这种多样性的分享方式可以满足不同学生的学习风格和需求,激发学生的学习兴趣,增强学习的乐趣。

③共同探究质疑追问

互学环节中,学生共同探究解决问题,形成共同的理解和共享的知识。同时,学生可以互相质疑和追问,促进批判性思维和自主学习能力的发展。这样的交流互动有助于学生形成全面的认识和理解。

(2)全班展学,深化体验

著名学者埃德加·戴尔的"经验之塔"理论指出,听不如看,看不如做,做不如讲,讲不如辩。[5]"问学·体验"阳光课堂教学模型中,展学就是以"问题解决"为主线,按照认知技能发展的规律灵活组织并有机融合学生分享、辩论、反思、教师点拨等教学事件,实时调整"教"的方式和策略,引导学生实现高阶能力的发展和迁移的一种学习策略。展学是"问学·体验"阳光课堂教学模型中的一个重要因素,其操作方式一般是在小组合作学习(互学)之后,小组成员一起上讲台,向全班展示小组内互学达成的共识、收获以及仍存在的疑问。

展学环节中,有以下四个关键点:

①合理分工,有效合作

在展学环节中,小组成员需要根据各自的贡献和学习成果,进行合理的分工,以确保展示的内容充分且有条理。通过展示组内成员的分工与合作,来展示学生在合作学习过程中的团队协作能力和分工合作能力。

②生生互动,补充追问

在展学过程中,其他组的成员可以对展示组的内容进行补充、质疑和追问。这种互动交流能促进全班学生之间的互动,有助于发现知识的更多细节和深层次问题,同时也能激发学生的思考和讨论。

③深入反思,反复交流

展学环节是一个交流与反复的过程,学生在展示自己的成果后,可以根据其他组学员的补充与评价,进行反思和进一步的交流。这种交流与反复使得学生对所学知识的理解更加全面和深入。

④灵活调整,适应教学

根据学习内容的多与少、难与易等情况,小组上台展学的人员可以灵活调整,这种灵活性使得展学环节更加适应不同教学内容和学生的特点。

(3)激励评价,点拨提升

学者黄伟和焦强磊在《基于教学关系的课堂教学模式变革》一文中,认为"少教多学"对"为什么教、教什么、怎样教"三个问题赋予了新的解释,"少教多学"并非是让教师投入得更少,而是要求教师教得更好,强调教学重点从教学内容的数量转向教学内容的精良。[⑥]教师在学生展示和交流后教学内容应该精良化——点拨提升,以高效高质的教学帮助学生巩固知识、改进表现,进一步推动学习。

①梳理强化知识

教师在学生展示和交流后,根据学生的表现和需求,对信息进行梳理和提升,将复杂的概念或内容变得更加清晰和易于理解,这有助于学生更好地理解主要观点,掌握主要知识。例如学习了《十六年前的回忆》一文,学生通过展讲,清楚了本文最后两个自然段与开头的联系,也讲出了这样写的好处。学生的认知是零散的,这时教师可以总结这样写的好处:一是可以使文章结构严谨,二是对文章中心起到强化作用,三是能给读者留下深刻的印象。教师的点拨可以帮助学生识别并克服知识和技能上的障碍,帮助他们更好地理解和掌握知识。

②提高自我认知

教师的点拨可以根据每名学生的表现进行个性化反馈,通过教师的反馈评价,学生可以更清晰地了解自己的优势和不足。这有助于培养学生的自我认知能力,使他们更好地了解自己在知识和技能方面的欠缺和需求,也有助于学生认识到自己的弱点并寻找提高的途径。

③激发学习动力

教师的点拨和建议在学生展讲后扮演着关键的角色。当教师以积极和建设性的方式进行点拨评价时,学生不仅感到自己的努力被认可,还获得了前进的方向。这种认可和指导激发了学生内在的学习动力,让学生明白他们的努力有价值,也了解如何改进和发展自己的技能。因此,教师的点拨和评价不仅仅是知识传授的一部分,更是塑造学生积极的学习态度和持之以恒的动力的关键因素。

"问学·体验"阳光课堂教学模型中,教师既关注学生对知识的掌握,更关注学生的思维、态度、性格和价值观,促进学生全面发展。

3. 反思评学，拓展应用

"问学·体验"阳光课堂教学模型强调学生主动参与、思考和实际应用知识的教学策略。在这一模型中，反思评学和拓展应用环节是关键步骤，用于促进学生的全面发展和深度学习。

（1）全面反思，提高认知

在这一教学策略中，学生被鼓励回顾课堂学习经历，思考自己的学习过程、感受和取得的成果。通过反思，学生可以更好地理解知识，将其纳入自己的认知框架中。其次，反思评学有助于培养学生的自我认知能力，他们可以更清晰地了解自己的学习风格、优势和不足，从而更好地管理自己的学习过程。

（2）提供反馈，改进教学

学生展讲时，教师不仅要听取学生的反思，还要提供有针对性的反馈和指导，帮助学生认识到他们的优势和改进点，这有助于个性化学习，满足不同学生的需求。其次，通过学生反馈，教师可以更好地了解教学效果，发现教学中存在的问题，并调整教学策略和材料，以提高教育教学效果。

（3）拓展运用，深化理解

学习被看作是一场师生共同经历的智慧之旅，其目标不仅仅是传授知识，更是培养学生的能力，使他们能够充分而灵活地运用所学知识来理解世界、解决问题，并将知识学以致用。课后练习，不能机械性地重复课堂上的知识点，而应巩固和加深对知识的理解，还应将知识应用到真实、复杂的情境中，使学生能够理解知识在实际生活中的价值。

（三）"问学·体验"阳光课堂教学的操作工具

苏霍姆林斯基在《给教师的建议》中指出，教会儿童利用自由支配的时间，不是靠口头解释，而是靠组织活动、靠示范、靠集体劳动①。所以，教师在教学活动中，可以开发学习工具，用学习工具有条理地引领示范，组织学生开展课前预习、课堂学习、拓展练习等活动，这也有助于学生自主学习、合作探究、集思广益，以达到最佳的学习效果。

"问学·体验"阳光课堂教学模型有三个关键环节：引学启问自主体验、互学启思展学体验、拓学启用深化体验，为了支持和促进这一教学模型的每一个环节，我们亟须开发辅助学习工具——引学单、问学单、拓学单，合称为"学习三单"，"学习三单"的开发、设计、使用有重要的教育价值。

1.引学单与"引学启问自主体验"

引学单是在教学模型的第一个环节中使用。它的目标是引导学生在课前进行自主学习,通过自主预习文本、尝试解决问题、总结发现和提出疑问来主动参与学习。这与引学启问自主体验的核心理念相符,即学生通过主动的学习活动开始构建知识体验。

2.问学单与"互学启思展学体验"

问学单是在教学模型的第二个环节中应用。它是通过分析学生在引学单中的学习疑难点而形成的工具。通过问学单,学生在课堂上进行了二次自学,小组互学和全班展学。这与互学启思展学体验密切相关,促进学生之间的知识共享、合作学习以及深度思考。

3.拓学单与"拓学启用深化体验"

拓学单用于教学模型的第三个环节,即拓学启用深化体验,它旨在帮助学生加强知识结构的关联,检测课堂学习效果,并拓展学生的高阶思维。通过拓学单,学生被鼓励深入思考、探索更广泛的知识领域,从而实现对知识的深化理解。

这些辅助学习工具的设计和使用,使"问学·体验"阳光课堂教学模型变得更加互动和有针对性。学生不仅在课前积极准备,还在课堂中积极参与和互动,同时也能在课后巩固和深化所学,这更符合"以问启学,以学定教,少教多悟,具身践行"的教育理念。

(四)"问学·体验"阳光课堂教学的评价体系

"问学·体验"阳光课堂教学评价体系注重课前预习、小组互学、全班展学和拓展学习等多元化的学习方式,通过课前预习评价表、小组互学评价表、全班展学评价表、拓展学习评价表等多种评价工具的综合运用,全面了解学生的学习状况和发展需求。这种评价体系不仅可以提高学生的学习效果,还可以促进教师的专业发展,实现教学相长的目标。

"问学·体验"阳光课堂教学模型,从教学理念、教学目标、教学方法与实施和教学评价等方面进行精心的构建,它致力于营造一个互动开放的学习环境,鼓励学生提问、探索和体验,同时教师也需创造一个充满阳光、积极向上的教学氛围。教学目标聚焦于培养学生的自主学习能力和实践精神,教学方法倡导"问学"与"体验"相结合,教学评价重视过程评价和多元评价。这种组合逻辑旨在构建一个以学生学习为中心,注重学生主动性和体验性的教学模式,培养具有自主学习和实践精神的人才。

第三节 "问学·体验"阳光课堂教学实施的主要流程

"问学·体验"阳光课堂是一种以学生为主体,教师为主导,以问学为主要方法,体验为核心要素的课堂教学模式。在课堂教学过程中,教师通过引导学生发现问题、提出问题、分析问题、解决问题,激发学生的学习兴趣和探究精神,达到学生亲身参与体验活动建构新知识的目的。从操作层面来看,一个完整的"问学·体验"阳光课堂教学主要流程如图3-2所示。

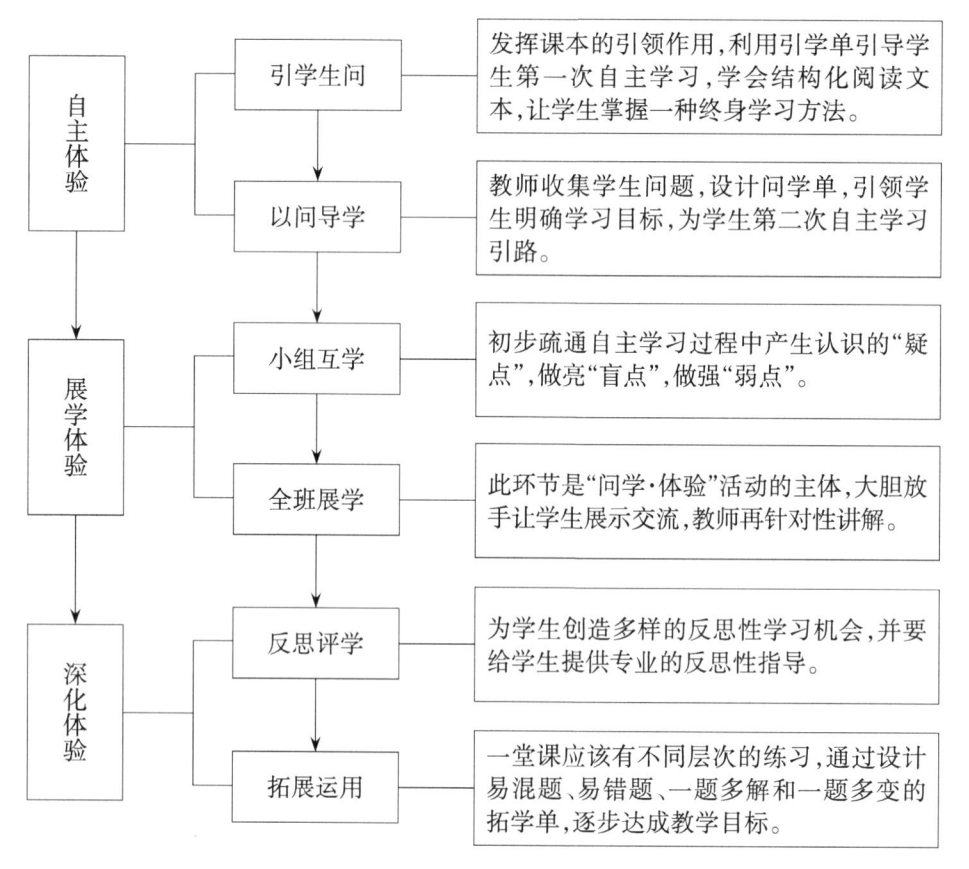

阶段	环节	说明
自主体验	引学生问	发挥课本的引领作用,利用引学单引导学生第一次自主学习,学会结构化阅读文本,让学生掌握一种终身学习方法。
	以问导学	教师收集学生问题,设计问学单,引领学生明确学习目标,为学生第二次自主学习引路。
展学体验	小组互学	初步疏通自主学习过程中产生认识的"疑点",做亮"盲点",做强"弱点"。
	全班展学	此环节是"问学·体验"活动的主体,大胆放手让学生展示交流,教师再针对性讲解。
深化体验	反思评学	为学生创造多样的反思性学习机会,并要给学生提供专业的反思性指导。
	拓展运用	一堂课应该有不同层次的练习,通过设计易混题、易错题、一题多解和一题多变的拓学单,逐步达成教学目标。

图3-2 "问学·体验"阳光课堂教学的主要流程

按照"问学·体验"阳光课堂教学的流程,为了便于教师操作使用,在长期的教学实践中逐步形成了一套基本操作模式,一般情况下小学各学科均可使用,并且行之有效,各位教师可以按照上述的主要流程图来设计各自的教学程序。

以上教学流程分为三个体验环节:引学启问自主体验、互学启思展学体验、拓学启用深化体验。三个体验环节包含六个教学步骤,这六步是一个有机整体,反映了学生完整的体验过程,也是一个有序可控的教学系统。这六步中,第一步是教学准备,中间的四步是课堂教学主体,第六步是教学延伸拓展,第一步和第六步都是为主体体验阶段服务的。每一步的作用和具体操作方法简述如下。

一、引学启问,自主体验

伟大的哲学家苏格拉底说过,问题是接生婆,它能帮助新思想的诞生。让学生大胆地提出问题,是自主学习、合作探究的钥匙和把手。"引学启问"即是:学生在新授课之前进行前置预习,独立探寻学什么?怎么学?学得怎么样?还有疑问吗?教师遵照学生学习基础、思维特性、生活经验等,通过梳理每节课的知识点,有针对性地设置"引学单",激活学生思维,激发学生的求知欲,引导学生会问、乐问、善问,师生共同提炼出有价值的关键问题串,设计出课堂"问学单",在充分的自主体验活动中做到引学启问,以问促学。

(一)引学生问

"问学·体验"阳光课堂教学非常重视发挥课本的引领作用,强调学生课前在教师的指导下借助课本例题、课后习题进行4Q预习。4Q预习是指学生在教师的指导下有目的、有计划、有步骤、有章法地自学课本内容的学习活动。学生按照一定的知识结构、逻辑结构、目标结构、能力结构、问题结构进行前置性自主学习,核心意义在于学会结构化阅读文本,掌握一种终身学习方法。

其具体的操作方式是紧紧围绕4个主问题开展预习活动,以三年级语文学科为例:Q1—本文中出现哪些生字词,其音形意如何?Q2—文章分为几部分,段落大意是什么?Q3—这篇课文的文本大意是什么?Q4—通过学习这篇课文,对我们有何启示?以数学学科为例:Q1—本节课主要讲了什么内容?与本节课相关的旧知识有哪些?(目的是引导学生在认真阅读课本内容之后,根据本课的内容纵向回忆已有的知识基础、横向查阅相关资料,初步建立相关知识的联系);Q2——是学生结合已有知识进一步细读课本内容后,有步骤、有章法地尝试理解教材内容、分析解决问题。如:例题怎么解答?课后"做一做"怎么解答?Q3——是引导学生反思学习的过程,自我建构本课知识要点。如:我学会了什么?发现了什么?Q4——是结合本课内容,提出自己的疑问。如:我还有什么不明白的问题?以英语学科为例:高段可以采用以下4问进行预习,Q1——课文有哪些新生词和词组?Q2——课文有哪些新句型?Q3——课文出现了哪些新语法?Q4——课文大意是什么?中段则以读为主开展预习。

学生4Q预习时仅依靠课本,搜集与学习内容紧密相关的资料,根据已有的知识和经验理解教材、分析教材,同时整理出自己的收获以及疑问。前置预习一般在课前结合4Q引学单进行,它是课中开展深度学习的基础,前置预习可以采用家庭作业的形式、也可以专门设置一节预习课,根据学习内容的难易程度灵活确定。

(二)以问导学

在学生进行前置预习的基础上,教师于课前收集学生自学中存在的问题,并结合课程标准、教学内容的重难点提炼出关键问题串,设计出课堂"问学单",确定出课堂的起点和教学的依据,为后教定向。在课堂教学实验初始阶段,一般由教师或学科助理提出本节课即将探究的主问题,引领学生明确学习目标,以问导学,为学生第二次自学引路。此环节应在小组互学之前,时间为5分钟左右,先由学生围绕"问学单"进行二次自学,其目的有二,一是检测学生预习情况,二是为小组互学提供探究交流材料。

二、互学启思,展学体验

"互学启思"是指以"问学单"为必要载体,在关键问题串的引领下开展展学体验活动,激发学生的内驱力,指导学生在互助学习、合作探究、展示交流的过程中,发展思维、提高能力、形成素养。教师在生生交流,师生交流中适时适当地对学生的学习活动进行引导和点拨,此环节要抓住问题创生的节点及时拓宽学生思维的广度和深度,形成善思、敢问、乐学的生态课堂。

(一)小组互学

小组互学指学生之间的互助学习,也就是开展以小组互助为基本特征的合作学习。第二次自学结束之后,有些学生学懂了,解决了问题,但也有些学生还没有完全学懂,有些问题还不会解答。学懂的孩子急于想表达自己的所思所想,没完全学懂的孩子有疑问需要求助,这个时候采用小组合作团队学习的方式正合适,也正是发挥同伴互助作用的好时机。在两千多年前,伟大的教育学家孔子就发现,学生才是最重要的课程资源,因此教师要相信学生、依靠学生、发展学生,借学生之智和学生之力来促进学生发展。

小组人数以3—4人为宜,这样能够更好地提高学生的参与度。小组互学时,每名成员在小组长的指导下明确自己要讲解的问题,可以结合问学单、调查资料、学具演示等来分享自己的自学成果;其次,提出自己在自学过程中难以解决的问题,寻求同组成员帮助,从而在小组中合作探究、质疑问难、发现规律。此环节的目的就是把学生在进行自主学习过程中产生认识的"疑点",通过合作释疑把"盲点"做亮;把学生在进行自主学习过程中产生理解的"弱点",通过合作总结把"弱点"做强。学生在小组互学时,教师要主动参与到学生的讨论交流活动中,随时注意各小组的学习情况,不断巡视,在小组相互合作学习中发现问题,在关键处及时进行提示和引导,给予点拨和评价。在小组学习中,我们可以采取这样的合作原则:在任务分解上,采取组长主持、弱者先行、中者补充、优者总结;在合作文化上,采取耐心倾听、做好记录、善意评价、积极讨论。此环节时间为3—5分钟。

(二)全班展学

展学是学习者把自己学习之后的收获、疑问等展示出来,供他人借鉴或教师指点。展学是基于输出的学习,大量的实践证明:展学的学习效果是最好的。在展学中,需要大脑想、眼睛看、耳朵听、嘴巴说、动手做,它是一种全身心(脑)的学习。其操作方式一般是指小组合作学习(互学)之后小组成员一起上讲台展示小组内互学达成的共识(收获、疑问)。在展学的过程中,展示组内成员要做到交流有序,既分工明确,又协同作战。同时,其他小组成员可以对展示组的展学进行补充、质疑、追问,在交流中充分发挥学生之间的相互作用,使全班同学对知识的理解更深入。"全班展学"这一步,根据学习内容的多少和难易情况,上台展学的小组成员可以灵活调整。

需要特别注意的是,传统的教学过分注重教师教的重要性,但在课堂改革的进程中又过分淡化了教师导学的重要性,因此,我们在重视"学生中心、学为中心"的同时,不能忽视了教师巧引和精导作用,在展学过程中,教师要注意关注不同的学生,既要通过展学展示优等生的思维亮点,又要能够展示中间生的理解特点,还要能够展示学困生进步的每一点。同时,学生在经历自学、互学、展学后,获取的大多是零散的、碎片式的信息,这时就需要教师有针对性地重点讲解,这是保证学生系统掌握知识的重要一步。

这里特别要注意的是,教师千万不要从头讲起,只需要教师根据教材的重点和学生理解的疑难点指导学生连点成线、织线成面,形成有逻辑、有体系的知识结构即可,因此展与导要紧密结合,互助提高。

三、拓学启用,深化体验

学生在经历了新、旧知识相互"同化"和"顺应"之后,新的知识结构初步形成,然而这些结构之间的关联仍然是脆弱的,拓学单是加强关联的重要媒介。拓学单以新课程标准为指导,经个人备课与集体研讨制定,是在问学单的基础上提供新的变式和情境进行拓展,在深化体验活动中,让刚学到的新能力得以巩固,让刚形成的新素养得以融通。

(一)反思评学

反思是学生对学习活动的过程、结果、条件、信念等进行的持续性、批判性审视和思考,以调节、完善后续的学习活动,这是学生提高学习能力的一个有效途径。我们应该为学生创造多样的反思性学习机会:除了课前预习中尝试反思、课中及时性学习中引导反思、课尾整体性回顾中系统反思,还要注意课后拓展,在主题性梳理中专业反思,即就所学内容进行有针对性的主题反思。与此同时,要给学生提供专业的反思性指导:用行动催生、用方法指引、用反馈矫正。总之,无论面对学生怎样的反思,教师都要及时做出准确、恰当的评价,并基于评价引导更多学生借鉴、模仿、优化,从而让每一个学生的反思意识、习惯和能力得到有效的提升。学生围绕"自主学习、乐于合作、勤于展学、质疑补充"开展个人自评、小组互评、助理评价就更加得心应手,这样能为学生后续的学习注入前进的动力。

(二)拓展运用

学习是师生共同经历的一场智慧之旅,旅程的终点是能够让学生充分而灵活地运用知识理解世界、解决问题、学以致用。课后教师结合课本练习以及拓展题目指导学生进行深化练习,使其能在真实、复杂的情境中应用知识;或者围绕更深层次问题展开学习讨论,使学习向纵深处漫溯。同时,可以安排专门的拓展课,着重选设易混题、易错题、一题多解和一题多变的习题。设计出富有思维含量、具有层次性的拓学单,在拓展运用中深化对所学知识的理解,达到学以致用的目的。

以上的三环六步体验过程是一个有机整体,一环套一环。这三环六步基本教学程序是一个完整的系统,在教师的指导下,从提出问题到自主、合作、探究解决问题,其中每一步都是可以调控、互相配合的,反馈信息畅通。这六步在课堂信息的流通上也发挥了十分重要的作用,可以从图3-3中显示出来。

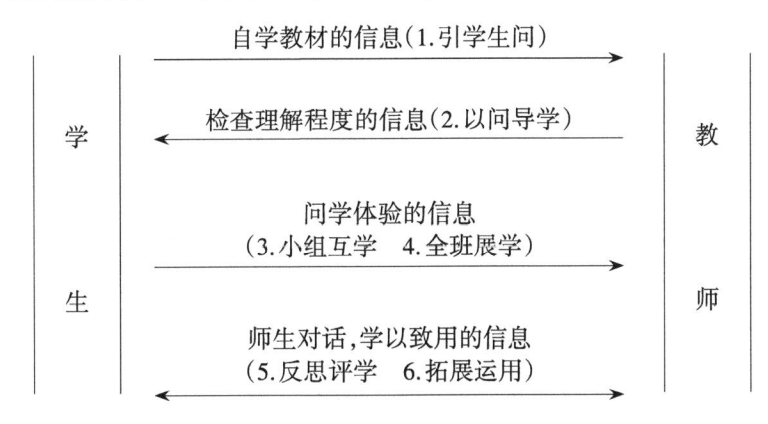

```
学          自学教材的信息(1.引学生问)          教
            ──────────────────────→
            
            检查理解程度的信息(2.以问导学)
            ←──────────────────────
            
生          问学体验的信息                      师
            (3.小组互学  4.全班展学)
            ──────────────────────→
            
            师生对话,学以致用的信息
            (5.反思评学  6.拓展运用)
            ←──────────────────────
```

图3-3 "问学·体验"阳光课堂教学的信息交流图

从上图中很明显看出,"问学·体验"阳光课堂教学是以学生为主体,教师为主导,课堂教学从学生产生问题出发,以问启学,学生学得积极;具身践行,学生学得扎实;多向互动,学生学得轻松;讲练结合,教师讲得精,学生练得好。

教师根据反馈信息,及时调整,这种思想早在我国古代的《学记》中就有论述,大意是:学然后知不足;教然后知困。知不足,然后能自反也;知困,然后能自强也。"问学·体验"阳光课堂教学促使反馈道路畅通。学生通过自主体验知不足,知不足才能自反;教师通过学生小组互学、全班展学后,才能知困,知困才能自强,知困再讲,才讲得精。

当然,这三环六步仅是"问学·体验"阳光课堂教学实施的基本流程,我们应该根据具体学科、具体内容及学生实际情况灵活应用。

第四章

"问学·体验"阳光课堂教学范式在学科中的应用

"问学·体验"阳光课堂教学范式以"问学相长、体验建构、学以致用"为核心理念，遵循三环六步原则，以学习三单——引学单、问学单、拓学单为辅助工具，强调了学生在学习过程中的积极参与、自主思考和实际体验，以便更好地理解和应用知识，提高技能，发展能力。该教学模型包括三个核心环节——引学启问自主体验、互学启思展学体验、拓学启用深化体验。六步行动要素：引学生问→以问导学→小组互学→全班展学→反思评学→拓展运用。

经过多年的实践研究，"问学·体验"阳光课堂教学范式被广泛应用于小学语文、数学、英语及艺术、劳动等学科教学中，并且行之有效。语文学科是一门学习国家通用语言文字运用的综合性、实践性课程。本课堂范式致力于从真实的教学情景出发，课前任务驱动激发内驱力、自主性，让学生带着问题进课堂，课中交流、互动、展学，通过言语实践中不断的思维碰撞及课后多种形式的拓学实践活动促进学生核心素养的形成与发展，为学生学好其他课程打好基础。数学学科的学习过程就是一个数学知识的积累、方法的掌握、运用和内化的过程，同时又是数学思维品质不断培养强化的过程。其目的是让学生学会用数学的眼光观察现实世界，用数学的思维思考现实世界，用数学的语言表达现实世界。

在小学英语课堂上，教师通过梳理单元关键问题，巧用大小问题串，从"学习理解""应用实践""迁移创新"三个层次，精心分层设计"学习任务单"，使学生形成积极的内在学习驱动力，在问题中思考，在质疑中探究，真实、有效、有意义地去发现和创造，提升学生英语学科的核心素养。艺术、劳动等学科有别于语文、数学、英语等学科的显著特征，实践性、技艺性、体验性更为凸显。在各学科的教学过程中，充分发挥学生的主体性、积极性，注重学生自主学习能力培养，提倡多元智能的发展，为学生终身发展赋能。

本章节重点对"问学·体验"阳光课堂教学范式在小学各学科教学中的运用进行系统研究和探讨，通过激发学生的学习兴趣，培养学生的自主学习能力，促进学生从被动接受到主动探究的转变，帮助学生更好地理解和应用知识，形成结构化的知识体系，提高学生的核心素养，帮助教师有效应对教学改革的需求，提高教学质量和学生学习效果，以期为教育改革与教学实践提供有益的参考，促进小学教育的改革与发展。

第一节

"问学·体验"阳光课堂在小学语文学科中的应用

《义务教育语文课程标准(2022年版)》指出,语文课程致力于全体学生核心素养的形成与发展,为学生学好其他课程打下基础;为培养学生求真创新的精神、实践能力和合作交流能力,促进学生德智体美劳全面发展及学生的终身发展打下基础。作为一门重要的基础学科,"问学·体验"阳光课堂教学范式以"以人为本"为核心,旨在构建一个民主、和谐、轻松的课堂氛围,尊重学生的个性发展,让学生成为课堂的主人,通过"自主体验——交互体验——深化体验"等学习实践活动,去观察、发现、总结、提升,变灌输为自主学习、合作探究、展示对话等思维活动,使学习具有活动性和探究性,让学生始终站在课堂中央,做到问学相长、体验建构、学以致用。

"问学·体验"阳光课堂教学范式在语文学科教学中以"问"为载体,以"学"为主线,在真实的情境中以"体验"为方法,在体验中构建知识。遵循三环六步原则,通过自学、生问、导学互学、展学和拓学六个要素的有机结合,在具体教学过程中针对不同课型既要循规蹈矩遵循范式理念,又要灵活变通超越范式,教师结合学情,顺学而导,让学生做学习的主人,多彩绽放,成为"善提问、会学习、能创新、有温度"的阳光少年。

一、任务驱动,前置学习

前置性学习是指教学之前,学生在情景任务驱动下根据自己的知识水平和生活经验进行尝试性学习。这种学习方式,有助于解决小学语文教学中存在的一些问题,如学生缺乏自主学习能力、学习效果不理想等,在任务情景中激发内驱力,带着问题进课堂,从而凸显学生作为学习小主人的自主观念;强化课堂教学效果;提高学生的自主学习能力。

前置性学习的设计应基于语文自身及课堂教学的规律,以清晰的目标指引学生的学习航向,以有效的研究驱动学生的探究欲望。同时,要祛除那些"乱花渐欲迷人眼"

的花哨形式,夯实基础、激发潜能,为课堂学习做准备。在内容设计上,前置性学习应该是生动的、多元的、渐进提升式的。对于低年段学生,前置性学习应突出趣味性,可以通过画图、文字概括等方式进行表达;对于中高年段学生,前置性学习的设计重点着力于对文本的研读与探究,激发学生的研究意识与探究欲望。紧紧围绕学生核心素养的要求,根据不同年段的能力要求、学习方法有所侧重。

本课堂范式的前置学习强调学生课前在教师的指导下有目的、有计划、有步骤地运用"4Q预习法"为课堂实践活动奠定基础。Q即question,4Q指课前有针对性地解决4个方面的问题,具体要求各年段侧重点有所不同,学生通过解答这4个问题有效地进行前置性学习,教师在反馈中借此了解学生的学习起点,课中有目的导学。低年段的4Q预习包括课文的朗读、生字词的初识以及收获、产生的疑问。中高年段包括基础知识的落实、课文主要内容、主旨把握以及疑难问题探究、拓展阅读以及个性解读。强调对文本的整体性把握,更注重对文本内容的拓展与延伸,不只局限于教材知识层面,更加注重教材知识与现实生活及生活经验的联系,增强学生的预习期待。

4Q预习核心意义在于学会结构化预习,掌握一种终身学习方法,促进自主发展。"自主发展"是核心素养的重要内容。学生学会了学习,自主发展才具备基本条件。帮助学生学会归纳、掌握梳理总结的方法是引导学生学会学习的重要一步。在当前新课程标准背景下,针对知识点增多的实际情况,精心设计与布置语文前置性预习,从而引导、鼓励、帮助学生自主学习、自主归纳整理和自主总结,形成一套有助于知识建构、知识迁移、知识记忆、知识理解的有效方法,从而实现从量变到质变的转变,逐渐提高学生核心素养。①

根据新课标要求以及年段特点,各年级4Q预习要求侧重点有所不同,各年段梯度性螺旋上升。下面分别以二年级和五年级语文学科为例,针对低年段、高年段可设计以下4Q预习要求。

二年级语文"问学·体验"阳光课堂4Q预习法

Q1:课文会读了吗?

1.读课文提出质疑,再读课文三遍

第一遍:借助拼音读课文,读准字音,不会的字多读几遍。

第二遍:借助拼音读通课文,做到不漏字、不添字、不错字、不重复。

第三遍:借助拼音熟读课文,边读边想,能基本读懂意思。

2.标出自然段。

Q2:词语朋友找到了吗?

在课文中勾画出生字条里生字组成的词语,用荧光笔在课文中勾画出田字格里生字组成的词语。

Q3:生字掌握得怎么样?

1.拼读生字条上的生字,标注出易错字。

2.按要求画好田字格的格子,标注生字的拼音、大写字母、部首、除去部首剩几画,圈出易错的字。

3.拼读田字格内的生字,口头组两个词。

Q4:你的收获和小问号?

1.说一说你用什么方法来记住了哪个字。

2.找出文中不理解的词语并打上"?"

低年段通常采用课前指导预习的方式进行,家庭作业以朗读、交流等实践作业为主。低年段4Q预习重在课文的朗读、字词的初步认识和激发小问号的产生,学生在结构化的预习方法中,激发学习汉字的兴趣,增强主动识字的愿望,让读书时的注意力更集中,感受阅读的乐趣,加强对语言文字的内化吸收,训练对语言文字的敏感力。

五年级语文"问学·体验"阳光课堂4Q预习法

Q1:文中的基础知识是否落实?

1.标画自然段序号(古诗标画节奏符号)。

2.勾画字词。包括生字新词、四字词。在生字条上注音、并组两个词,给生字找一个形近字,并组词。找出本课的多音字(新增或易错)。

3.勾画句子。用"_____"画出难读的长句子,勾画出能体现文章结构、思想感情的句子。多读几遍,将课文读通顺。

4.查阅资料。查课文写作背景,找出难理解的词语。

Q2:课文主要讲了什么?

Q3:课文想告诉我们什么(道理、思想感情等)?文中哪些关键词、句表达了作者怎样的意思?(批注在相应词句旁边)

Q4:结合课文,单元语文要素提出哪些有价值的问题?还想阅读相关的哪些书籍、资料?

高年段前置预习可以采用家庭作业的形式,也可以专门设置一节预习课,根据年段特点以及学习内容的难易程度灵活确定。重视初步积累字词,扫清障碍,为课堂高效学习奠定语言基础,初步感知文本,为深入学习做好准备。更加注重资料的搜集与信息提取,在预学中理清脉络,同时整理出自己在阅读中的收获以及产生的疑问,为课中开展深度学习奠定基础。

预学效果直接影响到课堂教学,对预习情况的检测根据年段不同可借助4Q引学单、小组检测等方式进行,它是课中开展深度学习的基础,在这个过程中,教师要避免学生进行无效的预习,如抄袭参考资料,缺乏独立思考等情况。

(1)低年段主要利用钉钉群里课文跟读APP检测学生的课文朗读,既可以检测学生对课文朗读的流利度,又可以检测学生对字词朗读的准确度。

(2)中高年段主要通过学习支架引学单(图4-1)来检测学生的预习情况,摸准学生的真实学情,从字词掌握、课文整体感知、初读后收获以及困惑等方面,了解真实学情,找到学习的起点。

(3)小组检测:先同桌之间相互检查,再由小组长检查预习情况,然后将预习情况分自评、互评和组评三种方式呈现在"4Q预习积分表",让预习效果可视化,促使学生不断改进,为课堂教学奠定基础。

年级:六年级

课型:精读课文

《匆匆》引学单

学习目标:

　　1.会写"藏、挪"等6个字和"确乎、空虚"等11个词语。

　　2.有感情地朗读课文,找出中心句。感受作者表达感情的方式,并体会这样写的好处,积累语言。

Q1:基础知识。

1.选择正确的读音并圈出来

　　徘徊(huí huái)　薄雾(bó báo)　旋转(zhuàn zhuǎn)　不禁(jīn jìn)

2.认真拼读,准确书写

　　(1)我 jué chá(　　)到她的头发 què hū(　　)比去年白得多了。

　　(2)山间的云雾是美丽的,可最终会被 wēi fēng(　　)吹散,被骄阳 zhēng róng(　　),hé céng(　　)留下痕迹呢?

3.把词语与对应的解释用线连起来

　　默默　　　　汗等不断往下流的样子。

　　潸潸　　　　急急忙忙的样子。

　　匆匆　　　　流泪不止的样子。

　　　　 涔涔　　　　　　　　不说话、不出声的样子

4.照样子写词语

　　千言万语：(　　　　)(　　　　)(　　　　)

　　头 涔 涔：(　　　　)(　　　　)(　　　　)

　　轻轻悄悄：(　　　　)(　　　　)(　　　　)

Q2：课文回顾。

　　《匆匆》的作者是现代著名作家(　　　　)。文章围绕"匆匆"展开叙述，开头和结尾都提出了(　　　　　　　　　　)这个问题，采用了(　　　　)的写作方法。表达了作者对时光流逝的(　　　　)和(　　　　)。

Q3：你认为《匆匆》想表现的主题是什么，你查到的哪些资料或者文中哪些句子能帮助我们理解这一主题。

_____

Q4：我在学习中遇到的暂时不能解决的新问题、新疑惑：

　　(1)_____。

　　(2)_____。

　　(3)_____。

图4-1 《匆匆》引学单

对于学生的学习而言，前置性学习有助于引导学生在课前对所学文本有一个完整的印象，让学生明确该文本学习的重点和难点，暗示学生要对文本内容进行个性化解读、创新性理解和拓展性研究；对于教师的教学而言，前置性学习的结果反馈就是学情的具体体现，依据前置性学习任务清单，教师可以有针对性地安排教学内容，调整教学目标，改进教学策略，重构教学流程，进一步完善课堂教学，让课堂教学的有效性最大化。②

二、课中互动，多元提升

互学启思，展学体验环节，是课堂范式实施中最重要的一个环节，在真实学习情境中，基于"引学单"为真实学情的起点，以"问学单"为整个环节必要的载体，在真实情景下开展语言实践体验活动，从而激发学生学习的内驱力，在小组互学、合作探究与展示交流中发展思维、提高能力，提升素养。在生生交流、师生对话的碰撞中，形成善思、敢

问、乐学的生态课堂,促进学生多元提升。

(一)问学单助力,互学有向

学生学习过程中坚持任务导向,把教学内容转化为学习主题、任务,引导学生深度学习,通过发现问题、分析问题、解决问题来推进学生主动学习,促使学生掌握必要的知识、提高各种能力、形成核心素养。既是培养学生思维能力的需要,更是培养学生核心素养的需要。

问学单是课中互学、展学体验环节的必要载体,主问题来源于学生各个小组生成的问题,收集整合后集中反馈,教师根据学生预习生成的有价值的问题,结合本单元学习任务群与本课单篇教学之间的教学价值互构进行提炼,有效整合到本课时"问学单"上,也可以将主问题灵活处理,直接写在黑板上或者投屏到大屏幕上,学生围绕主问题形成问题串开展有梯度的二次自学、互学,让学生的学习更有指向性。不同课型,问学单设计有所侧重,在不同的学习任务群单元中,承载着不同的作用,下面以阅读课型和习作课型为例加以说明。

1.阅读课型为例

问学单是从学生的真实学情出发为学生自主学习、合作探究提供的"支架"性材料,使学习内容与方法一目了然,学生思维变得可视化。在阅读课型中,一份具有导向性、趣味性的问学单,对学生整个互学、展学环节起着至关重要的作用。以《海上日出》这一课的问学单(图4-2)为例。

《海上日出》问学单

年级:四年级　　课型:习作单元阅读课
设计:王　红

亲爱的同学们,想把晴天时海上日出的景象,清楚地介绍给别人,思维导图可以帮助你哟!(抓关键词填写)

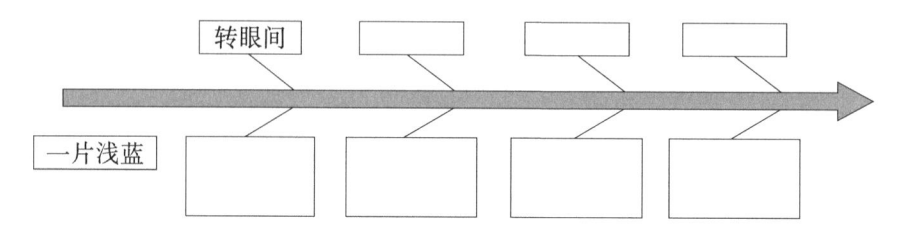

说一说:通过观察这个思维导图,我发现晴天时的海上日出是按照（　　　　）的顺序来写的。

图4-2　《海上日出》问学单

《海上日出》是一篇精读课文,与《记金华的双龙洞》以及两篇习作例文构成"文学阅读与创意表达"任务群,单元主题可确定为"我的游记展示",单元子任务为"品作家的游记""写自己的游记""赏我们的游记"。《海上日出》一文主要承担的学习任务是学会按照顺序"抓变化、写景物"的变化顺序,写出真实感受。在"品作家的游记"学习情境中,本课时以"厘清日出过程,找出描写时间词和日出颜色、位置、光亮变化的词语,完成晴天时海上日出景象的思维导图"为主问题深入语言文字展开探究,能够借助思维导图将晴天时的日出景象清楚地介绍给别人。

借助问学单,让学生在自学、小组互学中不断完善思维导图,在语言文字感悟中习得"抓变化、写景物"的表达方法,有效落实本课在本单元教学中所承载的任务,为学习任务群视野下的单元整体教学助力。

2.习作指导课为例

习作指导课要坚持学生立场,课前了解学生真实学情,激发写作欲望。课中创设真实情境,在任务驱动下,选择合适的活动路径,在互动交流中探究多元融通,借助表达支架,创意表达,与生活链接,为生活服务。课后借助评价量规,修改完善。课中学习工具单的运用起着重要的作用。

《我想对您说》所在单元的主题是"舐犊之情",根据"实用性阅读与交流"任务群的要求,设计真情告白单(见图4-3),通过引发学生对生活的回忆,选择倾诉对象,可以从亲人、朋友、对社会有贡献的人等角度思考选择,激发表达的欲望,为本次习作用书信的方式将自己的看法和感受用恰当的语言表达奠定基础。

真情告白单

一、在生活中,有哪些场景或者事件让我们特别生气、特别难过或者特别感动?那一刻,我们总会有很多话想对别人倾诉:告诉爸爸妈妈对某个问题的不同看法,跟朋友诉说自己成长的烦恼,向为社会做出贡献的人表达敬佩之情……

那时候,我特别_____,那一刻,我很想说……

二、我平时和父母交流的方式是(　　)

A.打电话　B.面对面交流　C.微信　D.写信

图4-3　真情告白单

课堂中,通过活动一:心里有话大胆说。回想触动你内心的某件事或某个场景,选择你最想倾诉的一个话题,在小组内交流。借助"真情告白助力卡"和"问学单"(图4-4、图4-5)尝试写作,找准学生表达起点。

		★★★
	★★	情感表达真挚 （语言使用恰当）
★	细节描写生动 （动词较丰富、人物在说话、 心理细刻画）	细节描写生动 （动词较丰富、人物在说话、 心理细刻画）
场景或事件真实	场景或事件真实	场景或事件真实

互评：借助《真情告白助力卡》帮他（她）评一评。他（她）可以得（　）颗★。

图 4-4　真情告白助力卡

《我想对您说》问学单

你想怎么说呢？在作文纸上写下吧！

（作文纸：首行"我想对您说"，第二行"敬（亲）爱的"，第三行"您（你）好！"，末尾"祝／身体健康！／　年　月　日"）

图 4-5　《我想对您说》问学单

活动二：心里有话生动说。小组推荐同学展示作品，生生互动、师生互动，再次借助"真情告白助力卡"诊断问题，给出建议。

活动三：心里有话恰当说。学生运用方法，自改、自评习作。教师筛选作品，全班点评。

课例中通过真情告白单、真情告白助力卡和习作问学单这几个载体，让学生的本次习作逐步实现达到让对方了解作者的心声、体会作者的感情的目的，让本次习作在生活中真正起到交流沟通的作用，体现语文的价值，充分发挥语文课程的育人功能。

（二）小组合作，互学有度

《义务教育语文课程标准（2022年版）》指出，从学生语文生活实际出发，创设丰富多样的学习情境，设计富有挑战性的学习任务，激发学生的好奇心、想象力、求知欲，促进学生自主、合作、探究学习。小组互学，实现小组的生生互动、师生互动，在和谐、平等的合作交流中，使得学生的主人翁意识得以萌发，有效凸显学生的主体性地位，让学生真正成为学习的主人。它以"问学单"为必要载体，在关键问题串的引领下开展小组互学，激发学生内驱力，指导学生在互助学习、合作探究的过程中，发展思维能力、提升思维品质。在生生对话、师生交流中适时适当地对学生的学习活动进行引导和点拨，抓住问题创生的节点拓展学生思维的广度和深度，形成善思、敢问、乐学的生态课堂。

课中，围绕主问题自学活动后，采用小组合作的学习方式展开观点交流以及疑问求助。教师要努力为学生创设良好的讨论氛围，让学生之间可以就具体的学习问题展开有效的讨论，促进文本分析解读的有效推进。

1.课堂礼仪促互学，小组合作有温度

具有良好的课堂礼仪是组建一个有凝聚力的小组的前提条件。应变规范为礼仪，以"课堂礼仪"来引导学生课堂行为。如学会倾听的礼仪：听人说话要认真、耐心，不随便打断对方说话；积极响应，认真思考；语言文明，态度真诚。学会表达的礼仪：态度自然、大方、有礼貌，音量、语气、语调适当，学会完整地表达自己的观点。良好的课堂礼仪下，还需要合理分工、有序合作才能使课堂互学的作用最大化。

2.创设氛围促思维，小组合作有深度

好的课堂讨论氛围的创建，需要教师自身的教学思维更加开放。创设适合的问题情境，如：困惑式问题情境、阶梯式问题情境、发生式问题情境等，设置开放性的话题，让小组互学更有深度。教师要意识到学生才是课堂上的教学主体，创设多样化的学习

活动让大家参与其中。

【案例1】：一位教师在执教《田忌赛马》一课时，先设计主问题：孙膑为什么要让田忌这样安排马的出场顺序？要求：1.写出组内交流考虑到了哪些方面。2.用便利贴分类整理并贴在空白处。通过小组合作学习，学生从不同角度分析原因并得出结论。（见图4-6）

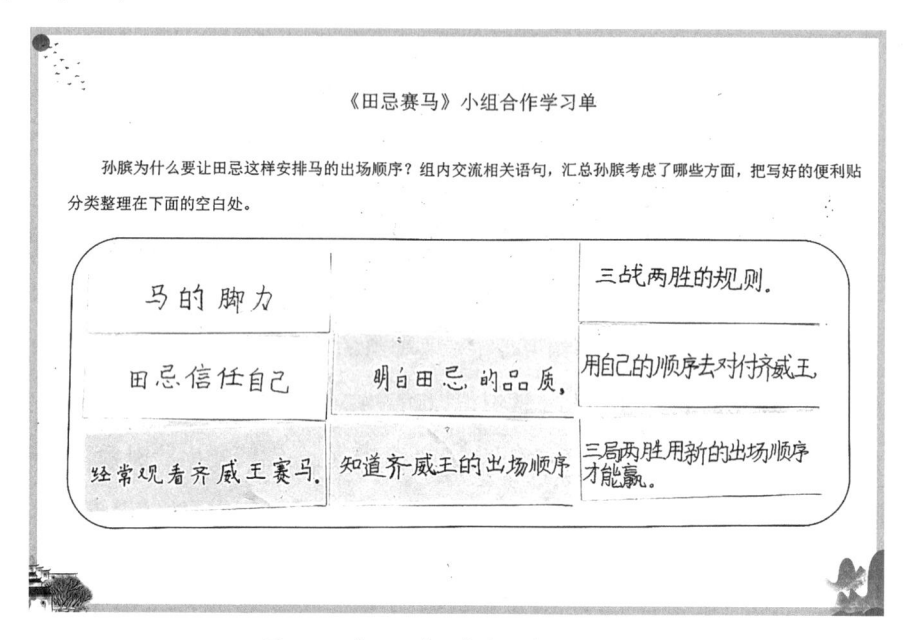

图4-6 《田忌赛马》小组合作学习单

拓展环节，教师创设情景：田忌赛马的结果到底谁赢了？说话要有理有据。这一话题的创设激活了有趣的讨论氛围。在经历第二次小组互学后，课堂精彩不断呈现，让整节课深度不断提升。

生1：田忌赢了，三局两胜赢得赛马。

生2：孙膑赢了，仅靠几句话，得到齐威王的赏识。

生3：齐威王赢了，通过赛马得到了孙膑这个人才。

生4：他们三人都赢了，田忌和孙膑辅佐齐威王成为了霸主。

教师趁机导学补充资料，介绍马陵之战和桂陵之战以及围魏救赵等资料，让学生进一步感悟提升。

课例中，从不同的角度出发对同一件事情有不同的看法，让思维的火花照亮历史，也照亮今天的课堂，让课堂中精彩纷呈，学生的思维在不断地交流、碰撞中提升。可见，良好的小组互学活动，能更好把"盲点"做亮，把"弱点"做强。

(三)多元对话,展学有效

"展学"是学生自学和小组互助学习后成果的展现,也是生生之间、师生之间思维的碰撞。展学更是在对话交流中生成问题,并不断将学生思维引向深入,展开新一轮探究学习的起点。在展学过程中实现教师、学生、文本和编者之间的多元对话。

展学方式灵活多样,根据学习内容的多少、难易情况而定,小组上台展学的人员可以灵活调整。可以是小组互学之后,小组成员分工明确后一起展示小组内互学达成的共识(收获、疑问),也可以是根据任务选择组内代表展学。展学的过程中,有展示小组内成员的分工、合作,也有其他小组成员对展示小组的展学进行补充、质疑、追问,在不断地交流提升中,使全班同学对知识的理解更深入,思维不断碰撞,并在碰撞中生长。

展学过程中往往存在这样的现象:1.学生表达存在琐碎,甚至有偏差的现象,而教师放任不管。展学中学生的生成性,能力的增长性,教师导学性没有体现。2.展学时只关注结果,忽视探索过程。只交流问题答案,不寻找根据。3.生生之间互动交流和质疑对抗不够,分歧消解太快。4.语言文字感悟不深,没有思维提升。让全班展学陷入了"单纯理性分析""简单灌输"等流弊。这样的语文课,学科特征不明显。看不到实实在在的品词析句,听不见入情入境的朗读,更感受不到滋养心灵的情感体验。因此,展学环节要实现多元对话,具体操作如下:

1.分工明确,让每一名学生参与学习

展学前,要求明确,分工细致,是展学有效的前提条件,让每一名学生参与到学习中,关注他们的发展,才能保证展学有效性。

【案例2】文言文《书戴嵩画牛》,小组为单位进行创造性的表演。老师拟定以下展学要求:

1.小组成员分工明确。建议:一人板书,两人表演,一人主持并阐述道理。

2.主持人要安排好展示的环节。

3.每个人都准备好解答大家的疑问。

小组中,四名同学明确了自己的职责,很快对学习任务进行了划分。4号同学对课文的理解不是很熟练,无法进行具体人物的扮演,就选择了朗诵旁白。"牧童"的扮演既有动作、神态,还有一大段语言,必须对课文理解很到位才能表演得到位,由学习能力较好的2号同学扮演。"杜处士"重在表演,语言并不多,但需要对课文理解非常熟练,由3号同学担任。1号组长也很明确,自己既要主持本组活动,还要在充分理解课文内容

的基础上阐述道理,对整个表演进行总结。

这一案例中展学的要求具体明确,为每一名小组成员创设学生积极思考、畅所欲言的机会,真正实现对话主体机会均等,教师在展学中关注每一名学生的发展。所有组员都能在展示中找到自己的位置,意识到自己是小组中不可或缺的成员,自己的行为会影响整组的学习结果,从而产生努力完成学习任务的责任感和紧迫感,还能在展示中体验成功的乐趣。

2.巧妙导学,将思维引向深处

教师在全班展学过程中,要根据学生互动情况,抓住一些学习的"关键点",及时介入引导促进学生深度思考,在辨析互动中深入学习。需要教师"该出手的时候就出手",把握学情、铺路搭桥、顺学而导,适时适度地提供"针对性助学",引在重难点、导在疑难处、点在困惑时,为学生的学习提供有效支持,实现不教之教。

【案例3】在《祖父的园子》展学中,学生总结园子的特点时,只抓住其中一两个词来总结。

教师:刚才我们是你说一点,我说一点,能不能联系全文说完整。先梳理全文再小组交流,并推荐代表进行班级展示。

让小组展开新一轮自主学习后二次深度交流。

教师小结:你看,纵观全文,能更好地从不同角度和侧面概括园子的特点。

在展学中,常常见到学生的发言各说一点,零碎,无条理。作为五年级学生,多角度多层次地思考问题,有条理地表达,正是学生亟须提升的思维与表达能力。教师的引导,导在了学生语言的训练处,能力的增长处,导得精彩而具慧心。

语文课堂展学中多元而有深度的对话,促使师生关系更加密切,它既是教学任务的相遇,更是师生、生生生命的相遇。深度和多元对话的课堂,能促进心灵对话,智慧相生,思想相融,使课堂成为师生共舞的激情舞台。

三、拓展延伸,深化体验

语文的教学,不能只着眼于语文教材。只局限于课本、课堂,是不可能教出现代社会需要的是具有主观能动性与创新思维的技能型人才和素质型人才。这就要求我们应积极拓展课堂教学的时间和空间,延伸文本阅读到生活之中、实践之中。在拓展运用中深化对所学知识的理解,达到学以致用的目的。

因此,语文的拓学从内容的设置来看,它没有固定的模块组成,它会根据学习的要素不同而不同,大致可以是"基础知识拓展""背景资料拓展""同类文章拓展阅读""跨学科学习"等组成,形式多样。

(一)活动延伸,走向课外

1.借助拓学单,学以致用

该范式的语文课堂教学中,常用的拓学方式是以拓学单为载体,拓学单以引学单为教学起点,将教学内容向课前转移,而后积极推进问学单,到课堂交流分享、展讲环节,最后到拓学单,是学生学以致用关键的一环。如《海上日出》一课,借助评价量规和课中思维导图有条理进行视频展讲,感受语言文字的美,习得"抓变化,写景物"的方法并运用到生活中,为单元习作"写自己的游记"奠定基础,体现任务群视野下的单元整体教学意识。(见图4-7)

《海上日出》拓学单

一、视频展讲:借助问学单上的思维导图把海上晴天日出时的景象讲给家人听。

分享美景评价量规

评价要素	等级描述			
	5分	4分	3分	2分
美景分享	按一定的顺序,说清楚太阳的位置、亮光、颜色的变化。	按一定的顺序说清楚太阳的位置、亮光、颜色其中两种的变化。	按一定的顺序,说清楚太阳的位置、亮光、颜色其中一种的变化。	说得不太清楚

家人评分:( )

二、连续细致地观察身边感兴趣的景物,记录它的变化。

图4-7 《海上日出》拓学单

2.形式多样,开放性体验活动

教师在设计拓学单时,不能局限于书面的作业,还需开展丰富的活动,这也是课后拓展的形式。语文学科可以开故事会、演讲比赛、情景剧等。如:教学《西门豹治邺》时,让学生将课文通过自己的理解、与同学的交流、查阅资料或询问长辈等,改编成剧本,通过学生分角色扮演西门豹、巫婆、官绅、老大爷等,更好地把握人物性格特征,对文本的改编是学生创造性思维的闪现,表演是对学生表达能力的培养,这样有利于学生语文水平的全方位提高。

(二)拓展阅读,深化主旨

1.同类文阅读

同一题材在不同的文学者笔下,也有不同的情感倾诉,仁者见仁、智者见智。此时,教师可由一点出发,选择相同或相似主题的作品,指导学生比较分析、讨论思考,围绕主题拓展,学生会更容易领会文章的主题,升华学生的思想。如:教学《蟋蟀的住宅》时,可以对比其他作者的写法,同样写蟋蟀,法布尔将蟋蟀当作人来写,一字一句里饱含着法布尔对蟋蟀的喜爱之情,麦加文则是对蟋蟀做了非常直观的描写,他们无所谓文笔的优劣,更多的是作者的情感倾诉。

2.整本书阅读

由单篇课文走向整本书阅读,也是一种有效的拓展方式。以单篇课文作为阅读起点,厘清单篇课文与整本书之间在内容或表达上的关联,以课内"单篇"为导向,建立"阅读链",结合单篇课文中学到的阅读方法,综合运用多种阅读方法去阅读整本书。如学了《祖父的园子》,引导学生阅读《呼兰河传》整本书。《祖父的园子》所在单元的语文要素是"体会课文表达的思想感情",教学中抓住园中景物和园中活动,体会作者对童年的怀念和对祖父的热爱与依恋。整本书阅读时,可以让学生继续使用"抓住景物体会情感"的阅读方法进行阅读。从课内走向课外,提升阅读能力,对萧红有进一步的认识,在交流研讨中进一步感知人物形象、人物情感,提高整体认知能力,丰富精神世界。

课堂是语文教学的主阵地,有效拓展延伸活动,能使学生的语文素养得到进一步提升。课堂教学拓展的方式、方法多种多样。可以是语言练习、文字写作、动手操作,也可以是综合性的实践活动,通过拓展语文学习空间,提高语文学习能力。都有利于开拓学生的视野、发展学生的思维,将课本知识和生活紧密联系起来,提升学生的综合素养。

第二节

"问学·体验"阳光课堂在小学数学学科中的应用

《义务教育数学课程标准(2022年版)》提出,义务教育数学课程以习近平新时代中国特色社会主义思想为指导,落实立德树人根本任务,致力于实现义务教育阶段的培养目标,使得人人都能获得良好的数学教育,不同的人在数学上得到不同的发展,逐步形成适应终身发展需要的核心素养。我校的"问学·体验"阳光课堂教学立足学生核心素养的发展,根据不同学段发展水平的不同,以核心素养为导向,进一步强调学生"四基""四能"的获得和发展,将"三单"(引学单、问学单、拓学单)作为自主学习媒介引入教学,使学生真正成为学习的主体,努力实现人人都能获得良好的数学教育、人人都能在数学领域里获得适应自己能力的发展。

一、引学启问,自主体验

课前预习是一种良好的数学学习习惯,为了让学生有效地进行课前预习,更好地成为课堂学习的主人,根据不同类型的课程和班级的实际情况设计包括旧知复习、新知预习、尝试练习、学后疑问四个构成要素的数学引学单,通过引学有效激发学生思考。

(一)将数学引学与生活情境相结合进行,培养学生数学思维

在数学中,有很多概念类的知识往往是由适合小学生年龄和兴趣的生活情境引出的,如购物、游戏等,教师以激发学生的兴趣并提供实际场景来进行数学教学。因此这一类型的课前引学就可以让学生们走入生活,通过将数学概念与生活的情境结合,学生能够更加具体地感受到数学的实际运用。让学生主动参与到数学学习中,通过实践中的问题发现和思考,提高他们的数学思维能力。

以《小数的意义和读写法》"4Q预习法"引学单设计为例：

Q1：我在哪里见过小数？

Q2：走进生活中的场景如超市、银行等场所寻找小数、认识小数。

Q3：我学会了什么？了解小数在生活中有哪些应用？

Q4：我学习中的疑问？

在《小数的意义和读写法》课前引学中，先设计让学生走进生活找寻小数，多数学生会选择在超市购物情境中找寻小数，他们往往还会读出小数，通过经历购物计算总价和找零钱的过程了解小数在生活中的应用，从而将抽象的数学概念预习与实际生活相结合。有的学生还会上网查阅关于小数的其他知识，通过这样的实践，学生能够更好地成为课堂学习的主人，理解和掌握数学概念。这种有效引学的课前预习方式不仅能优化课堂氛围，增加学生的学习动力，还能够帮助他们将数学与实际生活中的问题联系起来，从而更好地学习与理解相关的数学知识。

(二)注重动手操作，激发学生学习兴趣

图形与几何板块的课前预习，如果只停留于对文本的预习是达不到有效预习效果的，需要教师设计动手操作的引学单有效引导学生课前预习。

以《圆的面积》"4Q预习法"引学单设计为例：

Q1.关于圆的面积我最想学到什么？

Q2.任意画一个圆，用彩色笔涂出它的面积。

我知道：圆所占平面的（　　　）叫做圆的面积。

(设计意图：通过画圆、涂色感知圆的面积，巩固对圆面积的理解。)

Q3.动手实践。

准备一张圆片，通过切一切，拼一拼，把圆转化成我们学过的平面图形。用自己喜欢的方式记录下你的过程。

(设计意图：圆的面积公式就是通过把圆切拼转化成近似的长方形推导出来的，把动手切、拼、转化这一环节设计到课前，不仅能合理调节课堂教学时间、降低课堂难度，还可以拓宽学生思维，让学生不局限于教材中的转化成近似的长方形的方法，还可以转化成近似三角形、梯形，为课堂展学和课后拓学奠基。其他类似的操作课，可以根据课题的需要，让学生自己准备学具，按照课本动手摆一摆、说一说、写一写等简单的过程，思考还有哪些不同的操作方法。)

Q4:我学习中的疑问?

学生通过课前预习动手画圆,巩固对圆面积的理解。通过对折圆,充分感知找寻圆心的过程,通过切一切、叠一叠,形象地理解同一圆内所有半径都相等,所有直径也相等,直径是半径的2倍等比较抽象的概念。通过拼一拼,把圆转化成我们学过的平面图形,为课堂中有效地推出圆的面积公式打下坚实的基础,更能激发学生学习数学的兴趣。

(三)有效检测预习,引导提出启发性问题

阳光课堂强调提出启发性问题,以激发学生的思维能力和创造力为核心目标。在数学学科课前预习中,让学生尝试提出具有挑战性的问题来引导其他同学进行深入思考和探索,以问启思,课堂上达到思维碰撞,这是"问学·体验"阳光课堂教学范式的一种重要实践。学生在Q4环节提出的问题既可以与现实生活相结合,也可以与课本中的知识相关。通过启发性问题的引导,帮助学生理解数学概念,培养逻辑思维和问题解决能力。学生刚开始是不能提出有探讨价值的问题的,需要教师在检测有效预习时结合学生提出的问题给予正确的反馈和指导,引导学生探索提出有效问题的方法。

首先,预习情况检测由小组长组织组内检查,根据组员"引学单"的书写是否规范?环节是否完整?提问是否有价值等给予评价,记录在小组记录单上。然后,教师检查,教师对学生在"引学单"或书中记录的原生问题及时评价和鼓励,给予充分认同,让学生保持和发展提问的原动力。在学生自主提问后,可以指导学生尝试解决所提出的问题。学生初步探索后,在提出的小问题中,筛选出自己不能解决的问题或生成对学习内容有帮助的关键问题,将完成的引学单提交给任课教师或课代表,以便教师了解学情,有效指导"问学"和"拓学"。

"问学·体验"阳光课堂范式的核心之一是提出启发性问题。首先,引导学生提出的问题应具有一定的挑战性,能够引起其他学生的兴趣和好奇。例如,在《圆的面积》引学中,有同学提出:除了将圆的面积转化成长方形推导出计算公式外,转化成三角形推导出的公式一样吗?这样的问题不仅可以激发学生寻找不同的解决办法,从而进一步理解数学概念,还能启发他们学习数学的兴趣。在比例的引学中,有同学提出:如果将一米的距离缩小到一厘米,那么一栋20层的大楼要用多长的纸条表示?这样的问题是学生将数学预习与现实生活结合,使其他学生在思考解决问题的过程中更能感受到数学在实际生活中的作用,让学生更好地理解数学的应用价值。

二、互学启思,展学体验

(一)借助问学单,有效开展课堂互学

"问学·体验"阳光课堂教学范式以培养善提问、会学习、能创新、有温度的阳光少年为终极目标。"问学"是策略,教学中以"问"为载体、以"学"为主线,从问题入手,让师生在问题的驱动下探究,在探究中生疑、在解惑中生智。在学习过程中,"问"为"学"指明方向,是"学"的思维起点,"学"是对"问"的探索,引学启问、以问促学、促进思维的发展,催生人的智慧。"问"与"学"相融,相辅相成,共构共生。

在"问学·体验"阳光课堂教学范式下,"问学单"的设计与应用方式将直接影响到一节课的有效性。由此,教师应针对不同课型设计不同的"问学单",助力学生有效进行课堂互学。

1.操作概念类,以《平行与垂直》为例(见图4-8)。

《平行与垂直》问学单

(一)什么是平行?

1.操作理解:把①和图②中的两条直线再画长一些

图①中的两条直线会_____。
图②中的两条直线还是_____。

在同一平面内,不相交的两条直线叫平行线,也可以说这两条直线互相平行。
图中:a与b互相平行
记作:a//b
读作:a平行于b

2.选一选:
把下面各组直线中互相平行的用红笔圈出来。

(二)什么是垂直?

1.操作理解:量一量图中两条直线相交组成的角

图②中两条直线相交成_____。

两条直线相交成直角,就说这两条直线互相垂直。
其中一条直线叫做另一条直线的垂线。
图中:a与b互相垂直
记作:a⊥b
读作:a垂直于b
这两条直线的交点叫垂足。

2.选一选:
把下面各组线段中互相垂直的用红笔圈出来,并标出垂足。

图4-8 《平行与垂直》问学单

教学《平行与垂直》时,学生通过课前预习对平行与垂直有了初步的了解,开课时教师也设计了将几组线段进行分类游戏,通过游戏充分区分了相交与不相交。因此,再借助这样的问学单让学生在自学、小组互学中正确理解相交、互相平行、互相垂直等相关概念,建构两条直线在同一平面内的位置关系,理解平行与垂直概念的本质特征。

2.统计类课型,以《折线统计图》为例(见图4-9)。

《折线统计图》问学单

姓名:_____ 组名:_____

根据统计图回答问题。

重庆某景区旅游人数统计图
9月26日——10月2日

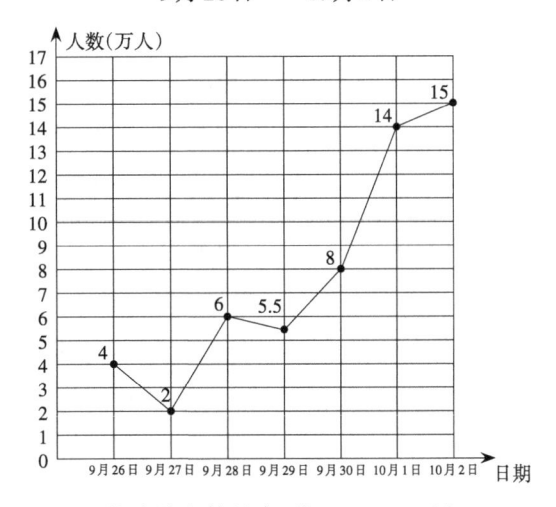

1.景区____月____日的旅游人数<u>最多</u>,约_____万人。

   景区____月____日的旅游人数<u>最少</u>,约_____万人。

   说一说:你是怎么看出来的?

2.从总体上看,景区的旅游人数呈什么变化趋势?

   景区人数从____月____日到____月____日<u>上升得最快</u>,上升约_____万人。

   景区人数从____月____日到____月____日<u>上升得最慢</u>,上升约_____万人。

   说一说:你是怎么看出来的?

3.你认为景区**10月3日**人数可能会上升还是会下降?约:_____万人。

4.想:如果人数**持续上升**,可能会出现哪些后果?有什么解决方案吗?

图4-9 《折线统计图》问学单

教学时根据旅游这一热门话题,将某个学生感兴趣的网红景点作为主题来设计相关的问学单,既让学生体会到学习来源于生活,又让学生在感兴趣的话题中始终保持高度的学习热情且有效地进行自学和课堂互学。

(二)小组互助与合作学习

小组互助与合作学习是"问学·体验"阳光课堂教学范式阳光课堂的核心理念。通过小组合作的方式,学生能够共同参与、合作解决问题,从而培养团队合作能力、沟通能力和自主学习能力。在小学数学学科中,采用小组探究的方式进行合作学习,学生们通过思考问题、交流思路和解决方法,由此激发学生的学习兴趣和积极性。

合作学习能够促进学生之间的互动和交流。在小组合作中,同学之间必须相互配合、协助完成任务。通过交流与合作,他们不仅能够学会尊重他人的意见和想法,还能提高自己的表达力和理解力。这样的学习环境有助于减少学生的孤立感,并培养他们的合作精神和团队合作意识,为将来的工作和生活奠定良好的基础。

值得一提的是,合作学习也能够提高学生的自主学习能力。在小组探究中,学生需要主动地思考问题,积极地寻找解决方法。通过自主学习的方式,他们能够更深入地理解学习内容,并形成独立思考和解决问题的能力。这种学习过程不仅能够提高学生的学习效果,还能够激发他们的学习兴趣和主动学习的积极性。

然而,教师在合作学习过程中也需要适当调整小组构成和合作方式,以确保每名学生都能够得到合理的参与和发展。教师应根据学生的实际情况,合理组建小组,使得每个小组都具有一定的均衡性和多样性。同时,教师还应引导学生在小组中合理分工,确保每名学生都有机会发挥自己的特长和才能。组长负责小组内合作交流和展讲汇报的组织、检查监督、表扬批评等,让学生管理学生,权力下放,有助于学生之间的交流,也有助于小组合作的顺利进行。副组长负责协调、记录本组学生的发言要点。一名组员负责对"问学单"上的问题进行分工(课前根据小组成员学习能力的高低做好分工,并上报给小组长审核),收集小组提出的问题。其他组员负责认真倾听,将小组讨论结果在展讲中清楚、准确地汇报。这样组内所有成员都有事可做,增强了学生的学习积极性。只有如此,才能真正实现合作学习的目标,让每名学生都能够受益于合作学习。

(三)展学助力,让课堂"活"起来

课堂展学是小组互学后组内成员明确分工,一起展示组内互学达成的共识(收获、疑问),也可以是根据任务选择组内代表展学。展学的过程中,其他同学可以对展学同学的讲解进行补充、质疑、追问,教师适时介入引导。展学也是生与生、师与生、生与文本之间思维的碰撞,通过展学让思维活起来,从而突破课堂重难点,让学生更好地掌握各个知识点,同时培养学生科学严谨的学习态度和研究问题的方法,课堂也真正"活"起来。

三、拓学启用,深化体验

拓学环节分为课内拓学和课外拓学两种。

(一)课内拓学

课内拓学是指学生应用所学知识解决简单的数学问题,数学学科课内拓学需要根据班级实际情况合理设计由基础练习、变式练习和深化练习三部分组成的拓学单,在教师的引导训练下,学生拥有自己学习的能力,能独立探索实践、解决问题,达到"拓学启用",如以《平行四边形的面积》拓学为例。

一、做一做

1.平行四边形的面积=(　　)×(　　),用字母表示是(　　)。

【设计意图:通过练习识记平行四边形的面积公式。】

2.一个平行四边形的底是7 cm,高是4 cm,它的面积是(　　)cm^2。

【设计意图:通过练习熟练应用平行四边形的面积公式进行简单的计算。】

3.计算下面各平行四边形的面积。(单位:cm)

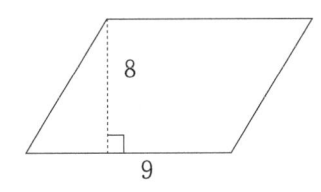

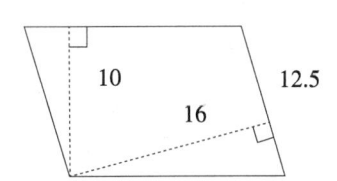

【设计意图:(1)通过练习熟练掌握平行四边形面积计算公式;(2)通过练习能正确计算平行四边形的面积,同时知道底和高一定是相对应的。】

二、踮一踮

学校台阶旁的护栏上的这块平行四边形大理石(图4-10)底是2.2米,高是0.8米,它的面积是多少平方米?如果每平方米的大理石需要500元,那么这块大理石需要多少元?

图4-10　学校台阶旁的护栏

【设计意图:运用平行四边形面积计算公式解决生活中的实际问题。】

三、跳一跳

下图中两个平行四边形的面积相等吗?请说说你的理由。

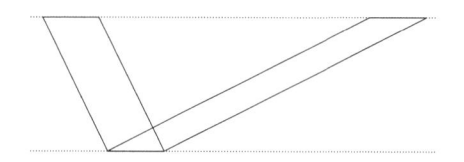

【设计意图:通过对比,进一步强化平行四边形的面积需要底和高这两个条件。通过运用平行线间的距离处处相等的性质,发现它们的高也相等。进而得出同底等高的两个平行四边形面积相等的结论。】

(二)课外拓学

课外拓学是指通过课外拓展活动,引导学生学习超出课堂内的知识,加深对数学的理解和应用能力。

1.实地考察拓宽学生数学视野

现如今,教育的发展已经超越了传统的黑板和书本教学方式,教师们正在寻求更加丰富的教学方法来吸引学生的注意力,并提高他们的学习兴趣。在数学教学中,为了拓宽学生的数学视野,培养他们的数学思维,让数学知识在实际生活中得到应用,组织学生到实际环境中进行数学探究活动已经成为一种受欢迎的教学方式。课外拓学中让学生走进超市、公园或者自然景点等,在这些实地考察中,学生有机会观察、分析并记录各种数学现象,例如商品价格、人流量以及自然界中的数学规律等。通过这样的实地考察,学生可以真正地将书本上的数学知识与实际生活相结合,加深他们对数学的理解。

实地考察可以让学生深入了解数学与实际生活的联系。通过参观超市,学生可以观察到各种商品的价格,并进行比较、计算。他们可以用数学的方法分析不同商品之间的优惠程度,了解各种促销方式背后的数学原理。在公园或自然景点中,学生可以观察自然界中的数学规律,如花朵的排列方式、树木的生长规律等等。通过这些实际观察,他们将能够更加深入地理解数学在生活中的应用。

2.通过游戏体验加强数学学习

随着教育理念的更新,越来越多的教育工作者开始意识到,在轻松愉快的氛围中进行学习是激发学生兴趣与提升学习效果的有效方式。在数学教学中,引入数学游戏和趣味竞赛不仅能帮助学生享受学习的乐趣,还能提升他们的数学逻辑能力、空间想象能力以及解题能力和思维灵活性。

以数学游戏为例,如数独和拼图,这些游戏并不仅仅是让学生玩,而是通过解题思考、推理和组合的过程,激发学生的数学思维。除了数学游戏,数学竞赛也是一种推动学生数学学习的有效途径。通过组织数学竞赛,学生可以在竞争中不断锻炼自己的数学应用能力。竞赛中,学生需要在有限的时间内灵活运用所学知识解决问题,并与他人进行比较,这不仅可以培养学生的应试能力,还可以提高他们的解题速度和思维灵活性。与传统的背诵和应用习题相比,数学竞赛更加注重学生对数学知识的理解与运用,激发学生在数学领域的自信与热情。

当然,引入数学游戏和趣味竞赛并不意味着取代传统的教学方法,而是为了丰富数学学习的方式,使学生在不知不觉中提高数学素养。教师可以将数学游戏融入课堂教学,将竞赛作为课外拓展活动,既激发了学生的学习兴趣,又为他们提供了展示自我的舞台。只有在充满阳光与活力的课堂中,学生才能享受数学学习的乐趣,提高数学学习的效果。

第三节

"问学·体验"阳光课堂在小学英语学科中的应用

《义务教育英语课程标准(2022年版)》教学建议中提出,加强单元教学的整体性、践行学思结合、用创为本的英语学习活动观、注重"教—学—评"一体化设计,本节从小学英语学科教学的角度,以新的视角阐释了"问学·体验"阳光课堂教学范式以"问题"为导向,以"学习任务单"为载体,以"体验"为重要手段进行系列教学活动的实践和应用。

"问学·体验"阳光课堂范式要求教师深入研究各模块语篇内涵,择优选择相关教学资源,并根据学生的理解逻辑和知识体验,梳理单元问题,重组单元内容,以核心"问题"为导向设计课堂教学,进一步提升学生对目标语言的认知、记忆与感受能力,使知识内容经过课时的层次递进,持续积累,学生逐步建立认知框架,系统地形成对单元问题的理解、认识与实践,从而促进学生核心素养的养成。

一、逻辑关联内容,提出核心问题

解读单元教材,了解各教学板块的语篇类型、技能指向、主要情境及内容,归纳语篇意义。[①]对比同一主题的不同教材,分门别类整理知识点,重组教学内容,提出本单元主要需要解决的核心问题,思考什么样的核心问题才能帮助学生建立学习体系,完成对知识的应用,按树形排列出问题,厘清问题之间的逻辑关系,根据要完成的教学内容对问题进行取舍形成树形清单。(见图4-11)

Unit_____单元教学内容问题清单

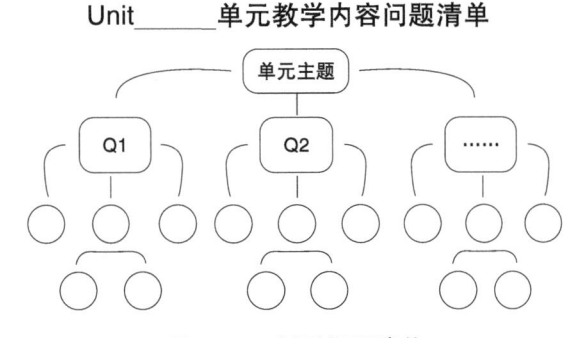

图 4-11 树形问题清单

二、梳理核心问题,确定教学目标

挖掘教材内容内在的逻辑关系,厘清问题之间的逻辑主线,横纵向联系,网点式关联相关知识点,剖析出跟教学内容相关的学习内容,环环相扣,逐渐建立起围绕单元主题的知识框架,再围绕核心素养确定单元目标。以"How tall are you?"这个单元为例,本单元主话题是Dinosaur,根据这一单元的主话题以及教材内容,确定本单元的主线——参观恐龙主题公园。

(一)循序渐进,厘清课时(见表4-1)

表4-1 How tall are you单元课时

课时	主题	核心问题	教学板块
第一课时	购买门票 (博物馆咨询)	同学之间怎样进行年龄的比较 同学之间怎样进行身高的比较	Part A Let's learn Do a survey and report
第二课时	参观恐龙 (博物馆大厅)	怎样对恐龙进行高度的比较	Part A Let's try & Let's talk
第三课时	健康饮食 (博物馆餐厅)	同学之间怎样进行体重的比较	Part B Let's learn
第四课时	恐龙之王 (博物馆影厅)	对恐龙怎样进行高度、长度、体重的比较	Part A Let's learn & Let's talk Part B Let's learn
第五课时	购买纪念品 (博物馆商店)	在鞋店里怎样进行鞋子尺寸大小的比较	Part B Let's try & Let's talk
第六课时	光和影	在故事中讨论光和影的变化	Part B Read and Write

（二）结合课时，设置目标

一个课时解决一个核心问题，所有的活动都围绕核心问题展开，教学目标的设置要指向学习理解类、应用实践类、迁移创造类三大活动，递进式地确定学习目标。（见表4-2）

表4-2　How tall are you 第四课时教学目标

深度学习指向	教学目标
学习理解	1.能通过听、读、看等方式了解文本大意。 2.能抓住关键语句I'm 1 metre taller than T. I'm 2 metres longer than T.分析、推断棘龙的身高和身长，完成本课时的活动。 3.知道环境恶劣是恐龙灭绝的原因之一，有保护环境的意识。
应用实践	1.能用心倾听、积极思考、合作交流，以小组为单位有序地展示讨论。 2.能用句型"A is+形容词的比较级+than+B."进行两者之间的比较。
迁移创造	能独立辩证思考，表达自己的观点：谁是恐龙之王，并说出具体的原因。

三、以"问题"为导向，规划教学活动

在小学英语课堂上，以"问题"为导向，以"学习任务单"为载体，有的放矢地在英语课堂中开展学习活动，将知识和技能融入语言实践中，让学生通过沉浸式体验、合作式沟通和反思式建构，最后实现知识的迁移运用，提高学生的语言表达能力。

什么是学习任务单？学习任务单是教师设计的促进学生高效学习的方案，将"任务单"本身创设成一个目标明确的问题情境，将教学内容及其环节转化为相互有序联系的"任务"，激发学生的求知欲，让学生带着真实的任务学习。根据使用时间和作用的不同，可以把学习任务单分为"学前—引学单""学中—问学单"和"学后—拓学单"。（见图4-12）

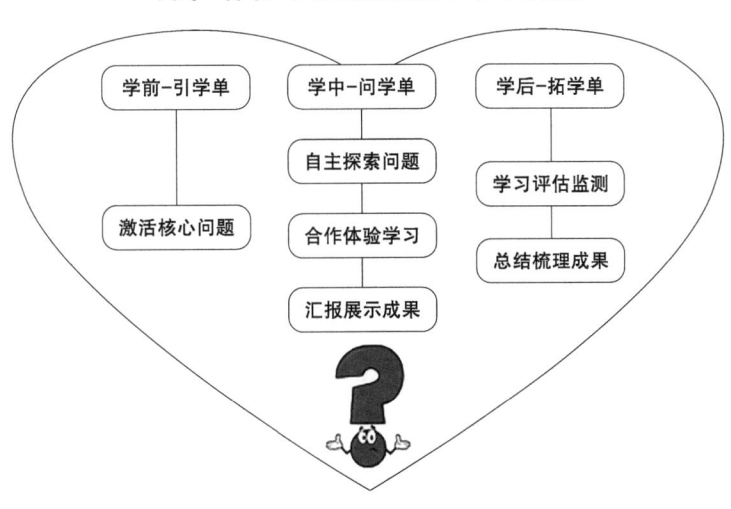

"问学·体验"阳光课堂范式(小学英语)

图 4-12 学习任务单

(一)学前—引学单

教师在课前要制定正确、合理的引学目标,赋予他们先想、先做、先练的余地和时间,充分考虑教学要求和他们的知识水平,使他们在实现各种引学目标的过程中对所学知识点有更深刻的认识。

1. 基本任务

4Q预习清单:Q1,你会听音模仿吗? Q2,你会流利朗读吗? Q3,你会选择合适的方法记忆吗?Q4,你会查阅资料并写好批注吗?(见表4-3)

表4-3 Unit_____引学清单

问题	形式	具体操作要求	完成情况	技能	目的
Q1	模仿	看文本,听录音,感受并模仿发音,体验发音细节(循环3次)	♡	听力	培养英语语感
Q2	朗读	试读,慢读,快读,自信大声练习朗读(循环3次,不会读的圈起来,表示要特别关注)	♡	口语能力	训练流利程度
Q3	记忆	用自己的方法记一记新词和新句	♡	记忆能力	熟练运用记忆策略
Q4	批注	查阅资料,在新词和新句下面写好批注	♡	理解能力	初步理解文本内容

这样的引学单使学习者对各种新词和新句都能在声、形、意、像等方面立体把握，熟练运用，反应迅速。学生需要学会使用信息化工具：软件APP、微信小程序等辅助自学。

2.个性任务

预设"学前—引学单"，教师关注学生英语学习发展现状，依据教学的主要目标和重难点完成课前目标设定。在学前任务设置时，教师可运用学生原有认知内容中的有关经验去吸收与索引教学中的新鲜东西，对原认知内容加以更新和重组，进而给出全新的语言含义，使学生更明确地知道自己"在学什么？"帮助学生树立并培养问题意识。如："How tall are you?"第四课时的引学单。（见图4-13）

五彩阳光　金色童年

The King of Dinosaurs
（引学单）

班级：　　　　姓名：　　　　组名：

Task1: I can write. 写一写：霸王龙是什么样的？棘龙是什么样的？

What's Tyrannosaurus Rex like?
What's Spinosaurus like?

Tyrannosaurus Rex:_____
Spinosaurus:_____

自评：　　　　组评：　　　　师评：

图4-13　"How tall are you?"第四课时的引学单

本课时主要是形容词的比较级语法的学习，课本中出现的形容词比较级其原形是五年级学过的单词，课前让学生思考霸王龙和棘龙是什么样的，复习旧知strong、tall、thin、short等单词，让学生运用形容词比较级的时候更为容易。

（二）学中—问学单

《义务教育英语课程标准（2022年版）》在课程理念中明确指出，践行学思结合、用创为本的英语学习活动观。秉持在体验中学习、在实践中运用、在迁移中创新的学习理念，倡导学生围绕真实情境和真实问题，激活已知，参与到指向主题意义探究的学习理解、应用实践和迁移创新等一系列相互关联、循序递进的语言学习和运用活动中。

"问学·体验"阳光课堂教学范式在小学英语学科中的基本模式是围绕核心"问题"

开展学习活动,简称 AEEPEE,分为以下步骤:激活(Activation)、探索(Exploration)、体验(Experience)、汇报(Presentation)、评估(Evaluation)、梳理(Explanation),强调学习者在真实情境和真实问题中,切身参与有主题意义的探究活动,将大脑、身体、环境和谐统一起来,增加大脑对特定场景的联系,在体验、实践、迁移中实现知识、经验、感受的内化。(见图 4-14)

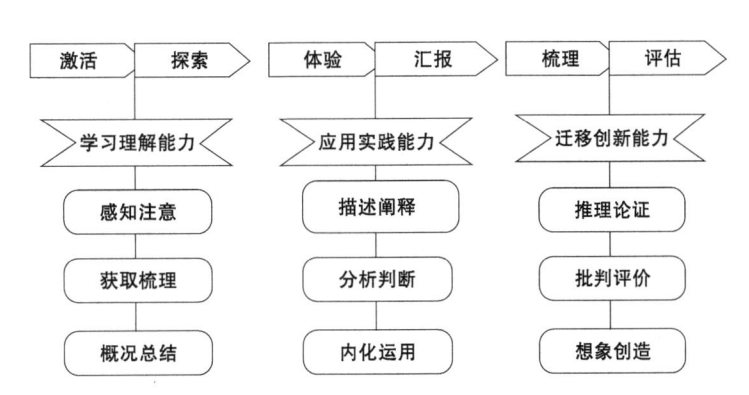

"问学·体验"阳光课堂教学范式与英语学习活动的关联

图 4-14 "问学·体验"阳光课堂教学范式与英语学习活动的关联

1. 激活核心问题

激活核心问题的目的:铺垫已学知识、创设问题情境、激活核心问题。

激活核心问题的操作方式:引学单。提前了解学生完成引学单,在引学单为铺垫的基础上,引出本节课需要共同解决的核心问题,这个核心问题与生活紧密联系,在解决问题的过程中实现对核心知识的运用。我们需要一些有趣的形式来引爆核心问题,可以是一个有悬念的视频,也可以是一件亟待完成的事件等,以实际生活为背景,以具体事件为线索,来激发学生探索的欲望。

激活核心问题的要求:

(1)以旧引新:内容一定要与已知内容相联系,有一定的现实意义,实现知识的链接、知识的累积、知识的建构;(2)信息关联:内容一定要紧扣学习主题,最终能达成学习目标;(3)短时高效:时间一定要控制在 3 分钟左右,只是引出问题,要开门见山,直击核心。

2. 探索核心问题

探索核心问题的目的:教师课前进行精心的教学准备,选择最优形式呈现问学单,搭建知识结构框架,框架要基于学生学过的语言知识、利于学生形成新的语言运用能力。学生根据问学单提供的信息,深入主动探究文本。

探索核心问题的操作方式:问学单。教师围绕核心"问题",梳理信息,精设问学单,以"问题"为导向,引发学生积极思考,将各个文本信息有效对比,形象呈现,引导学生主动分析文本,探究问题,分析原因,归纳整理知识点,形成以"学生为本"的课堂,实现了"怎样学习"的过程。

探索核心问题的要求:

(1)优选呈现方式:问学单的呈现方式要依据文本内容,要能体现文本特点,图、文、表等相结合,采用框架的形式,形象直观、生动有趣,能让学生一目了然,知道这堂课所要学习的内容;(2)主动思考质疑:问学单要引导学生在学习过程中发现问题,收集整理相关信息,培养学生的问题意识,提升质疑的能力,教给学生释疑的方法;(3)问题整理策略:问学单要为学生提供学习策略小提示,教给学生加工语言信息的方法,有目的地帮助学生掌握认知策略,提高学习效率。如:"How tall are you?"这一单元第四课时的问学单。(见图4-15)

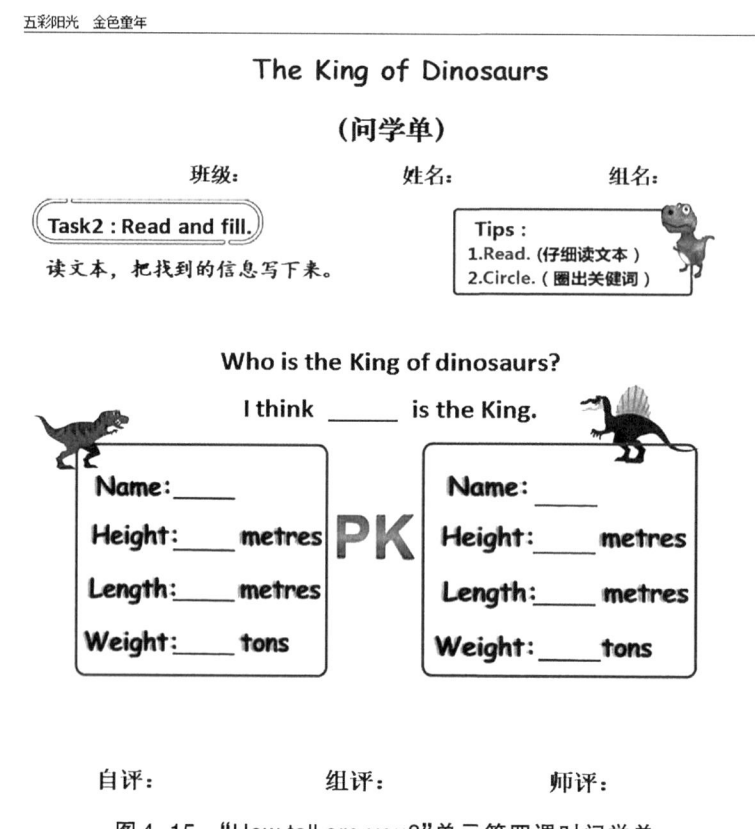

图4-15 "How tall are you?"单元第四课时问学单

本单元的重中之重是运用形容词的比较级,本课时是自编Read and Write部分文本,通过两段关于霸王龙和棘龙的短文,讨论谁是恐龙之王,通过数据的比对,使学生在真实的英语语言情境中更好地感知和体验,进一步巩固和提高形容词比较级的运用水平。

3.合作体验学习

体验学习的目的:提高孩子的探索意识与合作能力,改变过去单纯的以"师教生听",提倡学生自主思索和研究,建立"自主学习中心"的教学模式,完成"如何教学"的转变。

体验学习的操作方式:合作探究。合作探究要求学生要做到5个明确,具体内容如下:

(1)明确合作探究的形式(两人或四人);(2)明确合作要探究的内容;(3)明确合作探究的分工;(4)明确合作探究的流程;(5)明确合作探究的时间。

体验学习对学生的要求:

(1)进行信息加工:学生要学会倾听,学会表达,学会批注,进行有效的信息加工;(2)互动交际策略:学生在互动中学会补充、更正、辩论的策略,善于沟通、交流,会寻求帮助,会分享自己的方法;(3)实现知识重建:思维碰撞,吸纳各种观点、认识,学会分析、归纳和总结,在原有认知基础上添砖加瓦,形成系列化、结构化的知识体系。(见表4-4)

体验学习对教师的要求:

(1)及时更正、及时点拨、及时评价;(2)适时鼓励、适时调控、适时总结;(3)保障充足时间:要给学生足够的交流讨论时间,保障学生都能积极参与思考,贡献自己的智慧。

表4-4 _____小组体验学习评价量表

我能……	我会……	完成情况
进行信息加工	学会倾听、学会表达、学会批注	♡
互动交际策略	学会补充、学会更正、学会辩论	♡
实现知识重建	学会分析、学会归纳、学会总结	♡

4.汇报展示成果

展示汇报的目的:学习小组课堂展示汇报指学生通过自学探索问题,小组合作探究问题,对问学单的内容进行深入分析后,进行思维的深度碰撞后,将本组的探究结果用简洁明了的方式展示出来,从而检验其自主学习、合作学习的效果。

展示汇报的操作方式:全班展学。在结束体验学习后,通过一次小小的汇报,帮助学生回顾知识点,运用展示技巧展示学习成果,从小组的思维碰撞扩展到全班的思维碰撞,从而完全了解掌握学生的自我探索和合作探究过程中存在的问题,方便教师予以及时的指导。

展示汇报的形式:课堂展示分为情境再现展示、体验过程展示和结果汇报展示等,可灵活使用。(1)情境再现展示,以情境表演为主,分配角色、语言简短、形式灵活、内容丰富、信息量大,是生活场景的再现;(2)体验过程展示,生活体验在英语课堂中是经常出现的活动,如:制作水果沙拉、制作手工等,需要学生在操作时边说边做,小组合作完成所有的步骤;(3)结果汇报展示,教师根据课文内容设计成图、表、思维导图,组长组织组员针对文本进行交流讨论,分析问题,分享观点,得出结论。

展示汇报对学生的要求:

(1)合理规划分工:组长合理分配好任务和时间,让每个人都能有机会展示;(2)知识呈现方式:小组展示要流畅,会通过工具、使用体态语等更好地辅助表述,组内成员能做好自己的工作,并且能很好地合作;(3)有效互动交流:小组展示是否能激起观众的兴趣,是否能引导大家一起积极思考、讨论、补充,并且能将这种势头一直保持下去,直到展示完毕;(4)灵活把握时间:小组展示要控制好时间,保证在有限的时间内完成。(见表4-5)

表4-5 ＿＿＿＿＿＿小组展示评价量表

评价细则	教师评价	学生评价
任务分配合理、时间把控恰当	♡	♡
表达自然流畅、呈现井然有序	♡	♡
体态自然大方、互动及时有效	♡	♡

(三)学后—拓学单

《义务教育英语课程标准(2022年版)》在教学建议中提出,教师要准确把握教、学、评在育人过程中的不同功能,树立"教—学—评"的整体育人观念。教师根据与本课时的课时目标所对应的知识点,指向学习理解类活动、应用实践类活动、迁移创新类活动,依次设计有梯度的、丰富的、具有创意和富有挑战的拓学单,有效地调动学生的体验欲望,给学生带来有趣的情境体验,有利于促进学习知识和学习核心素养的养成。

1.学习评估监测

学习评估的目的:通过学生完成一定的任务来了解学生对学习内容的掌握情况,即学生"学会了吗?""学到了什么程度"。

学习评估的操作方式:根据与当堂课的目标所对应的知识点依次设计拓学单,实现由易到难、层层递进的过程。

学习评估的要求：

(1)形式多样：一定要注意采用表达、制作、书写、辩论等多种形式，并与生活情境相结合；(2)自主选择：可以用自助餐的形式，教师提供多项选择，学生根据自己的学习情况选择要完成的任务，实现分层教学；(3)逐层递进：帮助学生不断地复现知识，巩固所学知识，从学习理解到应用实践，再到迁移创新，提升学习的广度、深度与关联度；(4)整合运用：在学生完成一系列任务后，引领他们在真实的语境中整合运用所学，帮助学生自主建构语言，有效地用英语传递语篇意义、发展学习技能、获得生活体验。如：PEP小学英语六年级"How tall are you?"第四课时的拓学单。(见图4-16)

五彩阳光 金色童年　　　　　　　　　　　　　PEP小学英语六年级下册

The King of Dinosaurs

（拓学单）

班级：　　　姓名：　　　组名：

Task3：I can choose.　　想一想，选一选。

( ) 1. S is _____ than T.
　　A. longer　　B. faster　　C. shorter

( ) 2. S is taller _____ T.
　　A. and　　B. than　　C. with

( ) 3. S is _____ than T.
　　A. thin　　B. thinner　　C. heavier

Task4：I can write.　　你认为谁是恐龙之王，写下你的观点。

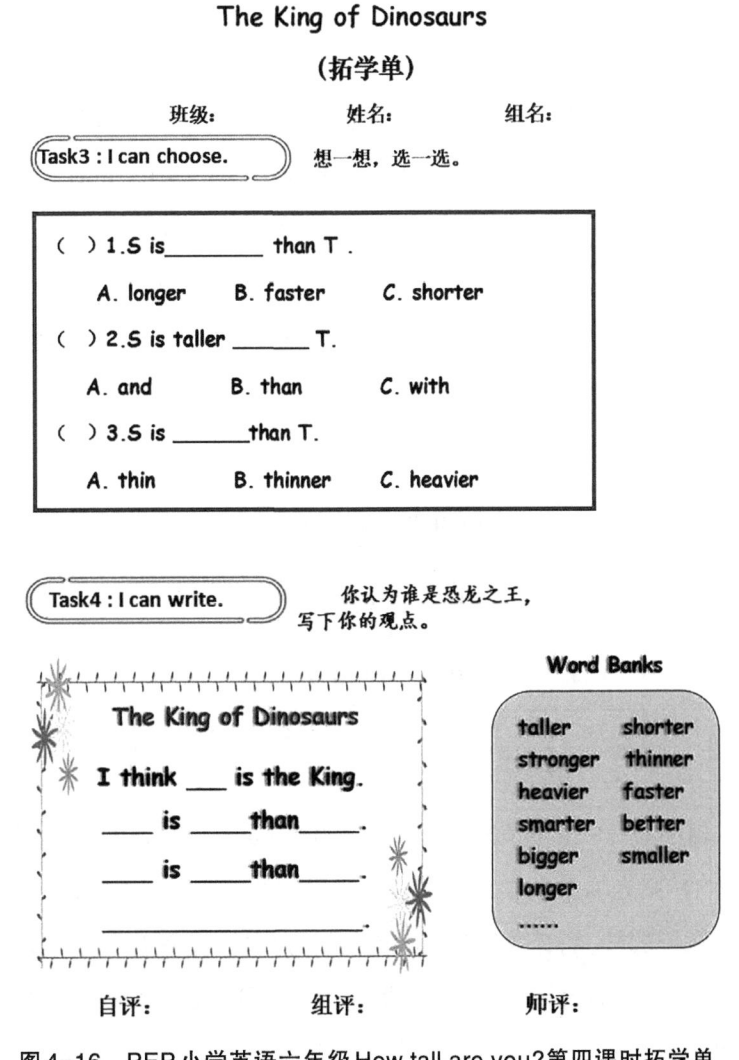

The King of Dinosaurs

I think ___ is the King.
___ is _____ than___.
___ is _____ than___.
_____

Word Banks

taller　　shorter
stronger　thinner
heavier　　faster
smarter　　better
bigger　　smaller
longer
……

自评：　　　组评：　　　师评：

图4-16　PEP小学英语六年级How tall are you?第四课时拓学单

第一层次:Task3. I can choose.通过问学单理解文本后进行选择,检测学生对文本内容的掌握情况,理解句型语意及语用情境,在言意兼得的基础上,汲取文本内蕴。

第二层次:Task4. I can write.第一步,提供对话框架。你认为谁是恐龙之王,写下自己的理由,学生根据自己的理解,能写多少理由就写多少,体现层次性。学生的写建立在对文本内涵和结构的内化上,学生把书本知识内化成自己的语言,由迁移到创造,进行逻辑性思维、系统性思维和辩证性思维。第二步,搭建展示的舞台。如全班讨论谁是恐龙之王,学生根据语言框架阐述自己的观点。发展语言意识,有效地用英语传递意义、发展技能、释放自我、获得积极的情感体验。

2.总结梳理成果

总结梳理的目的:总结归纳所学的语言知识点。

总结梳理的操作方式:图表和评价表。

总结归纳语言知识点的要求:

(1)策略性:梳理知识点需要进行策略渗透,引导学生运用图像、图表、思维导图等,形象直观,一目了然,引导学生采用适宜的学习方法加工语言信息;(2)灵活性:时时梳理、处处梳理,可以在学习中的任何一个适合需要梳理的环节,也可以在整节课结束后根据学生的情况进行梳理。如:PEP小学英语六年级How tall are you？第六课完成拓学单中"Task3: I can choose."后,对本课时需要掌握的语法点——形容词的比较级进行总结梳理。(见图4-17)

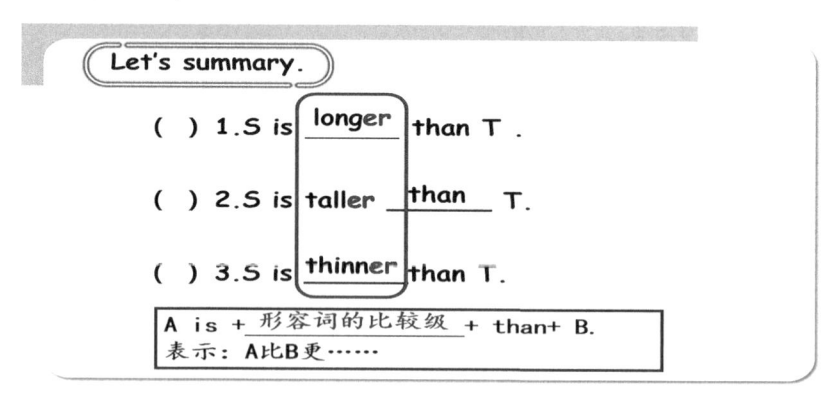

图4-17　PEP小学英语六年级How tall are you？第六课拓学单

"问学·体验"阳光课堂教学范式以核心"问题"为导向,形成一个个围绕单元主题展开的逻辑关联问题链,能有效地激发学生的学习兴趣,提高学生的自主学习能力,培养学生探究精神,形成良好的学习态度,掌握学习的策略,有效地合作展示,促进学生综合素养的提升。

第四节

"问学·体验"阳光课堂在其他学科中的应用

小学音乐、美术、体育等学科具有不同于语文、数学、英语等学科的显著特征,实践性、创造性、技艺性、体验性更为凸显。基于以上学科的独特性,"问学·体验"阳光课堂教学范式在这些学科中的应用重点是鼓励教师在范式提供的基本的、可理解的、可操作的普适性框架基础上,结合各学科不同特点进行多样化、个性化的探索。本节内容阐释了"问学·体验"阳光课堂在其他学科中的应用,提供了该范式在小学音乐、美术、体育等学科应用的典型案例,便于一线教师借鉴,并能结合自身实际情况进行迁移和创新。

"问学·体验"阳光课堂教学范式立足于学科核心素养培育,小学音乐、美术、体育等学科教师可以根据课堂范式的基本内涵、基本环节、基本特征等,汲取该范式在语文、数学、英语等学科应用中的先进经验,以该范式的教学观为指导,对其进行创新性扩充,将其有效地应用到其他学科教学中。抓住范式中"引学启问,自主体验""互学启思,展学体验""拓学启用,深化体验"三个核心环节,通过问题驱动、情景创设、合作互助、拓展创新等实施策略,根据不同的学科特点创新性设计教学,搭建以学为主、以学定教,师生、生生共存,相互促进的课堂结构。从而创造和谐高效的课堂,培养学生的核心素养,获取有效教学的真谛,彰显"问学·体验"阳光课堂的独特魅力。

一、先于课而知——问题驱动,激活学习思维

中共中央、国务院《关于深化教育教学改革全面提高义务教育质量的意见》指出,教师课前要指导学生做好预习,课上要讲清重点难点、知识体系,引导学生主动思考、积极提问、自主探究。"问学·体验"阳光课堂教学范式"引学启问,自主体验"环节,即是

学生从问题出发,在授课之前进行前置性的自主预习。

传统课程教学中,小学音乐、体育、美术等学科不太重视课前预习,这一环节的缺失不利于学生对课程内容的深入理解和后续实践中的积极探索。"问学·体验"阳光课堂教学范式则打破了传统观念,强调学生在教师的指导下,以"引学单"为核心抓手开展课前预习,从而激活学习思维,激发学生的求知欲。华东师范大学崔允漷教授说过,最好的课堂应该把教学内容以问题的形式呈现于课堂。如果没有问题的推动就难以唤起学生的深入思考,形成深度学习。[①]"引学启问,自主体验"环节需要基于任务驱动、以问题导向的形式引发学生思考,点亮课前预习环节。针对不同学科特点,"引学单"的设置需要关注以下几点。

(一)从目标出发

美国教育家布鲁姆认为,有效的教学始于教学目标的澄清。教学目标是教学的起点和归宿,它对教学活动具有导向、激励、评价、调控的作用,是教学的关键组成部分。课堂教学中,教师往往更加注重钻研教学过程和教学内容,普遍忽视教学目标的重要价值。目标的明确与引领是提升课堂教学效度的关键,目标的价值不仅在于教师要基于目标的达成而设计可测、可评的表现性活动,更体现在学生要清楚知道教师设计的这个活动用意何在,从而指明学习的方向。[②]因此,"引学单"源于教学目标,设计也应当基于目标。

【案例1】

音乐欣赏课《打字机》一课教学中,"感知乐曲欢快的情绪,能记忆主题音乐,区分音乐形象,大胆参与创编活动"这一目标的设定,前置预习的"引学单"内容则可设置为以下4个问题:

(1)初听音乐,说说你感受到了怎样的情绪?

(2)你能尝试哼唱主题旋律吗?

(3)你能在音乐中找出"铃声""倒机声""打字声"3个声响吗?

(4)你能随着音乐加入动作表演吗?

以上案例中"引学单"的设计,结合了范式在语文、数学、英语学科中4Q预习法,即紧紧围绕4个主问题开展预习活动,《打字机》一课前置预习的四个关键问题从目标出发设问,分别体现了熟记——表现——思辨——创编的过程,让学生学习能力和艺术素养向高阶发展。

(二)与生活相联

《义务教育课程方案(2022年版)》提出,加强课程内容与学生经验、社会生活的联系。基于小学音乐、美术、体育等学科体验性较强的特点,课前"引学单"的设置需要密切联系学生的实际生活,促使学生在预习时能够自觉注意到学习与生活相关的事物,并且主动查阅相关课外资料进行问题探究。

【案例2】

美术课《有创意的字》一课教学中,课前,学生结合老师设置的"引学单"观察创意美术字在生活中的应用,通过观察商场、超市、学校、公交车等场所的广告牌和宣传栏上的创意美术字,了解到这些创意美术字不仅广泛应用于人们的生活,表现形式也多种多样。在此基础上,引导学生思考这些创意美术字的作用和寓意。上课学习相关知识点时,学生就能轻松地与同伴进行互动交流了。(见表4-6)

表4-6 《有创意的字》引学单

姓名		班级		日期	
任务一	生活中有哪些地方运用了创意美术字?				
任务二	为什么要用创意美术字?举例说明其寓意。				
任务三	选择一个有创意的字或词语进行临摹。				
任务四	请你将课前预习中遇到的问题及时记录下来。				

《义务教育艺术课程标准(2022年版)》强调,注重艺术与自然、生活、社会、科技的关联,汲取丰富的审美教育元素,传递人与自然和谐共生理念,促进学生身心健康全面发展。以上预习内容让学生体验学习与生活的紧密联系,从身边事物中找到学习的影子,激发他们主动探究的欲望。"引学单"的使用,让学生所学到的知识更真实、更稳固,其自主探究学习能力也会在不断积累和练习中得到提升,并逐步养成课前自主学习的习惯。

(三)重学科素养

学习任务单将进阶任务作为整合性目标的载体,围绕序列活动开展"教、学、评"一体化设计,其设计应当遵循学科"人-知"相遇的逻辑起点,促进学科知识向学科素养的转化,导向学生个体成长的意义向度。[3]基于小学音乐、美术、体育等学科实践性较强的特点,前置预习内容要呼应学科核心素养个性化设计,在引导学生通过课前预习探索问题的同时,还要增强"引学单"的生动性和趣味性,激发学生探究的积极性。

【案例3】

三年级音乐唱歌课歌曲《草原上》，歌曲五度、七度跳进音程的音准以及每个乐句四拍长时，尾音的气息保持是歌曲的教学难点。为了在课堂教学中轻松突破这一难点，前置预习中设计了手绘图形谱（见图4-18），引导学生在课前自主模唱或视唱歌曲旋律。

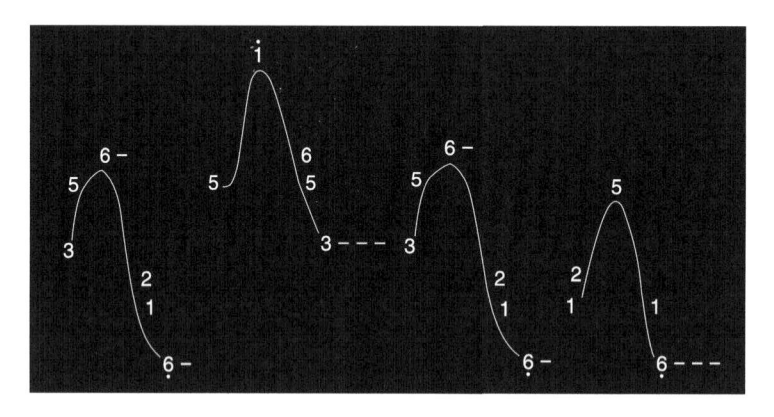

图4-18 《草原上》手绘图形谱

以上前置预习引学单超越了范式4Q预习法的普适性，聚焦音乐学科素养，以音乐"本体"为核心，关注音乐视唱技能和审美体验，把行走的线条与乐谱巧妙地结合，采用图文并茂的形式呈现视唱旋律，凸显图像识读的特点，让学生不仅能感知旋律和节奏的变化，还能形象感受旋律高低起伏的美，从而达到事半功倍的预习效果。

（四）跨学科融合

自基础教育课程改革以来，课程综合性的价值不断被强调与凸显，《义务教育课程方案（2022年版）》明确提出，开展跨学科主题教学，强化课程协同育人功能。基于小学音乐、美术、体育等学科综合性强的特点，在前置预习的"引学单"中，打破学科之间的知识壁垒，恰当运用学科间的知识链条的连接，形成多学科交叉、渗透和融合，让学生在实践中解决问题、获得能力、形成素养。

【案例4】

美术课《画蘑菇》一课，为了让学生了解蘑菇生长过程中的大小、形态和颜色变化，画出形态各异的蘑菇，课前预习可设计让学生观察了解蘑菇生长情况的内容，完成"蘑菇生长过程记录表"（见表4-7）。记录表融入了语文、数学、科学、美术等学科知识，为解决本课教学重点做好铺垫。

表4-7 蘑菇生长过程记录表

蘑菇名称		记录人	
生长时长	大小变化	形态变化	颜色变化
	可文字、可手绘、可图文并茂		

跨学科主题学习是一种综合性的学习,在设计跨学科主题预习内容时,必须立足学生核心素养,结合学生已有知识及生活经验来设计跨学科主题学习的内容,避免教师的主观臆断,尤其要找准学科之间联系的共同点,从而丰富跨学科主题学习的内容资源,避免生搬硬套。

二、基于知而探——体验学习,发展学习能力

《义务教育课程方案(2022年版)》强调,创设以学习者为中心的学习环境,凸显学生的学习主体地位。新课标下的教学需转变学生学习方式,促使学生在教师指导下主动、富有个性地学习,这是课程改革的显著特征和重点之一。如果任何改革不能引起学习者积极地参加活动,那么,这种教育充其量只能取得微小成功。④"问学·体验"阳光课堂教学范式倡导"体验式学习",对学生而言,它是一种学习方式,对教师而言,它又是一种教学策略。实施"体验式学习"是指学生在教师的组织、引导和合作下,在一定的情境中参与特定的教学活动,个体经历知识的形成与应用过程,积累个人经验,从

而获取知识、应用知识、解决问题。

小学音乐、美术、体育等学科的教学更需要学生基于书本知识,去深入探究其背后更深层次的内涵和意蕴,在这一环节的教学中,以"问学单"为载体,让学生在"发现问题——提出问题——解决问题"的动态过程中探究学习、自主合作、完成目标、获得知识、内化素养。学生学习的效益主要取决于以下几个关键点。

(一)多元交替,学习方式要多样

随着核心素养培育的提出,学生学习方式的转变被进一步关注和重视。"问学·体验"阳光课堂教学范式摒弃传统"机械、被动、单一"的学习方式,强调学生以"自主、合作、探究"为核心的多样化学习方式。在实践活动中,学生借助智慧的大脑,通过师生、生生之间对话的多向交互,从而促进学习,建构知识,伴随学生个性成长。[5]

【案例5】

美术课《有创意的字》一课,教师先将"问学单"发放给所有小组(见表4-8),并对小组成员进行明确的分工,让每名成员都积极表达自己的想法,将学生从"旁观者"转换成"参与者"。讨论结束后,再让每个小组选出一名代表上台汇报小组方案,比一比哪个小组完成的作品最为出色。学生在学习中主动参与、互助合作、共同探究,有效地提高了教学效果,学生的主动探究能力也得到了提升,同时,更有利于增强学生的团队责任感。[6]

表4-8 《有创意的字》问学单

班级		组别		组员	
任务一	请找出下面美术字运用了哪些表现形式?				
	有创意的字	表现形式	有创意的字	表现形式	

续表

班级		组别		组员	
任务二	请任选一个字或者词进行创意表现,并说出设计意图				
任务三	根据所学创意美术字的表现方法,你们小组对"节约粮食"主题标语的设计都有哪些建议?				
	讨论内容		建议者		

课堂是一个交织着多重声音的世界。唯有探究的课堂,才称得上是充满智慧能量的、高格调的课堂。⑦以上案例中,学生在互助合作、主动探究的学习过程中,教师是观察者,帮助学生合理分工,引导学生围绕学习任务和问题进行探究,并及时进行评价。学生是学习的主体,积极交流自己的想法,小组成员相互启发、相互帮助,从而完成学习任务,达到共同目标。

当然,在一个班级中,学生存在个体差异,我们的教学设计如果脱离学情,那就是舍本逐末,相反,如果抓牢了学情,我们就能够更好地设置好各个教学环节。因此,互学中要以"学情"为根据,注重分层合作。

【案例6】

劳动课《制作创意小面》,在合作探究环节,各小组在组长组织下按"制作创意小面"小组分工表进行自主分工(见表4-9)。分工前,教师重点强调根据自己的特点选择职务,比如:安全意识较强、心细的学生可选择担任"安全员",统筹能力较强、有一定烹饪经验的学生可选择担任"主厨",手上有力量、具有一定审美基础的学生可选择担任"压型师"等。

表4-9 "制作创意小面"小组分工表

组别:第( )小组

职务	人数	姓名	职责和要求
主厨	1人		1.负责煮面,待压型师完成全部压型后,由主厨统一下锅煮,操作时戴口罩。 2.全面统筹制作小面过程,监管小组纪律。
安全员	1人		1.负责气灶的打火和关闭,实践过程重点关注气灶安全,操作时戴口罩。 2.负责用水壶倒水和烧水。
擀面师 压型师	3人		1.负责擀面和用模具压型,操作时戴口罩和一次性手套。 2.压型数量:15块左右,结束后将一次性手套等放入垃圾桶。
调味师	1人		提前去自助调味台调味。
大众评委	1人		1.到成果展示台品尝各组创意小面,品尝完后将一次碗筷放入垃圾桶。 2.根据外观和味道综合评价,把票投给最棒的小组。

在互学过程中,教师充分考虑了学生的个体差异,分工合作探究中重视学生擅长的事物,根据每名学生的不同程度与特长进行分层合作,提高小组合作的效率,增强学生学习的信心,最终达到共享课堂成功的乐趣。

(二)真实有趣,情景创设要巧妙

传统教学的主要问题是"教什么""怎么教","问学·体验"阳光课堂从"教"转向"学",由学生自身决定"学什么""如何学",学生通过问题情境"参与活动以及思考问题",这样的学习是一种"真实性学习"。小学音乐、美术、体育等学科具有沉浸式、实践性、多样化等特征,教学中的情境创设尤为重要。

【案例7】

音乐欣赏课《春节序曲》,在引子部分的欣赏教学中,学生理解螺蛳结顶的音乐手法比较困难,教师可创设参加"春节联欢晚会"的情景,现场带来一段表演,让学生身临其境体会,通过"问学单"设置以下问题,启发学生思考:

问题1:"教师演奏的音乐带给你什么样的感受?"

问题2:"你还能感受到音乐有什么特点?"

问题3:"乐句的长度发生了怎样的变化?"

通过循序渐进的方法引导学生发现、体验乐句逐渐紧缩到最后形成简洁顶端的音乐手法。教师还可以在"问学单"中呈现一幅螺蛳的图画,引导学生根据音乐特点联想,试着让学生描述形状,并组织学生进行讨论:这样的形状和音乐特点的共同之处在哪里?经过与同学们的讨论,通过类比想象的方法,学生很容易掌握看似深奥的概念并理解其内核。

创设问题情景的"体验式学习",关注学生自身思考与情感的强烈参与,使学生在观察种种现象时接连不断地有所发现,仿佛在他面前燃起了思考的火花,从而促使思维过程活跃起来。[8]问题情境的创设,并有思考的过程,才能让"学习"得以真实地发生,使学生始终处于"乐中学、学中玩、玩中创"的氛围中,乐于展示自我,达成教学目标。

(三)据实而定,交流展示要适切

全班展学是"互学启思、展学体验"中最为关键的环节之一。通过展学,不仅让学生能有机会展示自己,互相学习,还能增强整个班级同学之间的合作意识。基于小学音乐、美术、体育等学科的独特性,展学的形式不只拘泥于小组汇报的方式,还可以根据具体学科,具体教学情境创新设计。

展学形式可以是"竞赛型展示"。如:在科学课《寻找遗传与变异的秘密》教学中,教师在课前布置学生收集生物遗传与变异方面的相关资料,并提前组织学生进行组队。在课上组织学生展示交流,为了激发学生展示交流的动力,可以设计竞争型展示,比一比哪个组收集到的信息多、观点新,并且引导各组围绕"生物变异的利弊"展开激烈的辩论。你方唱罢我登场,"竞争型展示"激发了学生的竞争心,激活了学生思想碰撞的动力,助推学生在充分的展示交流中揭开遗传和变异的秘密。[9]

展学形式可以是"游戏型展示"。如:在体育课"学习传球"教学中,在教师的指导下,通过小组互学,学生掌握了传球的基本技巧和方法。展学环节教师可以创设"我们一起来传球"的小游戏,各小组在游戏过程中展示学习成果,同时检验技巧学习的熟练度。这样的展学设计,既增加了体育学习的趣味性,也提升了学生团队合作的能力。

展学形式亦可以是"表演型展示"。如:在《美丽的夏牧场》一歌的学唱环节,学生以"问学单"为载体开展小组互学,在基本学会歌曲后,教师引导学生进一步开展小组展学排练,最后通过小组汇报表演、小组互评、教师点评的方式将课堂氛围推向高潮。"表演型展示"让学生逐步熟悉歌曲,感受夏牧场之美,此起彼伏的歌声表达出师生对夏牧场的热爱和赞美。

三、后于课而精——拓展创新,挖掘学习潜能

拓展运用是课程内容的延伸,它在基础知识、基本能力的深度和广度上均有加深,在学生思维能力、实践能力和学习方法训练等方面也都有强化作用,同时可以满足因材施教及不同层次学生对学科的真正需求,拓宽学生的学习空间,使得学生具有更开阔的眼界。

拓学是学生学以致用关键的一环,教师要合理衔接课堂内外实践,科学引导学生运用知识、技能完成实践任务,有效培养学生的核心素养。拓学环节根据具体情况,采用课内、课外相结合的方式进行。

(一)立足课堂,拓展教学彰显育人价值

基于小学音乐、美术、体育等学科创造性更为凸显的特点,可通过在课堂教学后半程进行拓展教学,教师该确定什么样的延伸角度,又该向哪个方面延伸,关键在于教师在钻研教材过程中要精心选点、设点,使拓展内容与教材有机地联系起来,在课堂中恰到好处地实施。

《义务教育艺术课程标准(2022年版)》指出,应重视创造力的培养,这也是艺术教育的学段目标。以音乐学科为例,拓展延伸环节一般分为"小组创编"和"学科综合"两种方式,"小组创编"包括参与舞蹈、节奏、旋律、歌词、情境剧等方面的创编;"学科综合"包括音乐与语文、美术、历史等多学科的融合,如:根据学唱歌曲创编诗歌、创作绘画、讲述历史小故事等。创编的形式和内容要根据不同的课题来进行选择。

【案例8】

在《幸福拍手歌》创编教学中,教师提问:"当你高兴的时候,除了做拍手、跺脚、拍肩的动作,还能用其他的动作来表现你的心情吗?"紧接着教师把课堂交给学生,引导学生分组讨论,大胆发挥。小组成员在组长带领下从改编表示幸福的歌词入手,改成"点点头、转一圈、扭一扭、说声耶"等,并配合肢体动作表演和打击伴奏乐器伴奏,新的演绎呈现出鲜明特色。通过创作思维的碰撞,一个个具有独特专属性的作品应运而生,学生收获了前所未有的成就感,大大增强了他们的创编自信。

体验式教学关注了创造体验,为学生提供了广阔的想象空间。在创编活动中,学生在游戏、表演、创编等创造性实践活动中进一步巩固新知识、新能力,学生的音乐鉴赏能力、创编能力、合作能力等都得到充分的发展和提高,从而提升其综合素养。

(二)跳出课堂,拓展活动提升核心素养

《义务教育课程方案(2022年版)》强调,加强知识学习与学生经验、现实生活、社会实践之间的联系,注重真实情境的创设,增强学生认识真实世界、解决真实问题的能力。音乐、美术、体育等学科实践性和交互性强、牵涉面广,是全面培育学生综合素质的重要学科,这些学科的教学不仅要关注课堂教学,而且要关注课外拓展活动的开展。⑩丰富多彩的实践活动,旨在引导学生积累实践经验,锻炼实践能力,培养创新精神。这些学科的课外拓展活动设计可从以下几个方面开展。

1. 走进实践基地,拓展教学空间

课外拓展活动需要在特定的场所中进行,如:走进"博物馆""文化馆""电影院""大剧院""体育场"等,这些场所具备充足的教学资源,拓展教学的空间范围;在组织课外拓展活动时,教师要结合教学内容,充分挖掘实践基地中的教育资源,突出课外拓展活动的探究性;充分用好"拓学单"呈现探究内容和要求,以此帮助学生积累知识,培育素养,进而将单一的参观转变为具有交互性的教学拓展活动。

2. 融入社区乡村,挖掘教学资源

在挖掘课外教学资源时,教师应努力结合并发挥社区的功能,让学科课程与学生生活经验产生关联,由此推进课外拓展活动的开展。社区、乡村中有许多学生熟悉的场景,如文化长廊、音乐广场、健身场所、便利店等。这些场景都可以作为学生课外实践活动的场所,教师引导学生关注身边的场景,了解民生百态的居家生活,感受周边展现的自然美、人文美,以此激发学生的创作灵感,并自由创作相应的作品,引导学生拥有一双发现美的眼睛。

3. 利用网络平台,丰富教学内容

在设计课外拓展活动时,教师要将网络资源渗透其中,以此不断丰富课外拓展活动的内容,激发学生参与拓展活动的积极性。网络包罗万象,资源丰富,可以帮助学生深化对学科知识的理解,充分调动学生的多重感官体验,使学生迅速进入学习情境。拓展活动过程中,教师需要结合与实际相关的教学主题,选择合适的网络资源,引导拓展活动朝着自主化、高效化、多样化的方向发展。

教学有法,但无定法,贵在得法。"问学·体验"阳光课堂教学范式在小学音乐、体育、美术等学科教学的运用中,教学的形式、手段等要根据各门学科的实际情况恰当选择,因材施教、灵活应变,打造"有趣、有效、有意味"的充满活动的课堂,需要教师潜心实践,孜孜以求。

第五章

"问学·体验"阳光课堂教学的实施策略与案例分析

由于不同年龄段的学生在认知能力、学习方式和心理特征等方面都有所不同,根据不同阶段的年龄特征来设计教学方法是非常重要的,因此,需要针对不同年龄段的学生设计不同的教学策略和方法,这样才能更好地满足学生的需求和能力的提升。本章节将分析小学不同阶段学生的心理特征及学习特征,通过学习三单的设计策略和课中导学策略两个主要部分来介绍教学实施策略与案例分析的相关内容,提出如何根据学生的实际情况选择合适的教学方法的建议。通过本章内容,深入了解小学阶段有一些实用的策略和方法,有助于更好地组织和管理课堂教学,提高学生的学习效率和成果。

第一节 小学一二年级"问学·体验"阳光课堂教学的实施策略与案例分析

小学一二年级是学生夯实基础和培养良好习惯的关键时期,他们从幼儿园阶段过渡到小学阶段,对他们来说是一个非常重要的转折点,心理和学习特征都有着质的变化。一二年级的学生对学习充满强烈的好奇,渴望学习新的知识和技能,但是往往注意力难以集中,通常很难集中精力去完成一项任务,并且思维方式也较为简单,对于解决抽象和复杂的知识是非常有限的。

本节内容分析了一二年级学生的心理发展特点及学习特征,阐释了"问学·体验"阳光课堂在一二年级的应用,提供了该范式在这一阶段应用的典型案例,便于一线教师借鉴,并能结合自身实际进行迁移和创新。

一、小学一二年级学生心理发展特点

认知发展:一二年级的学生注意力容易分散,通常很难集中注意力完成一项任务。皮亚杰认为儿童认知特点的发展是一个积极主动的过程,儿童通过与周围环境的互动,不断构建自己对世界的认知模型。他提出了"适应"概念,认为学生在与环境的互动中通过平衡适应和失衡适应的过程来推动认知的发展。这一观点强调了学生的主

观能动性和积极性。

情感发展：维果茨基认为，儿童情感发展受到两个方面的影响：一是社会文化背景的影响，包括家庭、学校、社区等方面；二是儿童自身发展特点的影响，包括认知、语言、身体等方面。一二年级的学生情感逐渐丰富，对于友情、亲情、师生情等情感关系有了更深刻的理解和体验。他们开始意识到自己的存在和价值，开始有了自己的想法和主张，表现出更强的自信和独立性。能够表达自己的情感和感受，这使得他们更容易与他人产生情感联系。同时，他们也开始出现一定的情绪管理能力，能够逐渐控制自己的情绪。

社交行为：一二年级的学生逐渐开始形成自己的社交圈子，能够与同龄人进行互动和交流。同学们会在学校或课余时间通过玩游戏和组建小组进行协作，体验"团队协作"的社交行为带来的快乐。他们通过这样的互动体验，学习成年人的社交行为，在这个过程中得到了学习的机会，也开始逐渐学习社交技能，如分享、合作、沟通等。

行为表现：由于刚刚进入小学阶段，一二年级的学生对周围的一切都充满好奇，他们往往表现出好动的特点，对任何新奇的事物都想去尝试一下，并且具有较强的模仿能力，他们会对成年人的行为进行模仿和学习；注意力容易分散，很难长时间集中精力去做一件事情；缺乏自律性，需要家长和教师的引导和监督才能完成学习任务。

二、小学一二年级学生学习特征分析

好奇心强，探索欲望高：一二年级学生对学习充满好奇，他们渴望探索新知识，对学习表现出高度的热情和积极性。同时，他们的学习动力初步形成，对学习有一定的目标和期望。

注意力难以持续集中：一二年级学生的注意力集中时间较短，他们容易被外界因素干扰，难以保持专注。因此，教师在教学中需要采用生动有趣的教学方式，吸引学生的注意力。

学习依赖性强：一二年级学生对教师的依赖性较强，他们需要教师的指导和帮助来学习。因此，教师在教学中需要给予学生足够的指导和关注。

机械记忆能力强：一二年级学生机械记忆能力较强，他们能够快速地记住一些简单的知识，但也需要通过反复练习来加深理解和记忆。

形象思维占主导地位：一二年级学生以形象思维为主，他们更容易理解和接受直观、形象的知识，而对于抽象的概念和公式，则需要更多的时间和精力来学习和理解。

喜欢游戏与互动：一二年级学生喜欢通过游戏和互动的方式来学习，他们在游戏中能够更加轻松地掌握新知识，同时也可以通过互动来提高合作和交流能力。

三、"问学·体验"阳光课堂教学范式设计策略

对于一二年级的学生来说，他们对学习充满了强烈的好奇，喜欢通过游戏和互动的方式来学习。这一阶段的学生通常以形象思维为主，注意力难以集中，因此，对于这一阶段的学生来说，学习三单应针对这一年龄特点进行设计。

（一）教材分析

一二年级的教材内容通常比较简单，主要是基础知识的学习和巩固。

首先，从形式上看，人教版小学一二年级教材采用图文并茂的形式，以生动活泼的方式呈现知识内容，以吸引学生的注意力。这种方式能够帮助学生更好地理解知识，提高学习兴趣。

其次，教材的编排是循序渐进，由易到难，逐步提高学生的认知水平和技能水平。这种编排方式能够帮助学生逐步掌握知识，提高学习效率，并且注重启发式教学法和探究式教学法，引导学生主动思考、发现和解决问题。这种方式能够培养学生的思维能力和创新能力，为未来的学习打下基础。

最后，对学生的影响方面，更关注情感态度和行为习惯的培养。人教版小学一二年级教材注重培养学生的情感态度和行为习惯，包括道德品质、行为习惯、兴趣爱好等方面。这些方面的培养对于学生的全面发展和成长具有重要意义。同时，教材内容通常与学生的实际生活联系紧密，通过与实际生活的联系来帮助学生更好地理解知识，提高学习兴趣。

(二)课前引学单设计策略

一二年级的学生才从幼儿园阶段过渡到小学阶段,他们的学习能力和学习习惯是比较薄弱的,这一阶段要注重培养学生的引学兴趣和良好的引学习惯,为三四年级打下基础。因此,在设计引学单时,可以采用如下策略。

1.巧设游戏,激发引学兴趣

根据一二年级学生心理特点和学习特征,他们喜欢游戏化的学习方式,他们在游戏中能够更加轻松地掌握新知识,同时也可以提升学生交流能力。根据学科特点,可以将引学单设计成有趣的游戏形式,在游戏中进行引学。比如:数学学科则可以将计算题设计成数学迷宫、数学王国闯关等游戏,以增加学生的学习兴趣;语文学科可以将生字、生词设计成"猜谜语""汉字拼图""连连看"等游戏。在语文学科涉及识字内容时,通常可采用"汉字拼图"的游戏设计引学环节,提前让学生准备一些与本堂课有关的汉字偏旁部首,然后让学生用这些偏旁部首组成一个汉字,比一比看谁组的汉字最多。通过这个游戏可以帮助学生更好地理解和记忆汉字的构造。

再比如,在人教版数学一年级《比大小》一课中,可以设计"大鱼吃小鱼"的游戏化引学单。

◀◀◀ 《比大小》引学单 ▶▶▶

1.小朋友们,请回家和大人一起玩一玩《大鱼吃小鱼》的游戏吧!

游戏规则:

总人数:2人。

目的:能分清数字的大小。

玩法:2人同时说"一二三,看谁能把谁吃掉?"每人出一张牌,比较两个数字的大小,数字大的牌把数字小的牌"吃掉",若两张牌一样大,则各自收回,吃得多的一方获胜。

通过设计有趣的游戏化引学单,不仅可以帮助学生更好地掌握知识,同时也可以提高他们的学习兴趣和自信心,让学生在轻松愉快的氛围中学习知识。

2.家校合作,培养良好引学习惯

一二年级的学生引学习惯还较为薄弱,需要家长和教师的共同支持和引导。可以通过建立良好的家校沟通机制、共同制定预习计划、合作督促学生引学、提供必要的支持和资源、鼓励学生自主思考来帮助他们培养好的引学习惯,提高学习效果和学习兴趣。

由于一二年级识字能力弱,阅读能力有限。因此在引学单设计时应避免使用大量的文字内容,可以采用简单有效的引学方式。例如:可以在课前让学生观看学习相关的有趣视频,初步了解本节课的主要学习内容;还可以通过简单的朗读课文和书写美词佳句等方式来引学。只有学生建立了良好的引学习惯和引学方法,才能为今后的学习打下坚实的基础。

为一二年级学生设计引学单时,应重点考虑"激发学习兴趣""培养引学习惯"两大方面进行培养,通过建立好的引学策略,可以帮助学生更好地适应一二年级的学习生活,提高学习效果和学习兴趣。

(三)课中问学单设计策略

1.创设情景,激发学习兴趣

根据一二年级学生心理发展特点以及学习特征,如他们对数学知识理解深度不够,主要以形象思维为主,容易理解和接受直观的形象的知识。因此,在设计引学时,我们可以创设生活中的真实情境,将学生带入形象的具体的场景中,设计学生喜欢的学习情境、生活场景、游戏情境等,这样,学生在学习时兴趣更浓厚,能快速进入到积极的学习状态中去。

在人教版语文一年级《影子》一课中,可以设计以下的问学活动。

◀◀◀ 《影子》问学单 ▶▶▶

班级:_____ 姓名:_____

一、猜谜语

有个好朋友,天天跟我走,

有时走在前,有时走在后。

我和它说话,它却不开口。

谜底:(　　)

通过猜谜语的游戏环节展开新的课堂,能迅速调动学生参与到学习中来,同时猜谜语可以提高大脑思维活力,还能帮助学生提高自己的观察力和注意力。

在教学《分类与整理》时,可以这样设计问学单(部分)。

《分类与整理 例1》问学单

班级：_____ 姓名：_____

导语:老师相信你,你一定会挑战成功!

一、想一想、填一填。

在阳光灿烂的周末时光,爸爸妈妈带着我们到游乐园玩,该怎么分组呢?

(1)他们去电影院看电影,可以按(　　)进行分组。
(2)他们去水上乐园玩儿,可以按(　　)进行分组。
(3)他们去公园玩游戏,可以按(　　)进行分组,也可以按(　　)分组,还可以按(　　)分组等。

通过创设有趣的引学单设计,从学生们日常生活中熟悉的真实情境引入,把学生快速地带入到课堂教学中,使课堂教学变得积极、活跃、有效,不仅能引导学生进行探究思考,还能有效提高教学的质量。

2.角色扮演,模拟真实情景

根据一二年级学生的心理特点和学习特征,这一阶段的学生更喜欢通过游戏和互动的方式来学习,他们在游戏中能够更加轻松地掌握新知识,同时也可以通过互动来提高合作和交流能力。因此,在设计问学单时,可以采用开展角色扮演,模拟真实学习情境的策略。在准备阶段,教师可以为学生提供一些必要的背景信息、角色说明和相关材料,以便学生了解角色和情境,并做好扮演准备,增强学生的参与感和互动性,比如在学习《西游记》《红楼梦》等经典文学作品时,学生可以扮演唐僧、孙悟空、猪八戒等角色。在低学年引学中,角色扮演是一种常见且富有成效的策略。

在人教版语文二年级《小蝌蚪找妈妈》课文中,可以设计以下问学单(部分)。(见图5-1)

《小蝌蚪找妈妈》问学单

班级：_____ 姓名：_____

情景剧《小蝌蚪找妈妈》

（表演提示：理解内容，熟悉人物，模仿动作。）

旁白：温暖的春天来了，池塘里的冰融化了。青蛙妈妈睡了一个冬天，也醒来了。她从泥洞里爬出来，"扑通"一声跳进池塘里，在水草上生下了很多圆圆的卵，他们长成了小蝌蚪。有一天，鸭妈妈带着她的孩子到池塘中来游泳。小蝌蚪看见了问鸭妈妈。

小蝌蚪："鸭妈妈，鸭妈妈，您看见过我们的妈妈吗？请您告诉我们，我们的妈妈是什么样的呀？"

鸭妈妈："看见过。你们的妈妈头顶上有两只大眼睛，嘴巴又阔又大。你们到那边去找吧。"

小蝌蚪："谢谢您，鸭妈妈。"

旁白：小蝌蚪看见大鱼头顶上有两只大眼睛，嘴巴又阔又大，心想一定是妈妈来了，就追上去喊。

小蝌蚪："妈妈！妈妈！"

大鱼："我不是你们的妈妈。我是小鱼的妈妈。你们的妈妈有四条腿，你们到前面去找吧。"

小蝌蚪："谢谢您啦！鱼妈妈！"

图5-1 《小蝌蚪找妈妈》课文表演

在课堂中，通过学生扮演"小蝌蚪"等多种角色，加深学生对课文的理解，提高他们的学习兴趣和参与度，同时也能够提升他们的表演能力和批判思维能力。

3.图文结合,理解知识要点

一二年级的学生年龄较小,注意力很难集中,他们通常喜欢听故事和看图画,教师可以通过设计图文结合的问学单,引导学生产生兴趣,达到集中学生注意力的目的,还可以促进学生进行有趣的自主学习,在潜移默化中形成良好的学习习惯。在问学单中,可以设计一些精美的插图,教师可以利用这些插图,让学生通过观察插图来理解文本,达到事半功倍的效果。

在人教版数学一年级《分类与整理》一课中,可以直接利用教材上的精美插图来设计问学单。

◀◀◀ 《分类与整理 例2》问学单 ▶▶▶

班级:_____ 姓名:_____

说一说、填一填。

1.我可以按(　　)进行分类,　　　　我还可以按(　　)分类,
把分类结果整理到表中。　　　　　　把分类结果整理到表中。

	大人	孩子
人数		

	男	女
人数		

2.根据上表我知道了,分类标准不同,分类的结果也(　　),但总数(　　)。

在人教版语文一年级《小壁虎借尾巴》一课中,问学单设计为:

◀◀◀ 《小壁虎借尾巴》问学单 ▶▶▶

班级:_____ 姓名:_____

一、小朋友们,通过阅读,你知道壁虎的尾巴长什么样子吗?请你画一画吧!

二、我还知道它们尾巴的作用是(连线)：

| 捉田里的害虫 | 捉空中的害虫 | 捉树枝里的害虫 | 捉墙壁上的害虫 | 捉棉花叶子里的害虫 |

第一环节通过学生画一画壁虎的尾巴，可以加深学生对本课文主题的印象，也可以让学生在描述的过程中更好地理解和体验所学内容。第二环节利用小动物的图片将重点知识进行整理，帮助学生形成清晰的学习思路。

4.分层设计，逐步提升知识难点

在一二年级这个阶段的学生，他们的阅读和理解能力是有限的，如果把所有任务一并给出将难以消化。因此，在设计问学单时，教师可通过分层设计，缩小学生之间的学习水平差距，逐步提升知识难点。在问学设计时，首先，教师要保障班级大多数学生能完成基础的教学任务。其次，再设计更难的题目，给学有余力的学生提供挑战的机会。

例如，在人教版数学二年级《平均分》中，可以设计如下问学单：

◀◀◀ 《平均分》问学单 ▶▶▶

班级：_____ 姓名：_____

【活动一】

1.摆一摆：

把下面这些🍓，每2个摆一盘，摆一摆。

2.填一填：

（　）个🍓，每（　）个摆一盘，可以摆（　）盘，正好摆完。

3.列一列：

请你用一个算式把摆的过程表示出来：

【活动二】

1. 摆一摆：

把下面这些🍓，每2个摆一盘，拿出相应的学具摆一摆。

2. 填一填：

（　　）个🍓，每（　　）个摆一盘，可以摆（　　）盘，还剩（　　）个。

3. 列一列：

请你试着用一个算式把摆的过程表示出来。

问学单中，通过两个活动让本课问题串的设计体现出有易也有难，层次分明，逐步提升知识难点。让不同学生都能参与到问题的讨论和解决中来，逐步培养学生的思考能力和解决问题的能力。

对于一二年级段的学生来说，问学单的设计应注重基础性、趣味性、层次性、真实性，在有限的时间内抓住学生的学习兴趣，设计具有价值的问学单。

（四）课后拓学单设计策略

一二年级学生喜欢亲身体验成功后的喜悦，喜欢动手操作而不是纸上谈兵。因此，在设计拓学单时，教师必须立足于基础，围绕生活中的实践活动，设计有趣且有价值的拓学策略。根据一二年级学生的年龄特点和学习需求，可采用如下策略。

1. 从易到难，稳抓基础提升思维

一二年级学生以形象思维为主，他们更容易理解和接受直观、形象的知识，而对于复杂的知识很难坚持学习。因此，在设计拓学单时教师可以从易到难，层次分明。在设计基础问题时，要考虑到让大部分学生能通过探究后解决，让学生体会到思考之后成功的喜悦。设计难点时，要考虑到问题应有一定挑战性并且能提升学生思维能力。长此以往，学生必然会成为一名爱思考且充满自信的学子。

以人教版数学二年级《乘加 乘减》为例，设计了以下拓学单：

《乘加 乘减》拓学单

班级：_____ 姓名：_____

1. 看图列算式

□×□○□=□   □×□○□=□

2. 解决问题
一共有多少个桃子？

□×□○□=□
□×□○□=□

在《乘加 乘减》拓学单中，其中第1题是基础题，多数学生能够解决问题。第2题是思维提升题，学生不仅要能列出综合算式，还要思考如何用两种方法解决问题。

2. 动手实践，多元发展拓展素养

根据一二年级学生的具体特征。在设计课后拓展单时，要注重学生的兴趣培养和多方面素养提升，通过多元化的方式让学生更好地了解所学知识，例如可以采取动手操作、分享心得、相互交流等方式，提升学生的综合素养。

如在人教版语文二年级《中国美食》一课中设计"制作美食"的课后拓展任务，可让学生在家中制作自己喜欢的中国美食，这样学生不仅能更好地了解中国美食文化，还能锻炼自己的厨艺和创新能力。

如在学习人教版小学数学一年级《认识七巧板》时，教师可以把七巧板粘贴在黑板上，课后学生可以通过将七巧板的图形进行分类，从而不仅将文字类的练习转化为动手能力，同时也能达到巩固知识的目的。（见图5-2）

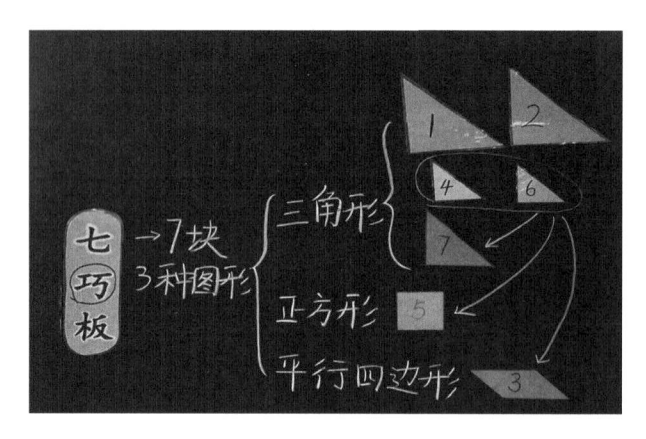

图 5-2 《认识七巧板》学具

有趣的课后拓展策略不仅可以让学生在学习中得到放松,还可以提高他们的学习兴趣和能力,增强他们的自信心和团队精神,从而有助于他们的全面发展。通过以上拓学单设计策略,可以为一二年级的学生提供有效的课后拓学能力,不仅能帮助他们掌握基础知识、提升思维能力、还能提高学生的综合素养。

四、"问学·体验"阳光课堂教学范式实施策略

(一)"问学"策略

"问学"在整堂课中起到至关重要的作用,一个有效的"问学"策略,能够迅速激发学生的学习兴趣和热情,从而使学生更愿意参与到课堂中来。因此,在设计"问学"环节时,应注重一二年级学生的年龄特点,可以采用如下策略。

1. 创设游戏活动,激发求知欲

由于一二年级学生年龄较小,学生的学习状态难以进入课堂。因此,可以将"问学"环节与活动和游戏相结合,让学生在轻松愉快的氛围中快速进入学习状态。通常可以设计有趣的谜语导入、游戏环节、观看动画片等让学生快速进入学习状态。

在人教版一年级《认识1~10》这个板块的教学中,可以设计一个猜数字的游戏,让学生在游戏中猜测数字的规律和特征,进而引出数学知识。还可以在人教版语文教材一年级语文园地"快乐读书吧"这个板块的教学,让学生唱自己会的儿歌,再引入本节课要学的教材内容。在教学《称象》《司马光》等课文时都可以用动画片导入。

无论使用哪种导入策略,都要保持生动、有趣和简洁,同时还要注意与新知识相关

联,让学生在一节课的开始就感受到知识的乐趣和价值,这样他们才能更加投入地参与到整个教学过程中来。

2.丰富竞赛形式,激发胜利欲

小学一二年级的学生胜利欲很强,在教学活动中可以设计个人赛、团队赛、知识问答、创意展示等丰富的竞赛形式,激发学生的学习兴趣和竞争意识,从而提高教学质量和学习效果,巩固所学知识,提高运用能力。

在人教版数学一年级《9加几》一课中,可以设计"计算小能手"比赛,比赛模式可以是小组赛、还可以是男生与女生之间进行比赛,比比谁的正确率更高。在人教版语文一年级认识汉字时,可以设计"识字比赛"竞赛形式的问学活动,教师可以在课堂上准备一些汉字卡片,然后分组让学生认读,识字最多的小组获胜。

通过这样一些竞赛形式的"问学"活动我们可以发现,整堂课中学生的注意力非常集中,学习效果也有提升,由此可见,竞赛模式在"问学"环节中的效果是不容小觑的,并且设计竞赛形式的"问学"活动可以满足学生的胜利欲,长此以往学生对学习的兴趣会越来越大。

(二)互学策略

学生是一个个鲜活的个体,存在智力、能力、喜好等方面的差异。为了能让他们最大限度地互补学习、互相帮助、培养能力,在分组时应根据学生学习基础的不同,从学生知识结构、学习风格等来优化小组。一二年级的学生年龄较小,活泼好动,喜欢参与各种各样的活动,在课堂上可以通过活动来加强与其他同学的交流,产生思维碰撞。在小学一二年级阶段里,主要是以同桌(2人)互学为主。

1.同桌组合,强弱搭配合力前行

一二年级的学生年龄较小合作能力需要教师引导,在课堂中我们不难发现一部分学生在认真积极地思考,也有一少部分学生偷偷地做着小动作,抑或是装模作样地在听,其实心早就飞到了学习之外。同桌的搭配至关重要,可以根据学生的学习能力和交流能力,按照强弱搭配的方式组建的同桌小组,再统一分成左右座位。

如图5-3所示,1号学生为组长,选择学习能力和交流能力较强的学生担当,主要负责小组互学的组织和汇报;2号为组员,主要由学习能力或者交流能力较弱的学生组成。这样安排,1号组长和2号组员组成同桌,两人形成的学习小组可以共同去完成学习任务,最终达到互帮互助,合力前行的目的。

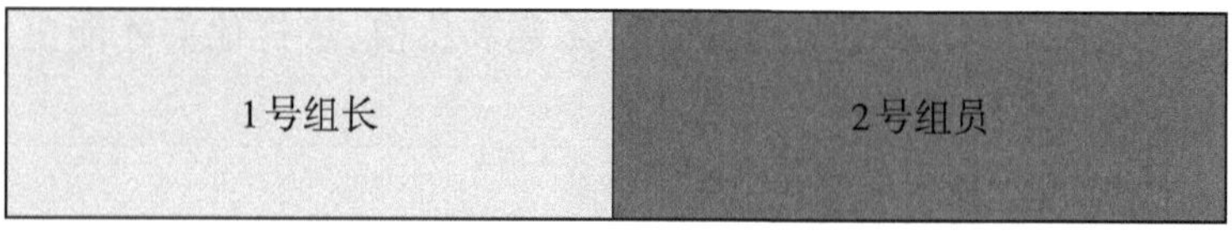

1号组长	2号组员

图5-3 同桌小组搭配示例图

2.合理分工,培养有效互学习惯

一二年级学生的互学形式主要以同桌为主,这就需要同桌分工明确,制定互学制度,在组建同桌时,已经根据学生的学习能力和交流能力按照强弱搭配的方式组建的同桌小组,因此,同桌两个人要进行合理的分工。

确定同桌人员。组员要明确谁是师父谁是徒弟,并鼓励他们互帮互助,共同进步。

制定互学计划。教师根据教学任务和目标,制定同桌互学的计划,包括互学的内容、时间、方式等,同时还要考虑到学生的学习需求和个性差异。

组织互学活动。同桌之间根据教师的要求,一起进行互学活动,可以相互讨论、交流、分工合作,共同完成任务。

分享互学成果。在互学完成后,教师可以组织同桌之间分享互学成果,让学生分享自己的学习成果和经验,互相学习和借鉴。

总之,教师要充分考虑学生的特点和学习需求创建小组,制定合理的计划和方案,同时,为了让学生更好地参与到小组活动中来,也需要提供必要的培养和支持。引导学生之间互相学习、互相帮助,营造积极向上的氛围。

3.师生互动,适时点拨助力学习

学生的合作是否有效,同教师的参与和指导是分不开的。因此,在学生开展合作学习的时候,教师不应袖手旁观,更不能做下一环节的准备工作,而应当从讲台上走到学生中间去。教师可以在组间巡视,对各同桌的合作进行观察和介入,对合作情况做到心中有数。同时,教师还可以针对学生合作中出现的各种问题进行及时有效的指导,帮助学生提高合作技巧,顺利完成学习任务。对合作交流中偏离主题或遇到困难的小组提供及时的点拨;对完成任务的小组进行检查;对小组成员各司其职的情况进行监督等。学生的小组合作学习有了教师的参与和指导,能避免短暂热闹却华而不实的无效合作场面出现,也能使学生的合作更得法,交流更有效!

在讲授人教版教材小学语文《雪地里的小画家》一课时,教师提出这样一个问题:"雪地里的脚印是谁的呀?请同学们讨论一下。"课堂上学生以同桌形式进行讨论,热闹非凡,但细细观察发现,每个组中会有一、两个学生主导着讨论,频频发表自己的意见；其他学生要么在听，要么根本就不参与，不自觉地成了陪衬。讨论结束后进行交流，起来回答的同学也是学习能力强、表现欲望强的几名学生。如果在教师观察到小组内有同学没有参与到讨论中，应及时加入该小组成为其中一员。

师："我可以加入你们的讨论吗？"（得到组长的同意后继续）"那你知道这个脚印是谁的吗？可以大胆猜一猜。"教师将期许的目光投向刚才一言不发的同学。看到老师的鼓励，他开口了。

师（趁机夸赞）："你真是一个会思考的孩子，从这个最关键的细节中知晓了答案。还可以继续帮我找吗？"

本来因为怕说错了被嘲笑而闭嘴的学生，被表扬后眼睛里有了光。教师继续调动组内氛围，并让这个组的同学从头到尾说一遍，为后面的展学做好铺垫。这个过程不仅让能力强的同学懂得怎么帮助其他人，也让其他同学充满自信，在课堂上找到了存在感。

（三）展学策略

一二年级阶段的学生，他们喜欢展示和表达自己，但是这个阶段的学生对于展学的理解和操作是非常薄弱的。因此，在教师设计展学环节时，应结合一二年级阶段学生的心理特点和学习态度来设计，让展学有质、有效。

1. 制订标准，规范展学行为

根据一二年级学生的心理发展特点，有一部分学生存在表达困难或缺乏自信的问题，如何帮助这部分学生站上讲台，培养自信心。可以从姿态、语言等精气神外放的表达形式做好示范。

第一步，展学姿态

挺胸、抬头、向前看，声音洪亮，体现朝气蓬勃的精神风貌。

第二步，开启沟通

课堂内：同学们大家好，下面由我/我们组进行展学，请大家看这里……

第三步，解决问题

①读题（读出重点）

②审题（勾画关键信息和问题）

③解题（用信息解决问题）

④检验（检查结果是否正确）

第四步,引发互动

同学们,你们有什么疑问或补充吗?

第五步,结束展学

我们组的分享结束,谢谢大家!

通过展学标准的搭建,让学生明白展学的基本环节,能够有样可循,培养学生的自信心。

2. 适时鼓励,激发展讲热情

根据一二年级学生心理发展特点,这一阶段的学生在学习上喜欢被表扬和鼓励。因此,在展学环节中,教师可以适时鼓励学生,激发他们的展学欲望。在展学环节中,可以给予他们语言上的肯定或者荣誉证书,也可以是一些班级小奖品等。通过鼓励可以增强他们的自信心和兴趣,同时也可以激励其他学生积极参与到小老师的角色中来。如学生上台展学时,当出现胆怯或难以开口时,教师可以用一句简单的"孩子,你很棒你能行"来鼓励学生积极表达。或者在学生展学有进步后,当着全班的面表扬鼓励,让学生增强自信心和成功的满足感。

久而久之,学生在表扬和鼓励的激励下,会变得越来越想表达,越来越愿意表达。

总的来说,针对一二年级学生设计展学时,注重以兴趣和展学标准为主来进行引导,让学生在一二年级树立良好的展学习惯,为今后的进一步展学打好坚实的基础。

(四)拓学策略

根据一二年级学生心理发展特点和学习特征,在拓学策略方面要注重拓学习惯、价值观以及综合能力方面的提升,一二年级课后拓展策略方法可以采用以下几种。

1. 家校配合,培养拓学习惯

一二年级是小学生学习习惯养成的重要阶段,家长是孩子的第一位老师,在拓展环节中,教师可以充分利用家庭教育资源,鼓励家长与孩子一起进行亲子阅读、交流分享、益智游戏等活动,促进学生的学习和成长,达成以下良好拓学习惯。

建立良好的阅读习惯:一二年级的学生正处于阅读能力培养的关键期,家长和教师可以通过鼓励孩子阅读适合其年龄段的书籍和绘本,并给予适当的阅读指导和建议,培养孩子的阅读兴趣和习惯。

注重基础知识的学习:一二年级是学生基础知识掌握的关键时期,学生需要掌握拼音、识字、写字、数学等基础知识和技能。家长和教师可以引导学生在课后进行适当的练习和巩固,帮助学生打下坚实的基础。

培养良好的学习习惯:一二年级是学习习惯培养的关键期,家长和教师可以引导学生在课后建立良好的拓学习惯,如制定课后学习计划等。除了基础知识的掌握,还可以引导学生在课后拓展学科知识面,如学习科学、文化等方面的知识,拓展学生的视野和认知。

总之,一二年级课后拓展学习需要注重基础知识的学习、培养良好的学习习惯、拓展学科知识面以及鼓励学生参加社会实践等方面。通过这些措施的落实,可以帮助学生更好地适应小学学习生活,提高综合素质和学习成绩。

2.课程育德,树立正确价值观

对于一二年级的学生,他们正处于形成自我意识和基本价值观的关键时期,这个阶段树立正确的价值观对他们的一生都有着重要的影响。因此,在教师设计拓学环节时,可以考虑渗入一些与课堂相关的情感价值观,深入激发学习者对正确价值观的认知,发挥有利因素,促进个人健康、社会发展,服务现代化建设。

如:在《认识钟表》一课中,在课程最后拓展时,可以展播一段关于时间流逝的视频,让学生了解到"时间可贵,我们应该珍惜时间"的情感价值观;在学习《小马过河》一课中,引导学生认识到小马遇到了河流的阻碍,但它并没有因此而退缩,而是勇敢地面对挑战,不断尝试,最终成功地渡过了河流。这告诉我们,只要我们有勇气和毅力,就能够克服困难。又如:在学习《朱德的扁担》一课中,可以让学生回家观看影视作品,了解英雄人物事迹,陶冶学生的爱国情操,从小在心中埋下一颗爱国的种子。

在一二年级教学中将德育和教学的关系做到寓德育教育于知识教学之中,通过德育的渗透,不仅拓展了学生正确的价值观,同时还引导学生善于发现、善于创造,把握教材的思想性,遵循德育教育的阶段性,发挥学生的主体性,长期坚持,必定会收到良好的教学效果。

3.实践体验,拓展学生综合素养

一二年级的学生,不太喜欢烦琐的文字学习,更喜欢动手操作的实践体验式拓学方式。因此,教师在设计拓学环节时可以结合课堂知识与实践,创设有价值有意义的活动,让学生走出课本,体验真实生活,增强知识的应用能力,从而激发自己的学习欲望,增强学习的热情和自信心。在拓学环节,教师可以设计让学生观察生活、动手制作、参加社会活动等方式拓展学生综合素养。

如学习《认识米》一课中,教师可以让学生课后用软尺到学校各场所让学生测量,并在情境引导下促使学生深入探究。

除了拓展知识相关的能力，还可以去鼓励学生参加社会实践，如参观博物馆、动物园等，通过亲身经历来拓展孩子的视野和认知，同时也可以培养学生的社会责任感和实践能力。

综上所述，通过以上的"问学·体验"阳光课堂教学的实施策略与案例分析，我们深入探讨了如何有效提升一二年级学生的学习兴趣和培养良好的学习习惯。需要综合考虑这个年龄阶段的学生心理发展特点以及学习特征，每个班级学生的情况可能会有所不同，因此在实际教学中要灵活运用，根据具体情况找到合适的策略，才能达到最好的教学效果。

第二节 小学三四年级"问学·体验"阳光课堂教学的实施策略与案例分析

随着学习难度的增加,三四年级的学生开始接触到更复杂的概念和学科内容,学生的理解和接受能力也开始得到更广泛的提升和扩展。他们不再仅仅是记住简单的知识点,而是开始主动探索知识之间的联系,培养独立思考的能力和解决复杂问题的技巧。本节内容分析了三四年级的心理发展特点及学习特征,阐释了"问学·体验"阳光课堂教学在三四年级的应用,提供了该范式在这一阶段应用的典型案例,便于一线教师借鉴,并能结合自身实际进行迁移和创新。

一、小学三四年级学生心理发展特点

(一)认知发展

依据皮亚杰的认知发展理论,学生在认知演进过程中会经历若干阶段。9—10岁学生处于具体运算阶段,此阶段学生可开展更复杂的认知活动,涵盖抽象思维与逻辑推理能力的发展。他们的思维模式已进阶至抽象思维层面,逻辑思维能力显著提升,能够从多元视角分析问题,形成独立的思考与判断,可运用逻辑推理解决简单问题、理解抽象概念,并初步具备推理能力。与此同时,他们对周遭事物的认知更为深入,能更精准地辨别颜色与形状,记忆更多信息细节,且开始注重细节与规则。此外,10岁学生的记忆力与注意力也大幅增强,信息处理能力显著提升。

(二)情感发展

埃里克森的心理社会发展理论提出,学生在各发展阶段均会面临特定的心理社会危机。9—10岁阶段的学生正经历"自我认同与角色混淆"的危机期,这一阶段的核心是自我意识与个体差异的显现。此阶段学生的情感发展持续推进,自我意识与个性特征愈发鲜明,开始关注自身外表、身份地位及情感体验,更擅长自我表达与情感管理。他们对周围人与事的感知更为深刻,能准确理解他人的情感与需求,重视人际关系,学习如何与他人相处并顾及对方感受,同时也会产生恐惧、焦虑、愤怒等复杂情感体验。

(三)社交行为

维果茨基的社会文化理论强调社会环境对学生认知发展的关键作用。在此理论框架下,9—10岁学生开始更敏锐地感知社交环境,并尝试在其中定位自我。这一阶段学生的社交行为发生显著变化:他们开始注重社会认同,能够更娴熟地与他人交流、自如表达观点与需求,群体意识愈发清晰,关注自己在群体中的地位与角色;同时也逐渐学会合作与分享,能更愉悦地与同伴互动学习。

(四)行为表现

班杜拉的社会学习理论指出,观察与模仿是学生学习的重要途径。9—10岁学生更倾向于通过观察模仿他人行为,这可能导致特定行为问题或习惯的形成。这一阶段学生的行为表现具有双重特征:一方面,他们展现出更自信坚定的态度,注重行为规范与礼仪,以更积极的态度主动参与各类活动与运动;另一方面,也存在缺乏耐心、自控力不足等行为问题。

(五)总结

三四年级学生的年龄集中在9—10岁,这是成长过程中的关键阶段。在此阶段,学生开始接触更丰富的知识与社会环境,其心理特征与行为表现蕴含诸多值得关注的发展特点。

二、小学三四年级学生学习特征分析

三四年级是学生学习能力发展的关键转折期,他们正从低年级的依赖学习模式向高年级的自主学习模式过渡。这一阶段的学习特征可从认知、情感、社交、学习动机及个性化教学需求等维度展开分析,具体如下。

(一)认知发展：夯实基础技能

三四年级学生的认知发展符合皮亚杰"具体运算阶段"特征,已初步掌握读写、计算和语言表达等基础能力。他们能流畅阅读简单文本、完成基础数学运算,并在日常场景中清晰交流。但这些技能仍需持续强化,以筑牢高阶学习的根基。

(二)思维突破：独立思考萌芽

此阶段学生开始展现皮亚杰理论中"形式运算阶段"的思维特质,不再完全依附教师与家长,逐渐形成独立观点。他们已能进行初步的逻辑思考并表达见解,教师可通过引导启发,着重培养其批判性思维与创新意识。

(三)社交进阶：合作能力提升

依据维果茨基社会文化理论,三四年级学生的社交能力显著发展。他们能更融洽地与同伴及成年人互动,逐步掌握合作技巧与冲突解决能力。这一阶段的社交发展对学生情感健康与人际关系构建具有关键意义。

(四)动机觉醒：自主学习驱动

基于自我决定理论,该阶段学生的学习动机显著增强。他们开始认知到学习的价值,主动参与学习的积极性提升,将学习视为自我成长的重要途径,展现出更强的内在学习动力。

(五)教学适配：关注个体差异

多元智能理论表明,三四年级学生的个体差异逐渐显现,因此需实施个性化教学。教学策略与内容应贴合学生的兴趣偏好、学习风格与能力层级,通过因材施教促进每位学生的全面发展。

三、"问学·体验"阳光课堂教学范式三单设计策略

三四年级是学生思维、能力和情感发展的重要时期,相较于一二年级,他们已有了一定的学习经验和知识储备。为了更好地满足这一阶段学生的学习需求,提高教学效果,接下来以人教版教材为例,谈谈如何针对三四年级学生的特点进行三单(引学单、问学单、拓学单)的设计。

（一）教材分析

人教版教材针对三四年级学段的教材设计,在难易度、对学生的影响以及对教学的影响三个方面都体现了精心规划和科学安排。

首先,从难易度上看,人教版教材三四年级的内容相对于一二年级更加深入和复杂。在语文学科中,生字词的难度逐渐加大,阅读理解的要求也更加严格;在数学学科中,开始涉及更为抽象的概念和计算,如小数、分数等。这些内容对于学生来说有一定的挑战性,需要他们具备一定的思维能力和分析能力。

其次,教材对学生的影响是全面的,三四年级的教材内容对于学生的知识储备和能力发展有着重要的影响。通过这一阶段的学习,学生可以建立起较为完整的知识体系,为后续的学习打下坚实的基础。同时,这一阶段也是学生思维能力、观察能力、动手能力等各方面发展的关键时期。

最后,对教学的影响方面,人教版教材三四年级的内容对于教师的教学提出了更高的要求。教师需要具备一定的课堂组织能力和教学方法,引导学生进行探究学习、合作学习等多样化的学习方式。同时,教师还需要关注学生的个体差异,满足不同学生的学习需求。

（二）课前引学单设计策略

三四年级的学生已经有了一定的课前引学习惯,但由于知识系统难度的提升,这一阶段要注重培养学生系统的引学能力,为五六年级打下基础。因此,在设计引学单时,可以采用如下策略。

1.设置基础问题,引导独立思考

三四年级的学生正处于知识累积的关键时期。因此,在设计引学任务时,要注重基础知识的学习和掌握,如词汇、语法、数学基本概念等。同时,也要设计一些基础应用的问题,让学生在解决问题的过程中理解和掌握这些知识。

如针对人教版语文三年级《赵州桥》一课,设计了如下的引学单。

◀◀◀ 《赵州桥》引学单 ▶▶▶

班级:_____ 姓名:_____

基础知识:

一、选择加粗字的正确读音(在正确的读音下面打"√")。

隋朝(shuí suí)　　洨河(jiāo xiáo)　　参加(cān chān)

而且(ěr ér)　　拱县(gòng gǒng)　　横跨(héng hén)

二、看拼音写词语。

zhào xiàn　　　chuàng jǔ　　　zhì huì　　　shè jì

(　　)　　　　(　　)　　　　(　　)　　　　(　　)

shí jiàng　　　　lì shǐ　　　　yí chǎn

(　　)　　　　(　　)　　　　(　　)

三、根据解释写出词语。

1.历史上遗留下来的各种财富。(　　)

2.牢固,结实,结合得紧密,不易被破坏。(　　)

3.在正式动工前,根据预定的目的、要求,制定的方法、图纸等。(　　)

4.雄壮而伟大。(　　)

4Q 回应

1.朗读课文,理清思路,说说课文每个自然段写了什么?

2.查阅资料,你还知道哪些"我国宝贵的历史文化遗产"?

通过给加点字选择正确读音、看拼音写词语等引学任务,让学生对字、词、句、段等基础知识在课前有前置学习经验,同时也养成系统的引学习惯。

又如针对人教版数学三年级《年、月、日》一课,设计了如下的引学单:

◀◀◀ 《年、月、日》引学单 ▶▶▶

1.在2021年的年历表中,圈出你比较喜欢的日子。(如:生日、节日等)

2.观察2020年、2021年的年历,记录每月的天数。

(1)一年有(　　)个月。每个月的天数相同吗?

(2)你会根据天数的特点给月份分类吗?

有31天的月份是_____。

少于31天的月份是_____。

(3)你怎么记忆每个月的天数的呢?(结合数学书上的内容思考记忆方法)

3.结合76页、77页2011年和2012年的年历观察,你还发现了什么?还有什么想解决的问题吗?

通过观察年历卡、找特殊日期、观察月份天数、计算一年天数等系统的引学任务,可让学生在课前对年、月、日之间的关系,大月、小月、特殊月等基础知识有一个初步的认识。

2.新旧知识衔接,突破知识壁垒

为三四年级设计引学单时,往往有许多学习任务需要利用新旧知识联系来进行迁移思考,这时,可以通过知识回顾、知识联想等方式设计一些问题或任务,让学生复习已经学过的旧知识。学生联想已经学过的旧知识,可以帮助他们巩固旧知识,认识到新旧知识之间的联系,并为新知识的学习打下基础。实现新旧知识的衔接和突破知识壁垒,帮助学生更好地掌握知识和提高学习能力。

如人教版数学四年级《小数的意义和性质》一课,设计引学单时,关注"观察比较 0.1 m、0.10 m、0.100 m"这一问题,通过单位之间的关系,将小数转化为分数、整数进行比较,使学生对小数的意义有更加清晰的认识,同时也对小数、分数、整数之间的联系更加明确。

3.结合实际生活,增强实践体验

三四年级正处于知识和社会环境融合的关键时期。因此,当学习任务与生活实际相关联时,课前的引学任务可安排具有实际意义的引学任务,如通过线上线下阅读、实地考察、社会实践、与家长交流等方式,鼓励学生投入实践活动中,加深对知识的理解,增强学生的学习体验。

如人教版语文四年级《爬山虎的脚》一课,为了使学生对爬山虎有真实的了解,能够在生活中发现爬山虎的生长位置、植物茎叶的颜色变化、怎样一步一步往上爬的,并从中体会到作者对大自然的喜爱,可以在布置课前自主引学任务时,将学生引学任务的重点放到了实践观察上。

第一,在哪里可以看到爬山虎的身影,它的颜色及其生长状态是怎样的;第二,摘一小节爬山虎,仔细摸一摸,看一看它的叶子和脚到底长什么样;第三,回家后想一想,在不同的季节爬山虎的叶子和脚的颜色及生长状态,四季有没有不同之处;第四,用网络查一查,爬山虎是怎样一步一步往上爬的,可以用语言描述或简笔画等形式将它记录下来。通过对爬山虎的实物分析,学生能够对新课内容有更系统、更全面的掌握。

又如教学人教版数学三年级《千米的认识》时,在已经认识毫米、厘米、米这几个长度单位的基础上,如何让学生理解更大的长度单位千米呢?这时,我们可以设计趣味实践引学单:去体育馆走100米、1000米看需要多长时间,跑100米、1000米呢?通过自己亲自走一走,建立起1米与1000米的长度联系,感知1千米的具体长度。同时,通过计时,理解长度与时间的关系,搭建解决路程类练习的通道。

总的来说,为三四年级的学生设计引学单时,要注意基础知识的掌握和独立思考能力的培养,鼓励自主性学习并让学生认识到知识性学习与生活实际息息相关,让学生在力所能及的引学任务中感受到知识的乐趣和应用价值。

(三)课中问学单设计策略

在"问学·体验"阳光课堂教学范式下,"问学单"设计的好坏,将直接影响到一节课的有效性,由此,教师对"问学单"的设计要特别重视,每一课的互学内容,都仔细推敲、反复琢磨。与设计引学单的理念相同,针对三四年级这一年龄阶段的学生,设计问学单时,可采用如下策略。

1.关注重点问题,明确目标导向

三四年级是培养学生基础知识和技能的关键时期。由于这一阶段的学生专注力不够,学习能力还有待加强,因此,设计问学任务尽量不要面面俱到,避免多而杂的问题,重点关注核心问题。设计理念一是分析学习目标,明确哪些目标是学生可以通过引学掌握的,哪些目标是需要通过课中互学和教师导学才能突破的。二是分析学情,通过课前引学单的学习检测,明确学生的学习痛点。设计问学单时,紧扣本课的学习目标和学生学情,设计1—2个主问题,解决课标和学习难点。

如人教版数学四年级《三角形》一课,这一课的学习目标是"1.明确三角形的定义,了解三角形的特征。2.认识三角形的高,能画出三角形指定底边上的高,明确底和高的对应关系"。学习目标多,但并不需要针对每一个学习目标进行问学任务的设计,针对学生"画高"这一困难点,可设计如下问学单。

<<< 《三角形》问学单 >>>

【我的目标】

认识三角形的高,能画出三角形指定底边上的高,明确底和高的对应关系。

【我的研究】

一、什么是三角形的高?

从三角形的一个顶点到它的对边作一条垂线,顶点和垂足之间的线段叫作三角形的高,这条对边叫作三角形的底。

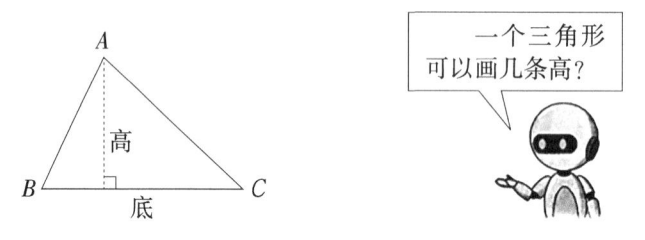

一个三角形可以画几条高?

二、画三角形指定底边上的高

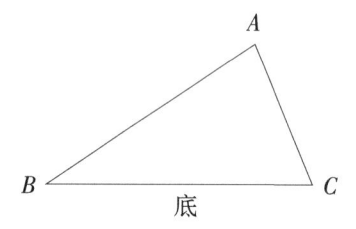

三、你还有什么疑问?

小组交流时说出你的疑问。

通过认识高、画高这样两个主任务的问学,学习能力较强的学生可以通过独立自学解决这一重难点,学习能力较弱的学生可以通过小组互学、展学以及教师的导学来实现对这一重难点的突破。

2.设计图表问学,培养结构化思维

结构化指将复杂问题分解为更小的组成部分,并建立它们之间的联系,从而更好地理解和解决问题。三四年级是结构化思维培养的好时机。如何通过设计图表式的问学单来培养结构化思维呢?首先是确定目标和主题;其次是围绕目标和主题提出关键问题,这些问题应根据重要概念、关系和逻辑来展开;最后是根据不同的文本特点设计图表。图表可以是常用的问答式、填空式,还可以采用画图式、表格式、线轴式、思维导图等形式帮助学习理解。

如人教版语文三年级《昆虫备忘录》一课,可设计表格式问学单。

◀◀◀ 《昆虫备忘录》问学单 ▶▶▶

填写表格

昆虫	昵称	特点
瓢虫	花大姐	硬翅上有黑色小圆点,并且有定数
独角牛		
蚂蚱		
蜻蜓		

像这样有比较、有异同的课文,我们在问题的设计时就可以采用上述的表格式,设置表格时把异同点分栏列举,可以帮助学生快速掌握学习内容。

对于这个年龄段的学生来说,应考虑他们的发展水平,问学单的设计应注重趣味性、直观性、层次性、合作性和探究性,设计具有研讨价值的核心问题,在有限的时间内突破该课的重难点,设计具有思维逻辑的直观图表,培养学生的结构化思维能力。

(四)课后拓学单设计策略

拓学单以引学单为教学起点,将教学内容向课前转移,而后积极推进问学单,到课堂交流分享、展讲环节,最后到拓学单,是学生学以致用的关键一环。为三四年级的学生设计课后拓学单时,应充分考虑他们的年龄特征和学习需求,可采用如下策略。

1.设计层次性任务,明确学习目标

在设计课后拓学单时,应以课堂内容为基础,明确学习目标和重点,同时,针对学生的个体差异和发展水平的不同,有层次地设计不同难度和形式的任务,让学生根据自己的能力和兴趣选择适合自己的任务完成。

如:人教版英语三年级《Unit1 Welcome back to school B》,可这样设计拓学单。

◀◀◀ 《Unit1 Welcome back to school B》拓学单 ▶▶▶

一、写中文意思

1.she_____ 2.he_____ 3.student_____ 4.teacher_____ 5.pupil_____

6.Where are you from?_____ 7.She's a student._____

二、在四线格中书写单词

pupil　　　　　hand　　　　　cat　　　　　teacher　　　　　she

三、选出不同类的单词

（　　）1.A.girl　　　　　B.boy　　　　　C.friend

（　　）2.A.teacher　　　　　B.welcome　　　　　C.student

（　　）3.A.China　　　　　B.friend　　　　　C.Canada

（　　）4.A.he　　　　　B.pupil　　　　　C.she

（　　）5.A.new　　　　　B.UK　　　　　C.USA

四、单项选择，并将序号填在题前括号内

（　　）1.This is Amy._____is a student.

A.He　　　　　B.She's　　　　　C.She

（　　）2.——_____　　　　　——I'm from Chongqing.

A.What's your name?　　　　　B.What about you?　　　　　C.Where are you from?

（　　）3.你想知道对方来自哪里,应该说：

A.I'm from China.　　　　　B.Where are you from?　　　　　C.He is from the UK.

（　　）4.——We have two new_____today.

A.teacher　　　　　B.friend　　　　　C.friends

（　　）5.——Where are you from?　　　　　——_____

A.I'm Amy.　　　　　B.I'm from UK.　　　　　C.I'm from the USA.

通过这样的拓学单,学生选择性地针对自己的学习特点选择学习任务,对需要掌握的字、词、句等加强记忆,有助于教学目标的达成。

2.针对学习难点,精准打击痛点

三四年级的学生正处于成绩分化的重要时期。根据教学经验,在部分知识点掌握后,紧随而来的可能是各种各样由于理解不同而造成的问题。因此,在设计拓学单时,可以紧紧抓住这些学生容易出现的痛点,可以设计一些针对难点和重点的练习题目,增加一些解析和讲解,提供一些学习技巧和策略等形式设计拓学任务,能在今后大大减少发生这类错误的概率。

如:人教版数学四年级《三角形》一课,学生在画高时最容易出现这样的问题:第一种,从一条边到另一条边作一条垂线;第二种,从一个顶点到对边作一条斜线。这类问题在学习《三角形》后频频出现。因此,可以这样设计问学单。

◀◀◀ 《三角形》拓学单 ▶▶▶

下列三角形的高画对了吗?把不对的改正过来。

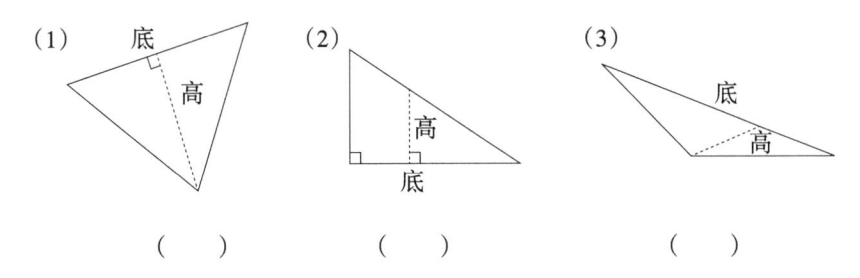

(1) 底 高 ( )　　(2) 高 底 ( )　　(3) 底 高 ( )

像这样,紧抓容易出现的问题,让学生对三角形的高的概念有一个更清晰、明确的认识,从而也能大大减少这类问题的出现。

3.提供资源引导,全面深化拓展

新时代对人才的要求越来越高,学生不仅要学会用课本上的知识解决"死"问题,还要能够突破"死"问题,跨越"活"知识。为了帮助学生进行课后拓展学习,提供适当的资源是必要的。教师可以根据学习目标推荐一些相关的阅读书籍、网站或其他学习资源。由一点出发,围绕主题作出拓展,指导学生进行比较分析、讨论、思考,能够更全面地了解和掌握相关知识点。

如:教学人教版语文四年级《绿》时,设计如下拓学单。

◀◀◀ 《绿》拓学单 ▶▶▶

一、你还知道哪些绿?

_____

二、艾青和宗璞的文章都表达了对"绿"的喜爱之情,朱自清的笔下的"绿",又带给你怎样的感受呢?

瀑布在襟袖之间;但我的心中已没有瀑布了。我的心随潭水的绿而摇荡。那醉人的绿呀,仿佛一张极大极大的荷叶铺着,满是奇异的绿呀。我想张开两臂抱住她;但这是怎样一个妄想呀。——站在水边,望到那面,居然觉着有些远呢!这平铺着,厚积着的绿,着实可爱。

——节选自朱自清《绿》

三、仿照课文写一写其他颜色的小诗。

四、搜集艾青的诗歌,为诗歌朗诵会作准备。

同一题材在不同的文学者笔下,也有不同的情感倾诉,"仁者见仁,智者见智"。拓学单中,拓展阅读了朱自清的《绿》,以及搭建了仿写平台,要求阅读更多艾青的诗。这一系列的拓学任务,无一不凸显了新课改加大课后阅读的要求,学生会更容易地领会文章的主题,升华学生的思想。

通过以上策略,可以为三四年级的学生设计有效的课后拓学单,帮助他们更好地理解和掌握课程内容,提高他们的自主学习和问题解决能力。

四、"问学·体验"阳光课堂教学范式实践策略

"问学·体验"阳光课堂教学范式以学习为中心,以学生自学、互学、展学为主体,使传统课堂中教师"一言堂""填鸭式"等教学问题得到了一定程度的解决,课堂在一定程度上变得活跃了,但却出现教师盲从和形式化倾向。由于三四年级的学生认知水平、学习能力等因素,课堂教学仍需要通过教师适时引导点拨、归纳总结等。

(一)问学策略

课前问学是一堂课的起点,虽然时间短,但也十分重要。除了要注重启发性、趣味性、关联性以外,针对三四年级的学生年龄特点,还可以采用如下策略。

1.开门见山,明确学习目标

对于三四年级的学生,他们还处于形象思维阶段,对事物的认知更倾向于直观和感性。因此,在导入新课时,可以采用开门见山、明确学习目标的方法,直接告诉他们本节课要学习的内容和目标,让他们能够明确自己的学习任务和目标,确立全课基调,从而激发学习动机,使学生保持旺盛长久的注意力。

如:人教版数学四年级《三角形》一课。

教师通过出示金字塔、大桥、自行车等图片(见图5-4),让学生自主发现三角形在生活中无处不在,从而引出课题,提示本课的学习目标。这样的问学既能激发学生的学习兴趣,又指向明确,使学生快速进入学习状态,提高他们的学习效果和效率。

图 5-4 《三角形》问学课件图

2. 尖刀破冰，直击学习痛点

由于三四年级是学生学习分化的重要时期，在这一阶段，可采用"尖刀破冰，直击学习痛点"这一种非常有力的问学策略，它旨在针对学生在学习中遇到的问题和困难，直接、有效地提供解决方案。

首先，教师根据自己平时的观察、学生引学单的反馈以及积累的教学经验等了解学生的疑惑点。其次，在问学环节明确本节课或本次课程的目标，即要解决学生学习中的哪些痛点，通过列举的方式，列出学生在学习中遇到的常见问题和困难，这些问题和困难可以是关于学习方法、学习习惯、考试成绩等方面的。最后，对于列举出的痛点，进行分析，引导学生找出问题的原因和根源。

如：人教版语文四年级《囊萤夜读》一课。

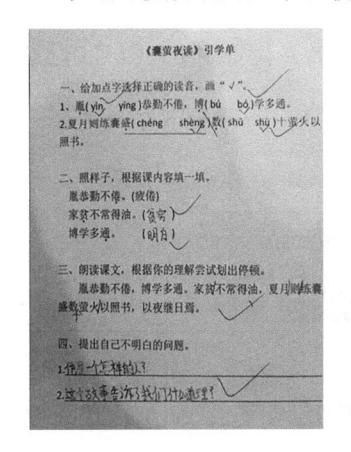

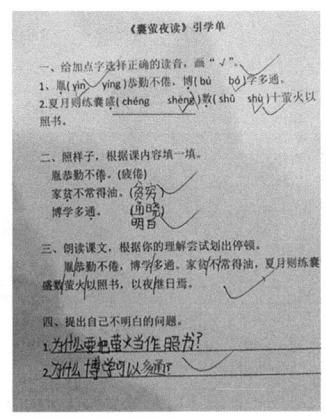

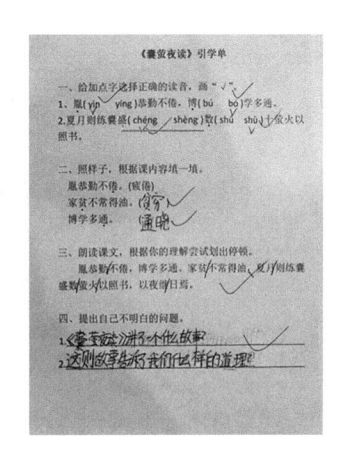

图 5-5 学生引学单检测情况资料

通过图 5-5 学生引学单的检测情况资料出现了"盛"字读音不准的问题。课前问学环节，老师直接出示课前引学单中出现的问题，并针对"盛"这个多音字的读音存在分歧的情况进行了引导:"你认为在文中应该读什么呢?能说说理由吗?(这里是说用白色口袋来装萤火虫,是装东西的意思,所以应该读chéng。)你们同意这种看法吗?请同学们把正确的读音写在这个字的上边,再读一读这句话。"这样一来,学生能快速找到自己的问题,从而进入新课的学习状态。通过针对自学时发现的难点进行问学,在较短的时间内对学生在学习中出现的问题进行针对性解答。

总的来说,三四年级的学生对事物的认知更倾向于直观和感性,针对这一阶段的学生,教师应注重激发学生的学习兴趣和好奇心,联系生活实际,设置情境,引导学生积极思考,使用多种问学方法,有效提高学生的学习效果和效率。

(二)互学策略

互学是指在小组或团队中为了完成共同的任务,经历亲手实践、自主探究交流的过程,是有明确责任分工的互助性学习。在一二年级的互学通常是以同桌(2人)互学为主,而三四年级的学生的社交行为发生了很大的变化,他们能够更加熟练地与周围的人进行交流,有了更加明显的群体意识,也开始学会了合作和分享。因此,三四年级学生的互学与一二年级学生的互学有了明显的区别,可以采用如下策略。

1.创建小组,为合作赋予力量

创建小组可以促进学生的合作学习和互动交流,如何有效创建小组,可按如下步骤进行:首先,要确定小组规模,根据学生的个性、兴趣、学习、智力等多方面因素,按照"组间同质、组内异质"的特点进行小组搭配,通常由4名学生为一组;其次,要确定小组结构,通常按潜力生1人(1号组员)、中等生2人(2号、3号组员)、优等生1人(4号组长)的结构组成,座位可如图5-6安排。

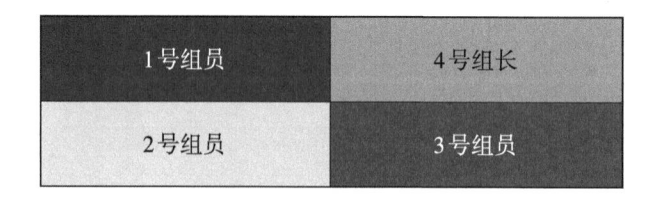

1号组员	4号组长
2号组员	3号组员

图5-6 小组搭配示例图

这样安排,小组内4号组长和1号组员同桌,能够及时帮助组员提升,组内成员取长补短、共同提高。当然,在平时教学实践中,还可根据学生的综合表现随时进行人员调整,以保证小组内竞争活力和合作凝聚力。

2.合理分工,为合作赋予秩序

组内互学时,最忌讳的是无序讨论或组长的一言堂,如何避免这样的情况出现,达到和谐的小组互学氛围呢?根据学生的学习能力和交流能力,每一个"互学小组"都要进行互学的合理分工。

如4号(组长)负责小组的合作交流、展讲汇报的组织、检查监督、表扬批评等,让学生管理学生,权力下放,有助于学生间的交流,也有助于小组合作的顺利进行。3号(组员)负责协调、记录本组学生的发言要点。2号(组员)收集小组成员提出的问题。1号(组员)负责认真倾听,将小组讨论结果在展讲中清楚、准确地汇报。这样每一名成员都有事可做,增强了学生的学习积极性。

如:在教学人教版数学四年级《小数的意义和性质》一课时,学生在互学环节按如下顺序完成互学活动。

4号:下面我们一起来完成问学单,由2号同学作记录,请大家认真倾听。首先,请1号同学先说说你的独立完成结果。

1号:我先来读第1题"你能想到用不同的方法比较0.5元与0.50元的大小吗?"我是这样想的,根据生活经验,我知道,0.5元就是5角,0.50元是5角0分,也是5角,5角和5角是相等的,因此0.5元和0.50元也相等。你们同意吗?

2、3、4号:同意。

1号:接下来我来读第2题"你能想到用不同的方法比较0.1 m、0.10 m、0.100 m吗?"这道题我还没有想到完成方法,你们能帮助我吗?

3号:我可以,这道题我是这样想的,让我们观察米尺,上节课我们学习了小数的意义,0.1 m就是把1 m平均分成10份,其中的1份就是0.1 m,用分数可以表示为$\frac{1}{10}$ m,也就是1 dm。你们同意吗?

1、2、4号:同意。

3号:1号同学请问你受到启发了吗?你能像这样根据小数的意义说出其他两个小数怎么换算成分数和小数了吗?

1号:让我来试一试。可不可以这样想,0.10 m就是把1 m平均分成100份,其中的10份就是0.10 m,用分数可以表示为$\frac{10}{100}$ m,也就是10 dm。你们同意吗?

2号:1号同学你的表达有进步,但是在换算成整数表示时,你可以这样想,把1 m平均分成100份,1份是多少米?

1号:1 m等于100 cm,这样的1份是1 cm,这样的10份是10 cm。

2号:是的,0.10 m是$\frac{10}{100}$ m,也就是10 cm。那么0.100 m呢?你能以此类推吗?

1号:0.100 m就是把1 m平均分成1000份,其中100份就是0.100 m,用分数可以表示为$\frac{100}{1000}$ m,也就是100 mm。你们同意吗?

2、3、4号:同意。

4号:接下来我来总结,因为1 dm=10 cm=100 mm,所以0.1 m=0.10 m=0.100 m,大家同意吗?对于今天的问学大家还有什么疑问吗?

……

小组成员的角色可根据学科表现、课型、成员意愿进行互换,让每一名学生都有机会尝试不同的角色,全面锻炼每一个小组成员的能力。

总之,教师要充分考虑学生的特点和学习需求创建小组,制定合理的计划和方案,同时,为了让学生更好地参与到小组活动中来,也需要提供必要的培养和支持。引导学生之间互相学习、互相帮助,营造积极向上的氛围。

(三)展学策略

三四年级的学生已经具备初步的思考能力,语言表达能力逐渐增强,展学将从一二年级的1—2人转换为4人小组展学,如何能将互学成果清晰展示,可采用如下策略。

1. 合理安排,让展学有序可循

在小组合作中,由于组内异质的特点,要训练学生学会分工合作进行展学。基于组内学生的特点,可按如下顺序安排展学。

第一步,4号组长公布展学顺序。

第二步,1号组员对基础题进行讲解。

第三步,2号组员对基础题进行补充讲解。

第四步,3号组员提出本组的质疑。

第五步,4号组长总结本组展讲,搜集问题并释疑。

2. 结构表达,让展学有质可找

在这一阶段,要训练学生"展学"不只是要开口说,如何指导学生的"展学"从模糊到清晰、从凌乱到有序、从主观到理性、从单薄到有力,还需让表达走向"结构化"。

首先,要有表达顺序上的"一、二、三";其次,要指导学生从零散的碎片中挣脱出来,做到"抓大(结构)放小(细节)"。

如:在教学《点亮小灯泡》一课时,学生要完成如下互学任务。

《点亮小灯泡》科学家笔记

活动二:画一画

1.想一想:可以如何连接小灯泡、电池和两根导线?把你们想到的连接方案画下来。
2.猜想一下,哪些方案能点亮小灯泡。

	方案一	方案二	方案三	方案四	方案五
设计方案并画出两根导线					
实验结果					

活动三:连一连

1.请按照你们的设计方案连一连,在成功的方案下方划"√",不成功的划"×"。
2.想一想,小灯泡与电池、导线怎样连接才能发光?

教师可以指导学生按如下的方式有序和规范地表达。

1号:请大家把目光聚焦到第一幅图,我这样用导线把小灯泡的下连接点与电池的负极连接,再把小灯泡的上连接点与电池的正极连接,这样连接可以点亮小灯泡。

2号:请大家把目光聚焦到第二幅图……

3号:请大家把目光聚焦到第三幅图……

4号:通过刚才的展示,我们组发现,当导线将小灯泡的上连接点、下连接点与电池的正极、负极形成一个圆圈时,小灯泡就能发光,反之,如果某处断掉,或者没有连接成一个圆圈时,就不能点亮小灯泡。

像这样有序而又规范的结构化的展学,能够有条理、结构化地把知识讲清、讲明。

3.技巧示范,让展学有法可学

语言是表达最直接的方式,但有时也是最"苍白"的方式。课堂上也如此,一些学生在表达一些难以描述的问题时,总是努力依靠语言去反复说,深感心有余而力不足。他们所缺乏的是寻求语言之外的一种帮助。在语言不能完全发挥作用时,多指导学生选择画图、做符号、找数据等其他方式来辅助展学,这样的方式既直观,又能清晰表达。

如:人教版数学三年级《笔算除法》,学生在解决42÷2时,可采用学具摆一摆,边摆边展示计算过程,能更直观地将笔算的过程展示出来。(见图5-7)

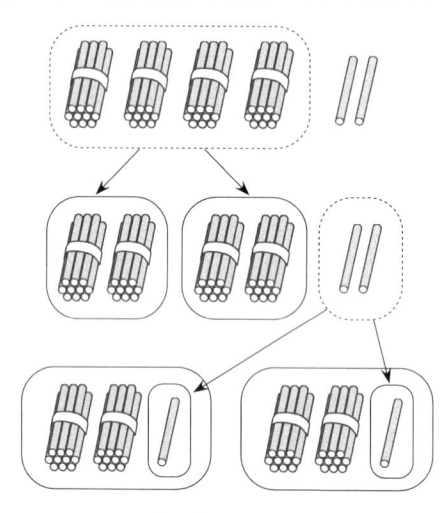

图5-7 《笔算除法》学具操作图

总之,针对三四年级的展学,应该注重示范,帮助学生掌握表达、思维、展示、合作、评价、创新等方面的技巧。通过这些技巧的应用,可以帮助学生更好地展示自己的学习成果,提高学习效果和学习质量。

(四)拓学策略

1.梳理方法,打通学习壁垒

学习活动具有共同特点和规律性,学习方法是对学习规律的总结,能够帮助我们解决在学习中遇到的各种问题,掌握学习方法,可以节省学习时间和提高学习效率。新课结束时,教师可以通过谈话交流的方式,引导学生运用准确精练的语言,对学习方法做出总结和归纳,同时促进学生认知结构的建立和完善,从而提高学生运用知识解决问题的能力。

如:《点亮小灯泡》一课。

教师在课后交流:回顾本课的学习,我们发现同学们的收获真不少。今天,大家一起通过提出问题、获取证据、制订计划、实验操作、解释分析,最后得出结论,发现了点亮灯泡的不同方式。

同时,PPT出示本课学习方法归纳图(见图5-8)。

```
回顾反思 ← 提出问题
        ← 获取证据
        ← 制订计划
        ← 实验操作
        ← 解释分析
        ← 得出结论
```

图5-8 《点亮小灯泡》学习方法归纳图

通过对学习方法的归纳,学生对实验操作的流程有了一定的了解,明确了实验操作的步骤,打通了学习壁垒。

2.资源拓展,多样学习延伸

三四年级的学生充满好奇心,一堂课结束并不意味着教学内容和学生思维的终结,教师可在学过的内容的基础上,适时加以拓展与延伸,鼓励学生探索新的奥妙,引导学生探究新知识的生长点,体验探究乐趣。这样一来,学生的求知欲被充分激发,迫切盼望"且听下回分解"。

如,在教学人教版语文四年级《囊萤夜读》时,教师可进行拓展:"其实,在我国历史上,像这样勤奋好学的故事还有很多。你还知道哪些呢?老师也收集了一些故事(闻鸡起舞、凿壁借光、程门立雪、悬梁刺股、手不释卷……),请大家抽课余时间看看这些故事,学习他们的优秀品质,从他们身上汲取力量,也成为一名勤奋好学、博学多才的人。"

3.新旧衔接,建立知识结构

结构化的教学对于9—10岁年龄的学生来说,有着不可或缺的意义。在拓学环节实现新旧知识的衔接有以下方法:一是可以根据学习目标和计划,建立相应的知识框架和体系;二是可以将新知识与旧知识进行对比和联系,发现它们之间的异同和关联;三是可以关注细节和拓展,将知识点进行深入剖析和横向拓展。这些方法都有助于学生建立知识间的联系,从而更好地理解知识之间的内在联系和逻辑关系。

如:人教版数学四年级《三角形》一课,拓学图如图5-9所示。

回头看

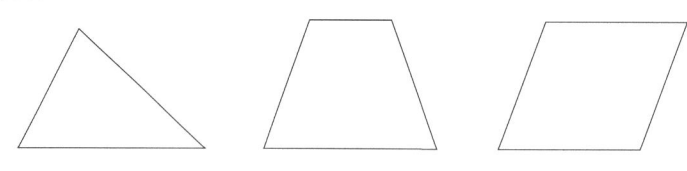

图5-9 《三角形》拓学图

教师:回头看看,今天我们学习了三角形的高,以前我们认识了梯形和平行四边形的高,想一想,这些高有哪些相同之处?有哪些不同之处?

学生:我发现,相同的是,这些高都是作的垂线;而不同的是,三角形的高是从顶点到对边作的垂线,而梯形和平行四边形的高是从边到对边所作的垂线。

以上方法能帮助学生更好地理解课程内容,提高学习效率和学习质量。同时,还是要注意不同学科和个体差异的存在,选择适合自己班级的拓学方法,以达到更好的学习效果。

综上所述,通过以上的"问学·体验"阳光课堂教学的实施策略与案例分析,我们深入探讨了针对三四年级的学习特征如何有效提升学生的学习效率和成果、不同情况下如何选用合适的教法等问题。教育无定法,我们应该根据实际情况灵活选择,充分发挥教育的力量,激发学生的潜能,帮助他们茁壮成长。

第三节

小学五六年级"问学·体验"阳光课堂教学的实施策略与案例分析

小学五六年级的学生有什么心理特点和心理需要，如何利用他们的心理特点，满足心理需要，从而提高整个课堂教学的效果，是五六年级教师应该认真研究的课题。课堂教学是教学工作的中心环节，优化课堂教学是素质教育的关键。那么，影响教学效果的内在因素是什么？答案是学生受教育的心理状态。教师对学生的教育不是简单地将思想观念、道德规范等灌输给学生，而是通过受教育学生现有的心理及心理状态而发生作用的。"问学·体验"阳光课堂教学范式帮助学生在身体、心理、智能、意识等方面生成发展，成为德智体美劳全面发展的人。了解五六年级学生心理素质发展的现状与特点，并结合其在这个阶段的学习特点进行教学，对高效实施"问学·体验"阳光课堂教学，提升学生核心素养，具有重要的理论与实践价值。

一、小学五六年级学生心理发展特点

小学五六年级的学生一般在11到12岁左右，这个时候他们快要进入青春期，身体和心理的发展跟一到四年级时有不少明显的不同。

(一)认知发展

瑞士心理学家皮亚杰把学生的认知发展分成了四个阶段。其中，7到12岁属于具体运算阶段，这时候同学们的认知有这些特点：已经有了抽象概念，思维能"倒过来想"，还能进行逻辑推理；在长度、体积、重量和面积这些方面，知道了"守恒"的道理，也不像小时候那么"以自我为中心"。而11到12岁及以上就进入形式运算阶段，这是思维慢慢走向成熟的时期，大家能通过"命题"的方式思考问题，还会用逻辑推理、归纳或者演绎的方法解决难题。同学们开始更多地接触自然和社会,也有能力发现其中的问题,并且会学习怎么更有效地去理解和解决这些问题。不过,他们解决问题的能力还不够强。这时候,逻辑思维在他们的思考中渐渐占了上风,创造思维也有了很大的进步。

(二)情感发展

美国心理学家埃里克森把人格发展划分为八个阶段,五六年级的同学正处于儿童期。在这个阶段,他们开始形成自己的身份认同,也越来越在意自尊心。老师可以多给同学们支持和鼓励,让他们参加各种活动,教他们怎么面对挑战和失败,这样能帮助他们建立自尊心。随着竞争意识变强,同学们会更关注学习成绩,看到学习好的同学还会产生敬佩之情。他们的独立能力也在提高,喜欢自己组成小团体,不会轻易相信别人的吹捧,自我控制能力也在一步步增强。虽然这个阶段的同学可能会因为学习、交朋友等事情感到压力和不安,但他们慢慢学会了更好地管理自己的情绪,还开始明白不同的情绪表达方式以及怎么应对不同的情绪状态。

(三)社交行为

美国心理学家阿尔伯特·班杜拉提出社交行为理论,这个理论特别关注观察学习和自我调节对人的行为的作用,还深入研究了个人的认知、行为和环境因素这三者之间的相互作用对人类行为的影响。班杜拉认为,学生通过模仿和"强化"来学习怎么和同伴交往,也就是说,他们会观察其他同学的交往行为,从中得到启发,然后慢慢开始和同伴交往。同时,大人对学生之间的交往行为进行强化和鼓励,如在得到提示或指导后,他们和同伴之间的关系就会在榜样和强化的作用下慢慢形成。随着年龄增长,学生的社交技能会比三四年级时更成熟。他们特别渴望和同龄人交往,也更擅长与人沟通、建立关系,还能更好地理解和处理社交问题,不过可能会遇到一些社交小麻烦,比如处理朋友间的冲突或者建立信任之类的。

(四)行为表现

班杜拉觉得学生的行为可以通过奖励和惩罚等方式来塑造,他特别关注环境对学生行为的影响,还强调通过观察和实验来研究学生的行为。五六年级的学生身体发育进入了一个高速发展的时期,这被称为"第二发展期",他们的身高和体重会明显增长,肌肉和骨骼的力量也在迅速变强。他们渐渐意识到自己是一个独立的个体,知道了自己的优点和缺点,开始关注个人形象和别人对自己的评价。他们的集中注意能力有了发展,能集中注意力25分钟左右。注意分配能力也提高了,比如在注意腿部动作的同时,还能注意到手或脚的动作;在注意上、下肢动作的同时,还能注意到重心的变换等。

二、小学五六年级学生学习特征分析

(一)自我意识增强

五六年级是小学阶段自我意识发展的加速期。随着年龄增长,学生对教师的服从机制从无条件信任转向理性判断,开始尝试独立完成任务与解决问题。其行为调控模式逐渐摆脱外部控制依赖,通过内化社会规范形成自律性准则,实现对自身行为的监督、调节与控制;自我认知亦从表层行为的具象化评价,向内在心理品质的抽象化认知深入。

(二)思维更加敏捷

此阶段学生呈现显著的认知活跃性,强烈的好奇心驱动其在学习中展开跳跃式思维,常能发现教师预设之外的问题视角。但思维跳跃性与注意持久性存在张力:五年级学生平均专注时长约25分钟,六年级提升至30分钟。与此同时,记忆力显著增强,逻辑思维在认知加工中渐占优势,创造性思维的发散性与变通性显著发展,求知欲驱动下的独立思考与探索行为,使其进入知识积累的黄金发展期。

(三)竞争意识增强

小学高年级学生的学业社会比较机制逐步形成,对自身学习表现的关注度提升,常将同伴成绩作为自我激励的参照。这种竞争心理虽能激发学习动力,但也可能伴随挫败感与认知疲劳。教育者需引导学生建立合理的成就归因,规避嫉妒心理,通过向优秀同伴学习建构良性竞争生态。

(四)独立组织团体活动

该阶段学生的社会行动力显著发展,具备放学后自发组织团体活动的能力。此类活动往往具有明确目标与结构化行动方案,呈现准社会团体特征,且团体凝聚力较强,具有较高的持续性与稳定性。

夸美纽斯在《大教学论》中提出的"少教多学"教育思想，与减轻认知负荷、追求学习效能的现代教育理念高度契合。基于小学高年级学生的心理发展特征与经典教育理论，"问学·体验"阳光课堂教学范式通过问题驱动与情境体验的双重建构，成为激发学生自主学习、培养高阶学习能力的重要实践路径。

三、小学五六年级"问学·体验"阳光课堂教学范式设计策略

五六年级学生已经有小学低年段和中年段的学习经验，此时学生从具体形象思维向抽象逻辑思维过渡。因此，三单设计需要加强启发性，进而发展学生比较、分析、归纳的能力。

（一）教材分析

教材是按照学科课程标准的要求编写的教学用书，是一个课程的核心教学材料，是教育的重要工具，经过严格审查，整体是富有科学性的。小学高段教材编排特点主要体现在以下几个方面。

1.结构体系更加严谨

与中低段教材相比，高段教材的结构体系更加严谨，知识体系更加系统化。每个学科都有更加详细的章节划分，知识点之间的联系更加紧密，有助于学生系统地掌握知识。

2.学科知识难度逐步提高

随着学生年龄的增长和认知能力的提升，高段教材的学科知识难度逐步提高。在语文学科中，文言文、议论文等难度较大的内容逐渐增多；在数学学科中，复杂的应用题和逻辑思维题逐渐增多；在英语学科中，词汇量和语法知识也逐渐增多。

3.注重学生自主学习能力的培养

与中低段教材相比，高段教材更加注重学生自主学习能力的培养。教材中安排了大量的探究性学习和实践活动，引导学生自主探究、发现和解决问题，有助于培养学生的创新能力和实践能力。

4.图文并茂，生动有趣

高段教材同样注重图文并茂的编排方式，通过生动有趣的插图和漫画等形式，激发学生的学习兴趣和理解能力。同时，教材中还有大量的实例和案例分析，帮助学生

更好地理解和掌握知识。

5.注重德育教育和情感教育

高段教材同样注重德育教育和情感教育,通过课文和活动等形式,培养学生的爱国主义、集体主义等思想意识,引导学生树立正确的价值观和人生观。

总之,小学高段教材编排特点主要体现在结构体系更加严谨、学科知识难度逐步提高、注重学生自主学习能力的培养、图文并茂生动有趣以及注重德育教育和情感教育等方面。这些特点有助于提高学生的学科素养和综合能力,为学生的全面发展打下坚实的基础。

(二)课前引学单设计策略

这一阶段学生学会运用"问学·体验"阳光课堂教学范式中的4Q预习法进行自主预习,自学能力增强,所以引学单的设计和三四年级应该有所区别,以"训练学生思维能力为主,掌握基础知识为辅"的理念,可以运用以下策略。

1.借表格梳理,建构单元整体意识

对于五六年级学生来说,已经初步具备梳理能力,引学单的设计则可以借助表格的形式,帮助学生梳理知识,建构单元整体意识。

如:人教版六年级语文"触摸自然"一课引学单。

◀◀◀ "触摸自然"引学单 ▶▶▶

(语文要素:阅读时能从所读的内容展开去想)

题目	作者	主要内容	一个词或一句话	感受	积累的新词
《草原》					

本单元的语文要素为"阅读时能从所读的内容展开去想",学生在已有经验的基础之上,对字词的理解比较容易,让他们用这样的表格梳理本单元的所有课文,并尝试从所读的内容展开去想,为课堂上突破难点做好准备。

2.指向明确,引入课题

五六年级学生因思维活跃的特点,他们会提出很多关于新知识的问题,但不能自己分辨哪些问题对这堂课有价值。教师在设计引学单的问题时,既要引入新课题,又要为本课的主问题埋下伏笔,让学生提前进入思考主问题的进程。

如:人教版五年级数学《正方体的认识(例3)》

◀◀◀ 正方体的认识(例3)引学单 ▶▶▶

Q1:本课主要讲了什么内容?(写在标题上方)

Q2:你会分析解决例题吗?

①观察手中的正方体,并摸一摸,完成书上练习题。

②用小正方体摆一摆,完成书上做一做(2)。

Q3:我发现了什么?(写在例题与做一做之间的空白位置)

Q4:尝试完成第20页课后做一做之后思考:

我还有什么不明白的问题?(写在"做一做"下方)

引学单的作用是引入课题,为新知的学习做铺垫,问题设计既不能太深奥又必须与新知学习有关。这份引学单设计了正方体认识的基础知识和还有不明白的问题,学生带着问题进入课堂,学习效果会更好。

五六年级学生的思维水平更高,自主学习能力更强,运用以上策略设计引学单,可以让学生更大程度地发挥自身能力,提前进入思考新知的状态,为有质量的课堂教学做好铺垫。

(三)课中问学单设计策略

"问学·体验"阳光课堂教学范式中主要的途径之一就是"问学",相应的"问学单"也成为了一堂课的"心脏",互学围绕"问学单"展开。问题设计精妙,会助力课堂达到期望的高质量。五六年级学生虽然思维能力普遍增强,但因其具有个体差异性,并非全班学生都在同一水平线上,所以设计"问学单"时,也要兼顾学生差异。

1.分层提问,训练递进式思维

人的发展具有差异性,每一名学生的先天素质和后天影响在事实上存在着一定的差别,这种差别的结果必然要反映为他们在学习兴趣和动机、学习气质和能力、学习方法和习惯等方面的差异。对于五六年级的学生来说,正是思维能力高速发展的阶段,更应该将问题设计进行分层。"问学单"的问题设计则要满足每一名学生,遵循"循序渐进"原则,环环相扣、逐层递进,难度从基础→拓展→提高螺旋式上升,且符合小学生的认知规律。

如:人教版语文五年级《田忌赛马》一课。

《田忌赛马》问学单

互学一:孙膑在观察比赛后发现了什么?(用横线在文中勾出),推测一下,他当时是怎么想的。

互学二:从课文我们知道田忌和齐威王经常赛马,推测一下,他们在以前的赛马中是怎样安排马的出场顺序的?

互学三:讨论孙膑为什么要让田忌这样安排马的出场顺序?(用关键词分条梳理)

1._____ 2._____ 3._____

在问学过程中,我们产生的新问题有:

1._____ 2._____

层次鲜明的问题设计,让不同水平学生在巩固知识的同时也获得了解决问题的成就感和自信心。

2. 启发式提问,提升高阶思维能力

与三四年级相比,五六年级学生不再无条件地服从、信任教师,开始尝试自己独立完成任务和解决问题。对于老师直接教的知识已经没有那么感兴趣,更喜欢自己去摸索、探究。在这一阶段,"问学单"上设置的问题就要具有启发性,让学生通过一个问题,联想到更多的问题,用问题链帮助自己推导出答案,激发学生深度思考的动力。

如:人教版数学五年级《最小公倍数》问学单。

《最小公倍数》问学单

互学一:6和9的公倍数有哪些?最小公倍数是几?把想法记录下来。

我们的想法是:_____。

6和9的公倍数是:_____。

6和9的最小公倍数是:_____。

互学二:6和9的倍数、公倍数还可以用集合表示。

6的倍数　　9的倍数

6和9的公倍数

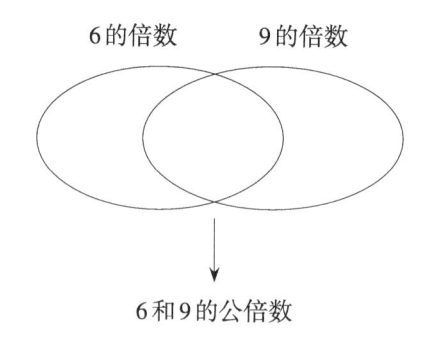

我们的问题是：_____。

"问学单"的灵魂在于"问题","问题"设计好了,对课堂和学生都有很大的助益。分层提问、启发式提问均可以训练学生的思维能力,达到"问学单"的设计目的。

(四)课后拓学单设计策略

一堂好课必定不只是书本上的内容,还需要进行拓展延伸,"拓学单"则成为拓展延伸的重要载体。针对五六年级学生来说,自我意识的增强和社交能力的进步,让他们对拓学特别感兴趣,因为既可以挑战自己获得成就感,还能成为别人崇拜的对象。在问学单的设计中,虽然已经有意识训练学生的高阶思维能力,但是要让学生的思维品质进一步提升,还得好好设计拓学单。

1.联系生活,解决实际问题

五六年级学生开始更频繁地接触自然和社会,并有能力发现其中的问题,他们正在学习如何更有效地理解和解决这些问题。如果设计拓学单的时候能结合生活实际,符合他们的心理发展特点和学习特点,就会让学生觉得学习是一件很有价值的事情。

如:人教版英语五年级 Unit1 My Day A 的拓学单设计。

情景反应,根据图片内容选择合适的句子。

A.　　B.　　C.　　D.　　E.

(　　)1.I play sports at 4:00 p.m.

(　　)2.When do you eat breakfast?

(　　)3.When do you usually eat dinner in Spain?

(　　)4.When do you do morning exercises?

(　　)5.We have math class at 9:20 a.m.

将题目和生活实际相联系,在拓展训练中习得解决实际问题的能力。

2.类比学习,触类旁通

类比的方法有助于更好地揭示事物本质,能够更有效地把握复杂的关联性问题,并从多个不同的维度进行分析,从而便于更好地把握问题。五六年级的学生更倾向于自己探索新知,对事物好奇心增强,但是不会主动进行同类事物对比并归纳出背后的规律。在设计拓学单时,针对学生这一问题进行设计,让拓学更高效。

如:人教版语文六年级下册第一单元复习拓学单。

▸▸▸ 六年级下册第一单元复习课拓学单 ▸▸▸

请同学们课外阅读汪曾祺的《故乡的元宵》、冯骥才的《花脸》、肖复兴的《花边饺》,进一步了解丰富的民风民俗,感受不同作家的写作风格,并用学到的方法标注文章的详略,体会这样写的好处。

用同类文章进行对比学习,有助于学生更深刻地理解知识,激活想象力,为以后边学边联想打下基础。

又如:人教版数学六年级《用反比例解决问题》拓学单。

▸▸▸ 《用反比例解决问题》拓学单 ▸▸▸

(1)有一间大客厅,用面积 9 dm² 的方砖铺地,需要 1200 块,如果改用边长 4 dm 的方砖铺地,需要多少块?

(2)王叔叔开车去送邮件,每小时行驶 50 km,用了 3 h,原路返回时每小时比去时多行 10 km,返回时用了多少小时?

(3)一艘轮船往返于甲乙两港,往返一次需要 8 h,从甲港驶往乙港时,由于顺风每小时行驶 27 km,原路返回时,由于逆风每小时行驶 21 km,甲乙两港相距多少千米?

学习了用反比例解决问题,再遇到其他类似问题的时候是否也能解决呢?设计这样的拓学单,培养学生触类旁通、举一反三的能力,将课上所学形成自身素质,真正提升学生的数学学科核心素养。

五六年级学生对知识难度要求更高,如果还是设计一些简单的拓学题目,将很难激发他们学习的主动性。联系生活实际、进行类比学习将题目难度加大,满足学生的胜利欲,让他们挑战自己的同时也感受到胜利的喜悦。

四、"问学·体验"阳光课堂教学范式实施策略

伟大的哲学家苏格拉底说过,问题是接生婆,它能帮助新思想的诞生。一堂课基本都是以"问题+反馈"的形式,在不断的提问和回答中学到知识、提升能力。"问学·体验"阳光课堂教学范式恰好契合这一特点,以学生为主体,将课堂还给学生。五六年级学生的提问能力相较于三四年级学生来说更强,思维更加活跃,课中导学应让更多的学生参与,以优带差,共同进步。

(一)问学策略

"问学"是"问学·体验"阳光课堂教学范式的主要途径之一,"问学"包含"问"和"学"两个方面,"问"是方式,"学"是目的,是以"问"为前提下的"学"。"问学"模式的运用可以加强互动,从"问"的方面分析,可以是教师问,也可以是学生问。为此,"问学"模式的运用,本质上可以促进教学的多元互动。五六年级学生自主能力更强,可以将课堂还给他们。为了扎实地在五六年级进行"问学",可借助以下策略。

1.设置宽松情境,发挥自主问学积极性

五六年级的学生自我意识增强,要让学生自主进行探索学习,最大限度地发挥创造才能,必须有民主、和谐、宽松、自由的学习氛围,有效地营造民主、和谐的课堂气氛,设置恰当的教学情境是促进学生主动参与学习过程的前提。教师只有积极地营造和谐的氛围,给学生提供一个轻松愉快的学习环境,学生才会积极主动地思考,学生感觉课堂很轻松,自然会碰撞出更多知识的火花。

如:学习人教版小学数学五年级《平行四边形面积》时,教师可以将学生带到操场,以学生熟悉的场景为切入点为学生创设教学情境,并在情境引导下促使学生深入知识的学习探究中。

师:同学们,学校要在操场中用草坪铺设一个平行四边形的活动场地,请你们提出自己的问题,并试着解决。

将数学课搬到操场,以学生熟悉的场景来构建教学情境,离开了教室这种固定场所,学生感觉身心放松,能更好地掌握和应用相关知识。在设定场景下让学生自己提

问,能摸清学生已有的知识经验,还能碰撞出更多的思维火花。

2.适度挑战,增强问学趣味性

五六年级学生探索问题的能力增强,"问学"时则可以增加难度,让学生感觉到一定挑战性,刚好达到他们的"最近发展区",一旦他们对"问学"产生了浓厚兴趣,学习效果就会越来越好。

如:在人教版教材小学语文五年级下册第二单元"古典名著"的导读课上,对于基础一般的学生,只需要求他们掌握阅读古典名著的1—2个方法,能提出一些相对比较简单的问题,并尝试回答。而对于基础较好的学生,则要求他们掌握阅读古典名著的4—5个方法,并能分析名著中部分人物的特点,用思维导图梳理并记在积累本上,如果能针对整本书提问并解决则更佳。

阅读"四大名著"的原著,对于学生来说是比较困难的,所以在"问学"时,教师要做到心中有数,给予不同层次的学生将古典名著读下去的信心。针对五六年级学生,教学中可以更多让学生问,在生生互动中加深对古典名著的理解。

总之,五六年级学生因其年龄的增长,越来越不愿意只当听众,他们更希望自己能成为中心人物。所以,教师在问学过程中要拉近与学生的身体和心理距离,站在平等的地位进行对话,在行动上参与学生的探索活动,与学生开展交流、合作,激励学生大胆进行"问学",并且以"学生问为主,教师问为辅"的方式进行,增加"问学"的挑战性和趣味性,让"问学"更有意义。

(二)互学策略

"互学"是指以"问学单"为载体,在关键问题串的引领下开展的学习活动。教师在生生交流,师生对话中适时、适当地对学生学习活动进行引导和点拨,抓住问题创生的节点推动学生思维的发展,形成善思、敢问、乐学的生态课堂。五六年级学生已不需要教师扶着走,他们能做到自己向前行。

1.优生学会主持,让互学有章可循

五六年级学生在三四年级时已经学会了如何进行小组学习,这一阶段应尽量自己完成互学,每个小组的组长充当小老师。学生的合作是否有效,同组长的主持与指导的好坏是分不开的。因此,在学生开展合作学习的时候,组长应针对小组成员合作中出现的各种问题进行及时有效的指导,帮助其他学生提高合作技巧,顺利完成学习任务。但为了提升学习效果,应先由教师教会小组长如何当小老师。对不清楚任务的成员说明操作程序;对表现良好的组员予以及时的表扬;对合作交流中偏离主题或遇到困难的成员提供及时的点拨;对完成任务的组员进行检查等。学生的小组合作学习有了小组长认真负责的参与和指导,就能避免表面热闹却华而不实的无效合作场面的出现。

如:学习人教版教材小学语文五年级《草船借箭》一课时,学生提出这样一个问题"如何全面评价周瑜这个人?"课堂上学生组成小组进行讨论,热闹非凡,但细细观察时发现,每个组中会有一、两名学生主导着讨论,频频发表自己的意见;其他学生要么在听,要么根本就不参与进去,而是自己看书,不自觉地成了陪衬。讨论结束后进行交流时,起来回答的同学也是学习能力强、表现欲望较强的几名学生。如果在教师观察到小组内有同学没有参与到讨论中,要及时提醒组长关注此成员进入互学状态。

组长:"虽然都说周瑜心胸狭隘,但我认为他也是一个足智多谋的人,有没有哪位同学帮我找找理由?"组长可以将期许的目光投向一言不发的组员。看到组长的鼓励,他就会开口。

组员:"我看过《火烧赤壁》,周瑜和诸葛亮同时想到了用火攻曹操,说明他也很聪明。"

组长(趁机夸赞):"你真是一个会读书的人,从这个最关键的细节中发现了周瑜的另一面。还可以继续帮我找吗?"

本来因为怕说错了会被嘲笑而闭嘴的组员,被组长表扬后充满自信,在课堂上找到了存在感。组长学会了主持同学学习,互学就向前更进了一步。

2.制定互学机制,让互学有据可依

对于小学五六年级的学生来说,其心理特点为易在情感上冲动,如果没有恰当的互学机制,任由小组长随意安排互学,恐难服众,提前设置机制,就显得非常必要。可以安排小组定期进行交流讨论,让小组成员在一次次的小结中,明白互学的重要性和如何进行有效互学。对小组合作成效的反馈,要立足于发展的原则,使学生清楚地知道自己小组的活动与其他小组相比存在着哪些优点和缺点。让他们明白该保留什么、改进什么,可以采用以下两个量表,让学生反思自己的互学过程(见表5-1、表5-2)。

表5-1 学生参与小组合作学习评分细则

参与小组学习活动的表现	评价等级				
	优	良	中	差	总评
与其他同学合作、交流	5	4	3	2	
认真听取其他同学的意见	5	4	3	2	
表达自己的观点和意见	5	4	3	2	
与其他同学共同制定计划	5	4	3	2	
与其他同学共同完成任务	5	4	3	2	
完成自己的任务	5	4	3	2	
帮助其他同学	5	4	3	2	
协调小组成员	5	4	3	2	
促进小组学习活动	5	4	3	2	
与其他同学分享学习成果	5	4	3	2	

表5-2 小组合作学习的有效性观察表

观察内容:小组合作学习的有效性　　　　　　　　观察对象:各小组内的学生

评价内容 分值	小组内学生分工明确（20分）	小组内学生的参与程度（20分）	认真倾听、互助互学（20分）	合作交流中能解决问题（20分）	自主、合作、探究的氛围（20分）	总分（100分）
第1组						
第2组						
第3组						
第4组						
第5组						
总评价						

五六年级学生和三四年级学生有很大区别,教师对他们不能只关注互学的形式,更重要的是关注互学的深度和广度,将课堂还给学生也并非教师完全不管,而是将"怎么组织学习"教给学生中的组长,组长再教给其他学生。

(三)展学策略

展学是学习者把自己学习之后的收获、疑问等展示出来,供他人借鉴或指点。展学是基于输出的学习,大量的实践证明展学的学习效果是最好的。五六年级学生希望自己成为别人崇拜的对象,愿意展示自己,但这个阶段不能只是为了表现,还要提高展学的效果,在展学中提升自己及引导他人,可以运用下面的策略。

1. 合理分工,让展学有条不紊

三四年级的展学主要是一个学生一个学生上台讲,五六年级学生在各方面能力上都有所进步,所以要求合作完成展学过程。根据内容的不同,可能会有讲解、板书、演示等,每个展示小组都应该发挥各个学生的特长,将人才用在合适的位置,学会"排兵布阵"。

如:人教版语文六年级《只有一个地球》展学环节。

◀◀◀ 《只有一个地球》问学单 ▶▶▶

任务一:爱上地球——品析语言,体会"以情动人"

请找出文中的"……但是……"结构话语,体会作者表达的情感。

板书：　　赞美　　　　担心

　　　　　喜爱　　　　生气

　　　　　欣喜　　但是　失望

　　　　　敬佩　　　　沮丧

展讲此任务时,一个同学演示勾画,一个同学板书,小组内其他组员负责补充或者引导另外的同学补充,分工合作,调动全班思维,让展学过程活起来,提升展学质量。

2. 双向展评,提升展学内涵

五六年级学生要在展学中提升自己的沟通能力,不能死板地把答案念一遍。展学的完整表达是"展评式的学习",它是由"展学+评学"联动的过程构成的。通过"展+评"的方式来开展学习,把单向的展示变成双向的展评。双向的展评从广度上来看,展学机会有限,评学机会更多,能调动更多学生参与对话和交流,有利于大面积激活课堂;从深度上来看,通过台上同学的展讲,引发和调动全体学生参与,形成展与评的思维共振、情感共鸣。如何让单向展学变成双向展评呢?答案就是:指导生生回应,引发思维共振。展评的结构化用语如图5-10所示。

如何进行"回应"

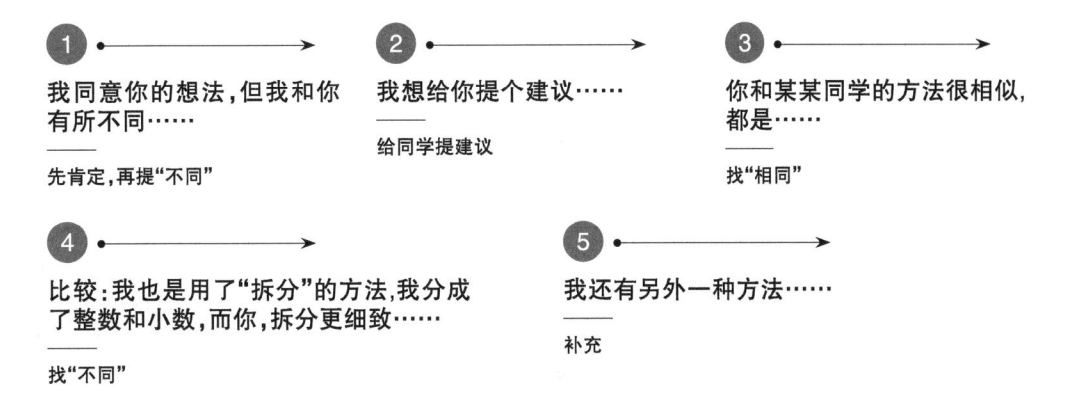

1 我同意你的想法,但我和你有所不同……
先肯定,再提"不同"

2 我想给你提个建议……
给同学提建议

3 你和某某同学的方法很相似,都是……
找"相同"

4 比较:我也是用了"拆分"的方法,我分成了整数和小数,而你,拆分更细致……
找"不同"

5 我还有另外一种方法……
补充

图5-10 展评结构化用语

展学并不只是上台那个小组的事情,在这个过程中,其他同学也有展示的机会,如补充、评价等,需要教师在平时的教学过程中教会学生怎样引发思维共振,怎样恰当给展示的学生评价进而碰撞出思维火花。双向展评可以让展学不只停留在公布答案的浅层次上,而是让学生更像老师,让展学更有内涵。

(四)拓学策略

拓学的核心特点是灵活性和创造性,它强调学习者在掌握基础知识的基础上,积极探索、创新应用,提高自己的学习能力和思维能力。

1.借思维导图,训练归纳能力

思维是智力的核心,要发挥学生的主体作用就必须发展学生的思维能力。在应试教育的模式下,学生的思维往往归结到课本中的结论,然后转入演绎应用,很少给学生独立思考与质疑的机会。即便有个别学生提出不同意见,教师也只重视求同,而不愿意存异,久而久之学生便习惯跟随教师的思路进行思考,不习惯独立思考,也无从存异。而进行素质教育后,必须改变以往的教学模式,启发学生勤学善问,在就事论理中培养能力、发展个性,要提供思维的材料,给予思维的时间,设置必要的疑问,指导辨析的方法。鼓励学生跳出传统的思维模式,开阔视野,运用表格等思维导图梳理知识体系,培养高阶思维能力。五六年级的学生思维敏捷性更强,正是培养高阶思维能力的绝佳时期。

如:人教版语文五年级《人物描写一组》中的知识梳理练习。

人物	两个指头的含义	严监生的表现	严监生的心理
大侄子	两个亲人	把头摇了两三摇	着急
二侄子	两笔银子	把两眼睁得溜圆,把头又狠狠摇了几摇,越发指得紧了	焦急、生气
奶妈	两位舅爷	把眼闭着摇头,那手只是指着不动	气极
赵氏	两茎灯草	点一点头,把手垂下,顿时就没了气	安心

运用表格进行梳理,简洁明了,在巩固基础知识的基础上,培养学生梳理与探究的能力,还可以将方法用到其他部分的学习中,如梳理习作例文《小守门员和他的观众们》,帮助学生更加深刻理解人物写作的方法。

2.跨学科学习,解决实际问题

为响应时代需求和培育时代新人,教育部发布的《义务教育课程方案(2022年版)》中提出各门课程原则上至少要用10%的课时设计跨学科主题学习,这体现了新课标鲜明的导向性——跨学科学习。跨学科性和综合性是跨学科学习的本质特征,强调学科间的关联与整合。因此教师在开展教育教学时,不能仅重视学科自身的知识和技能,更要关注学科之间显性或隐性的联系,并在此基础上结构化组织学习内容。知识的边界并不是固定的,学习者需要跨越学科边界进行学习。五六年级学生具备跨学科学习的能力,但是运用多学科知识解决问题的能力还需锻炼,拓学中设计跨学科学习则会有事半功倍的效果。

如:六年级数学手抄报制作比赛。

比赛规则:学生可独立或合作完成制作数学手抄报,比赛统一用8开美术纸,以"弘扬数学文化·感受数学魅力"为主题,要求规范、整洁、美观,做出个性。各班选出5件优秀作品参加校"小学数学手抄报比赛"。评选出优秀作品参加全校展览。

手抄报内容可包括:数学家的故事、数学名人名句、数学名题、数学趣题、脑筋急转弯、数学日记……

以数学学科核心素养的培养为目标,利用美术、历史、语文等学科知识,一改往日沉闷的刷题模式,增强了数学知识的趣味性、综合性和实践性,最终达到提升数学学科核心素养的目的。

3.创新应用知识,培养迁移能力

学习者需要将所学知识应用到实际生活中,发挥创造性。通过参与科技竞赛、社会实践等活动,学生可以将所学知识和技能应用到实际问题中,提高自己的迁移能力、创新能力和实践能力。

如:尝试改变形式单一乏味、机械练习较多的英语作业布置形式,而代之以富有趣味性、贴近生活的英语课外作业,如:在学习《Unit 1 How can I get there?》后用办手抄报的形式整合词汇和句型。(见图5-11)

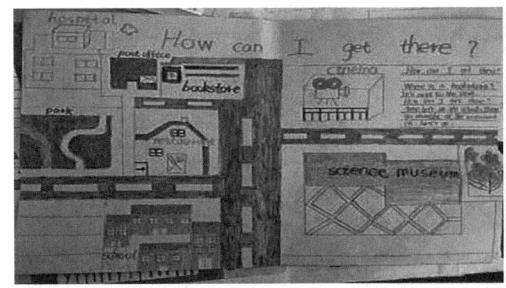

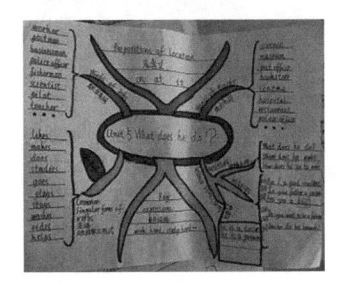

图5-11 英语手抄报

在学完《Unit 5 What does he do?》时,指导学生用思维导图整合单元知识点。

让学生不再把作业当成负担,从组长催交作业变为主动地提前完成,将学习到的方法创新地用于平时生活中,这才是拓学的意义所在。

卢梭认为,教育的艺术是使学生喜欢你所教的东西。无论是在课堂还是课外教学中,只有学生乐于参与,主动参与,学生的思维才会处于活跃状态,吸收知识才会更加迅速,学习也不会让学生觉得是"苦差事"。教师要想运用好"问学·体验"阳光课堂教学范式,就必须得基于五六年级学生的心理特点,找到适合的策略。

第六章

"问学·体验"阳光课堂教学的评价

《义务教育课程方案(2022年版)》对改进教育评价的意见中指出:要更新教育评价观念,强化素养导向,倡导以评价促进学生学习的理念,注重提高学生自我评价、自我反思的能力;要创新评价方式,注重对学习过程的观察、记录与分析,探索增值评价,倡导协商式评价,推进表现性评价。在"问学·体验"阳光课堂实施过程中的课堂评价主要聚焦于学生学习层面的评价,强化过程评价,积极探索实践增值评价。因此,本文所述课堂评价,是指"教师在日常教学实践层面通过观察、交流、作业、测验等手段,收集学生学习信息,以为教和学的改进提供决策基础的活动。课堂评价是对学生学习的评价,重点在于收集学生学习信息并运用信息以促进学习。

第一节
"问学·体验"阳光课堂教学的评价理念

我国以往的教学评价侧重对学生学习结果的判定,仅发挥评价的鉴定功能,导致"唯分数、唯升学、唯文凭、唯论文、唯帽子"现象滋生,加剧评价的"量化"倾向,教学评价优化教学、促进学习的功能未能充分发挥。在此背景下,中共中央、国务院于2020年10月印发《深化新时代教育评价改革总体方案》,明确要求完善立德树人体制机制,扭转不科学的教育评价导向,坚决克服"五唯"顽瘴痼疾,提升教育治理能力与水平,加速推进教育现代化。2022年4月,义务教育阶段新课标正式颁布,对教育教学改革提出更高要求,"教学评一体化"成为评价改革重点。

李心钰、陆宏认为,我国教学评价理念历经"评定选拔阶段、调节控制阶段、个性表现阶段、多元融合阶段":评定选拔阶段侧重人才选拔,弊端是将学生固化于单一学习路径,压抑个性;调节控制阶段将评价作为调控教学过程的工具,侧重评价"教学目标"达成度;个性表现阶段强调学生是学习主体,评价应适应并发展个性,注重过程性评价及评价的发展性、可变性,反对单一数字化测量;多元融合阶段整合多元化评价方式,鼓励运用脑科学与心理学测评、多模态大数据分析、人工智能技术等,实现对学生心理品质与认知能力的深层挖掘,通过多元化评价开展过程性评价,追踪动态行为,践行因材施教。

"问学·体验"阳光课堂教学评价理念秉承个性表现与多元融合阶段的基本理念,以促进学生核心素养为目标,致力于实现评价标准综合化、主体多元化、方法多样化、工具数字化,充分发挥教学评价的反馈、激励与发展功能,推动教学评价现代化发展。

一、评价目标的素养化

教学评价是教育研究的热点,研究者从"评什么、为何评、依啥评、怎么评"展开剖析。"为何评"是首要界定的环节,因唯有明确评价目的,才能科学设计评价内容、标准与方式。

核心素养是学生适应终身发展与社会发展的必备品格和关键能力，包含文化基础、自主发展、社会参与。《义务教育课程方案（2022年版）》从"正确价值观、必备品格、关键能力"构建"有理想、有本领、有担当"的培养目标；《普通高中课程方案（2017年版2020年修订）》提出具有理想信念和社会责任感、具有科学文化素养和终身学习能力、具有自主发展能力和沟通合作能力的培养目标。评价目标设计的素养化指向直接决定评价内容、标准与方法是否指向核心素养培育，因此，提升教学评价目标设计的素养化指向是教学评价设计的核心。

核心素养的提出实现了对三维目标（知识与技能、过程与方法、情感态度价值观）的继承与创新，通过整合体现育人的整体性与综合性，促使评价目标设计从三维目标的学科本位转向核心素养的以人为本，从分立式共存转向融合式共生。因此，"问学·体验"阳光课堂教学评价以促进学生核心素养发展为目标。其次，新课程改革以"一切为了学生的发展"为核心理念，明确新时代"培养什么人、如何培养人、为谁培养人"的根本问题。基于此，该教学评价坚持"以人为本""立德树人"，其本质与目的并非"测评""判断"，而是促进学生与教师的双向发展，即"为了人"的评价。最后，评价过程遵循"尊重人"，不追求"优胜劣汰"或层次划分，而是重视增值评价，关注个体进步幅度，让学生在"持续激励"中发展。

二、评价标准的综合化

育人目标是课程目标的来源，《义务教育课程方案（2022年版）》和《普通高中课程方案（2017年版2020年修订）》分别将人才培养目标构建为"有理想、有本领、有担当"和"具有理想信念和社会责任感，具有科学文化素养和终身学习能力，具有自主发展能力和沟通合作能力"，二者从"理想信念、文化素养、关键能力"构建整体性、综合性的培养目标，因此，注重评价标准的整体性、综合化，才能使教学与评价一脉相承、相互促进。

素养导向下的教学评价标准设计需提升素养化、科学化、育人性和创新性，推动核心素养培育落地。各学科特点与规律存在差异，评价标准需"求同存异"："求同"即确立统一标准，"求异"即保留多元空间，同时注重考查学生整合课内外知识、分析解决现实生活情境问题的能力。

"阳光少年"是积极向上、乐观开朗的青少年典范,其特质贯穿学生生活与学习多方面。"问学·体验"阳光课堂教学围绕"立德树人"目标,以核心素养发展为导向,对学生"品德习惯、学业水平、体育健康、艺术能力、科学素养、劳动实践"等指标进行综合评价。这些要素相互联系、依存,共同承载立德树人任务,构成多元一体的素养架构,推动"五育共评"向"五育共举"转变,结合动态评价与总结性评价,发挥评价的发展功能,最终指向"阳光少年"培养。

三、评价主体的多元化

新课程理念下,课堂教学评价主体需突破以教师为主的单一模式,鼓励同伴、家长等参与,形成学校、教师、学生、同伴、家长等多元主体共同参与的交互评价体系。"问学·体验"阳光课堂教学通过培养学生自我评价能力、开展学生互评活动、引入家长评价,实现评价主体多元化。

具体而言,在培养学生自我评价能力方面:一方面,通过"4Q预习"与"引学单",让学生在课前自评起点、发现问题、明确目标,实现"以评促学",激发学习主动性与责任心,增强教学针对性;另一方面,通过"课后小结"引导学生自评课堂表现,反思优劣,强化自我教育意识,提升反思能力。

在开展学生互评活动方面,教师预设评价量表,为小组互学与全班展学提供评价框架。小组互学前出示量表,明确学习方向;全班展学中,其他组成员对展示内容进行补充、质疑与评价,最终借助评价标准互评,让学生在评价中学会反思,通过"教、学、评"一体化促进核心素养发展。

四、评价方法的多样化

"问学·体验"阳光课堂教学以促进学生核心素养发展为评价目标,其评价方式需与目标匹配,推动评价方法变革。

该教学方法融合结果评价、增值性评价、量表评价、表现性评价、档案袋评价及过程性评价等方式,实现评价方法多样化。具体而言,致力于提升终结性评价的素养化指向,优化纸笔测试的命题内容与形式,强化对学科核心素养的情境性、创新性考查,提升纸笔测试、课堂测试及作业试题的素养性、情境性与创新性;更关注学生"增值"即"进步",摒弃横向分数比较,侧重个体纵向进步评价。

此外,新课标提出"评价要将过程性评价与终结性评价相结合,着重评估学生解决情境化问题的过程和结果"。基于此,该教学尊重学生主体地位,关注个体差异,以表现性评价为主,综合档案袋评价等方式,落实核心素养培养的过程性评价。表现性评价通过课堂观测、随堂练习、师生对话、实验操作、学科实践等开展即时性评价,通过定期交流、主题演讲、成果展示、学生述评等开展阶段性评价,真实评估学生创造性解决问题的素养;档案袋评价以学生才艺作品、进步记录、学习成就等为依据,记录社会实践、跨学科活动表现,拓宽评价视野,实现学科融合。

五、评价工具的数字化

2020年10月,中共中央、国务院印发《深化新时代教育评价改革总体方案》,针对教育评价改革提出改进结果评价、强化过程评价、探索增值评价、健全综合评价的目标,特别强调创新评价工具,利用人工智能、大数据等技术提升教育评价的科学性、专业性与客观性,综合发挥导向、鉴定、诊断、调控与改进作用。

"问学·体验"阳光课堂教学开发评价工具时,注重指向学生核心素养发展,研制《学生综合素质发展评价报告册》《阳光课堂学生评价量表》《阳光小孩评选标准》等工具。大数据时代,探索课堂教学评价新技术、变革评价工具尤为重要。

基于此,该教学采用计算机自适应测验、网络问卷调查、电子档案袋等新型评价技术:设置真实模拟任务情境,考查学生解决实际问题的能力;利用网络采集学情数据,为课前课后教学反馈提供依据,满足学生多样化需求;利用数字画像技术,多维度呈现学生"德智体美劳"发展状况,促进全面发展。

综上所述,"问学·体验"阳光课堂教学通过评价目标素养化、标准综合化、主体多元化、方式多样化、工具数字化,实现课堂教学评价的系统性变革。

第二节 "问学·体验"阳光课堂评价工具开发与应用

课堂评价的目的是促进学生学习,课堂评价包括学习计划、学习、评价、反馈等环节,反馈评价结果既是对当前学习活动的评价,也是对下一阶段学习活动的导向和建议,主要流程如图6-1所示。

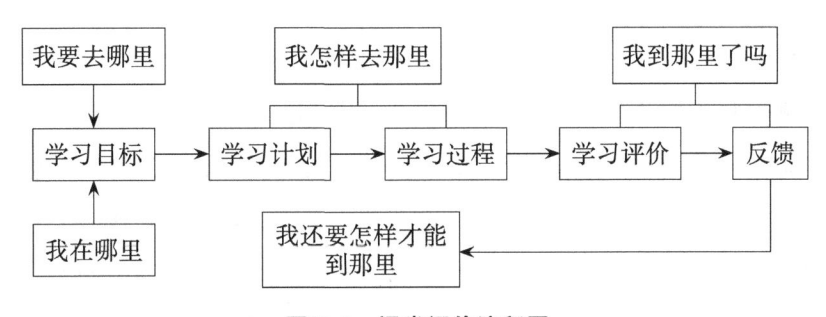

图6-1 课堂评价流程图

一、"问学·体验"阳光课堂评价任务

在曾文婕等主编的《小学课程设计与评价》中关于学本评估的论述中提到,学本评估的显著特点,就是基于整体主义的视野,坚持促进学生学习的信念,涵括、平衡和整合学习化、学习性和学习段评估三种方式。[①]学习化评估主要指学生监控和反思自己学习的评价,实施主体为学生。学习性评估主要指教师调节和改善教学的评价,实施主体为教师。学习段评价主要指鉴别学生学习成效评价,相当于总结性评价。学习化评估、学习性评估和学习段评估对应的是对于学习的评价、为了学习的评价、作为学习的评价[②],"作为学习的评价"根据其实施主体可以划归为"为了学习的评价"。"问学·体验"阳光课堂教学实践中的课堂评价,正是学生和教师为了确定"现在在哪里,应该到哪里,如何到那里"而收集和解释证据的各种形式的实践活动。评价任务即学习任务,

我们根据"问学·体验"阳光课堂教学范式的各个学习环节、活动和活动工具,将评价任务分为学生对学习的评价、教师为了学习的评价两大类。

(一)学生对学习的评价

学生需要随时思考"我现在在哪里""我应该去哪里""我怎么去那里""如何确信自己已经到达那里"和"怎么帮助自己到达那里"等问题,并据此调整自己的学习方式。而学生对学习的评价则是发展和支持学生元认知的过程,学生作为评价者,明确评价任务就是学习任务,在学习评价中反思、监控、调整自身的学习过程。"问学·体验"阳光课堂教学实践中,用于学生"对自身学习的评价"的活动和工具主要有4Q预习、合作学习、展学评价量规、作业量表、反思评价量表等。

(二)教师为了学习的评价

在课堂教学中,教师要围绕学生"现在在哪里""应该去哪里"和"如何更好地到那里"收集和解释评价信息,让学生得到反馈和指引以弥合当前水平与预期目标之间的差距。[3]教师为了学习的评价,是教师采用课堂问答、汇报展示和随堂练习等多种方式将评价融入教与学,捕捉学生有价值的表现,分析学生目前的学习水平,调整教学活动,促进"教—学—评"的有机衔接。"问学·体验"阳光课堂实践中,用于教师"为了学习的评价"的活动和工具主要有拓学单、课堂提问、课堂观察等。(见表6-1)

表6-1 "问学·体验"阳光课堂评价任务

评价类别	评价任务	任务描述
学生对学习的评价	4Q预习	通过预习要点和引学单的引导,开展自主学习和自主评价,促进学生自主学习。
	合作学习	以问学单为工具,在合作学习中开展自我评价和同伴互评,以促进学生合作学习能力得到提高为目的。
	展学评价量规	以解决问学单中提出的问题为主线,通过分享、辩论、反思、教师点拨等方式,开展自我反馈、同伴反馈或教师反馈。
	作业量表	将一组能反映出不同品质程度的样本作品分成不同的等级,学生将自己的作业与不同品质的样本做对照,评价自己作业。
	反思评价量表	通过学生每天的反思,使学生在学习时找到自信,主动探究学习,提高自我评价的能力。

续表

评价类别	评价任务	任务描述
教师为了学习的评价	拓学单	相当于传统的课堂小测，教师以此了解学生的学习情况，并调整学生进一步的学习活动
	课堂提问	提问的评价功能——如果所提的问题适当，教师就可以从学生的回答中获取关于学生达成学习目标状况的信息，进而针对学生的回答提出后续的问题，促进学生学习
	课堂观察	对学生学习活动进行观察，收集关于学生学习的重要信息，作为教师的教学依据

二、"问学·体验"阳光课堂评价工具的设计和运用

与课堂教学整合的课堂评价是评价的主要工具。[④]在课堂评价工具的设计上，教师要理解评价的目的，选择各种适当的评价方法，合理地在课堂教学中开展评价及引导学生开展评价。根据前文所述评价任务，"问学·体验"阳光课堂评价任务和评价工具如下。

（一）4Q预习

4Q预习是学生以引学单为任务引导，开展自主学习的过程。引学单作为学习任务，也是评价任务，所以引学单本身即是一种学生自主学习的评价工具。因此，教师在设计引学单时，要为学生提供明确的引导指令或建议，学生根据引导任务，以及自己个性化的学习风格，选择加工学习内容，学会监督并调整自己已有的思维方式，理解现有知识水平与学习目标之间的差距，调整自己的学习状态和策略，最终养成终身学习的学习素养。

《分数的意义》引学单

学习目标:
1. 了解分数是怎样产生的。
2. 能看着图示,说出分数的意义。
3. 提出自己的疑问。

学习任务:
1. 分数是怎样产生的?
2. 填出图中的分数,并说出这个分数的意义。

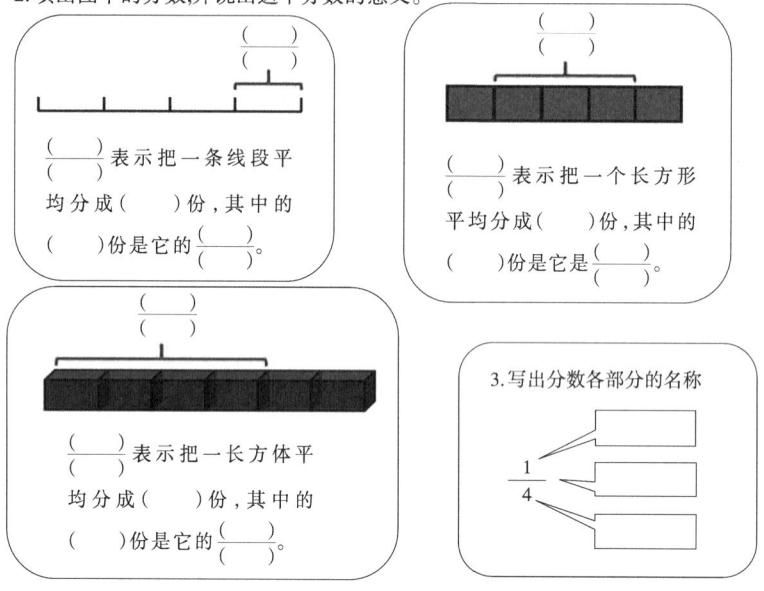

$\frac{(\quad)}{(\quad)}$ 表示把一条线段平均分成（　）份,其中的（　）份是它的 $\frac{(\quad)}{(\quad)}$ 。

$\frac{(\quad)}{(\quad)}$ 表示把一个长方形平均分成（　）份,其中的（　）份是它 $\frac{(\quad)}{(\quad)}$ 。

$\frac{(\quad)}{(\quad)}$ 表示把一长方体平均分成（　）份,其中的（　）份是它的 $\frac{(\quad)}{(\quad)}$ 。

3. 写出分数各部分的名称

$\frac{1}{4}$

3. 我的疑问:

图6-2　《分数的意义》引学单

如图6-2所示,引学单中学习任务即是学生评价学习目标的评价任务。在以引学单本身作为评价工具的同时,教师还可以提供"4Q预习评价要点",指导学生学会反思自主学习现状与学习目标的距离,"4Q预习评价要点"不仅有助于学生计划、监控和回忆自己的学习活动,也有助于学生发现学习方式在不同学科之间的异同,促进学生自主学习能力。(见表6-2)

表6-2　4Q预习评价要点

评价维度	评价要点
完成情况	能按照"4Q预习法"开展自主预习;能在教材和"引学单"上记录完整、勾画重点、书写工整;能完成引学练习
学习态度	能主动地、有规划地完成预习
目标达成	能通过阅读联系旧知识,学习新知识,掌握学习内容,并能通过多种学习方法探索解决问题的办法
问题提出	能回答书中的问题,结合学习目标提出有价值的问题

(二)合作学习

"问学·体验"阳光课堂中的合作学习主要以小组合作学习的形式开展,学生在合作学习中开展自我评价和同伴互评,以促进学生合作学习能力为目的,在小组内开展思维碰撞,以评价是否达成学习内容所指向的学习目标。在合作学习后,学生根据反馈的合作学习评价结果,提出疑问,调整后续上课中需要重点解决的问题。

"问学·体验"阳光课堂的合作学习主要以问学单为工具,引导学生明确学习目标、学习路径,这一过程是学生知识形成的过程。因此,教师在设计问学单时,要把评价任务设计成学习任务,包括明确的学习目标,清晰的学习路径或思维形成过程,为学生的学习搭建脚手架,同时也要给学生开放思维的空间。(见图6-3)

《认识百分数》问学单

1.你知道这些百分数表示什么意思吗?

某地卫健委调查显示,该地接近50%的小学生近视。 　　已充电69.8% 　　六(1)班男生有20人,女生是男生的125%。

(1)"50%的小学生近视"中的50%表示(　　　)占(　　　)的 $\frac{(\quad)}{(\quad)}$。

(2)"已充电69.82%"中的69.8%表示(　　　)占(　　　)的 $\frac{(\quad)}{(\quad)}$。

(3)"女生是男生的125%"中的125%表示(　　　)占(　　　)的 $\frac{(\quad)}{(\quad)}$。

像50%、69.8%、125%……这样的数,叫作百分数。百分数表示(　　　　　　)是(　　　　　　)的百分之多少。百分数又叫百分比或百分率。

(4)你能举个例子吗?

我的举例:_____

_____%表示:_____

2.下面的分数可以改为百分数吗?为什么?

一堆煤重 $\frac{89}{100}$ 吨,运走它的 $\frac{73}{100}$ 后,还剩下它的 $\frac{27}{100}$。

_____不能改成百分数,因为:_____;

_____能改成百分数,因为:_____。

图6-3 《认识百分数》问学单

在以问学单作为评价工具的同时,教师还可以提供"合作学习评价要点",让学生提前明确评价目标和评价任务,看到自己的进步幅度,促进学生合作学习能力。(见表6-3)

表6-3 合作学习评价要点

评价维度	评价要点
发言情况	能在规定的时间内清楚表达自己的意思,能提供多种证据支撑自己的发言内容
倾听情况	能倾听并记录同伴发言内容,能有理、有据回答同伴提出的问题
建议质疑	能针对同伴发言内容提出建议和质疑,并说明理由,能提出合理建议和有价值的质疑,并能阐述理由
评价同伴	能有理、有据、有力地评价同伴的发言

(三)展学评价量规

"问学·体验"阳光课堂中的展学是以解决问学单中提出的问题为主线,以学生分享、辩论、反思、教师点拨等为主要方式,引导学生实现高阶智能发展和迁移的学习过程。在此过程中,学生通过有效的自我反馈、同伴反馈或教师反馈开展思维碰撞,成为学习和反馈的积极参与者、合作者。(见图6-4)

图6-4 全班展学评价量规

展学评价量规的制订和提前发布,可以让学生清楚展学的关键技术要求和展学方向,并以此自主评价自己的展学效果。(见表6-4)

表6-4 全班展学评价要点

评价维度	评价要点
仪态语言	声音洪亮,礼仪大方,语言规范,内容清楚
展学技巧	遵循展学结构,配合图示、勾画、板书等方法进行展讲,思路清晰,能提炼思维方法
展学效果	清楚表达展学内容,同学能听明白,展讲效果好
质疑互动	能向同学提出疑问,能正确回答同学提出的问题,与同学互动有深度

(四)作业量表

作业量表可以是教师将一组能反映出不同品质程度的样本作品分成不同的等级。如将不同水平的短文,依照质量标准分为不同等级。然后,每名学生将自己的作业与不同品质的样本作对照,看自己符合哪一种样本,从而评价自己作业。

作业量表还可以是教师提前设计好作业需要达到的目标要求,并出示给学生,学生根据目标要求的达成程度评价自己作业的水平。(见图6-5)

			构思巧妙,立意深刻
		重要部分写得具体生动	重要部分写得具体生动
	材料典型,叙述清楚	材料典型,叙述清楚	材料典型,叙述清楚
能围绕中心意思从不同方面或选择不同事例写	能围绕中心意思从不同方面或选择不同事例写	能围绕中心意思从不同方面或选择不同事例写	能围绕中心意思从不同方面或选择不同事例写
水平一	水平二	水平三	水平四

图6-5 作业量表

(五)反思评价量表

学生自我评价是一种激发学生内在动机的方式,评价要激发学生内在的学习动机,并为学生完成任务提供必要的导向和反馈。[5]学生通过开展自我反思评价,逐渐正视学习的失误,激发学习的动力。反思评价量表可以促进学生的反思,使学生找到自信,主动探究,提高自我评价的能力。(见表6-5)

表6-5 芒斯和伍德沃德设计的自我评价的方式[6]

内容	想法	感受	行动
思考收获	今天你学到的最重要的内容是什么?	今天的学习中有哪些方面让你感觉良好?	你现在能解决哪些新的问题?
寻找证据	你如何知道自己学会了呢?	今天的学习中有哪些方面让你觉得惊喜?	可以列举你的优势吗?
与他人合作	今天你学到了什么?	现在,你如何看待与他人的合作?	就合作而言,你会给他人提供什么样的建议?
克服障碍	今天最难的内容是什么?	遇到这部分内容时,你的感受如何?	你最大的进步是什么?

续表

内容	想法	感受	行动
任务调整	今天最难的两件事是什么？	什么样的事情能够让你对今天的学习任务感觉轻松一点？	为了改善学习,你需要尝试什么新的方式？

（六）拓学单

拓学单其实就是课堂作业,本质是一种测试,通常被当作巩固学习的一种手段。但如果仅仅将作业定位于"练习",就极大地局限了作业的价值。因为如果反复练习却不知道练习的结果,只能巩固学生最初的认识,这种情况可能巩固的是学生正确的认识,也可能巩固的是学生错误的认识。所以作为作业功能的拓学单,是教师收集学生学习信息的重要手段,教师能以此了解学生的学习情况,并调整学生进一步的学习活动。拓学单作为每天课堂练习,涉及的学习目标范围较小,评价任务的评价目标也更明确。

因此,教师在设计拓学单时,要充分发挥拓学单的评价功能,每个练习都要结合学习目标,只有明确的学习目标指向,才能找出学生表现与目标之间的差距,并发现导致这种差距的原因。如果拓学单中的问题不能为教师、学生提供这样的有用信息,那么就失去了评价的功能。

工人师傅要把一间教室的墙壁和天花板刷上涂料。教室长9 m,宽6 m,高3.3 m。教室里的窗和门一共18 m²,不需要刷涂料。请问工人师傅要刷的面积有多大？（　　）

A.72 m²　　　　B.153 m²　　　　C.135 m²　　　　D.160.2 m²

图6-6　长方体表面积拓学单

在图6-6例题中,每个干扰项都不是随意设定的。这些错误的选项都代表着学生在达成本题学习目标过程中可能出现的错误思维。比如,选D的同学,就代表错误使用了9×6×3.3-18的错误思路。当学生选错了,教师不但需要知道学生做错了,还需要知道错在哪里,并准确地反馈给学生。

同时,因为拓学单充当着对一堂课学习效果的综合性评价,教师也可以为学生提供拓学单的评价要点,让学生明白自己所处的位置。（见表6-6）

表6-6　拓学单评价要点

评价维度	评价要点
知识整理	回顾本节课学过的内容,总结学习方法,归纳学习内容,建立知识联系。
基础巩固	在规定时间内正确完成拓学单上的练习题。
提出问题	针对本节课学习内容提出有价值的疑问。
拓展学习	整合新旧知识,主动采取策略完成拓学单上的深化练习题。

(七)课堂提问

在教学实践场域中,提问行为除具备激发学习者思维活性、引导教学进程有序推进、指导学生学习策略建构等功能外,亦承载着重要的评价维度。当教师所提出的问题具备适切性时,可通过学生的应答表现获取其学习目标达成度的相关信息,并基于此生成后续追问序列,形成促进学生深度学习的问题链机制。

与此同时,教师需具备通过抽样个体应答信息推导整体学习状况的专业能力。这一能力的有效施展,要求教师预先依据学情诊断对学生进行层次划分,并对问题难度进行科学预判。唯有如此,方能构建合理的抽样框架,通过高效的信息采集实现对学生群体学习状态的准确推论,为教学决策提供实证支撑。此过程涉及教学诊断、分层教学与问题设计的多维整合,体现了课堂互动中的形成性评价原理与实践逻辑。

(八)课堂观察

在课堂教学的评价体系中,"观察"作为重要的评价方式,是指在课堂真实情境下,针对学生学习活动所开展的系统性观察行为。教师通过对学生身体层面动作技能的展现、具体学习活动的参与状态,以及心理活动外显特征的捕捉,实现对学生学习过程与结果相关信息的有效采集,进而为教学决策提供实证支撑。这一观察实践要求教师将学习任务进行评价化设计,使各类评价任务有机嵌入教学活动序列,在学生学习进程中实施动态化观察,并采用适宜的记录方式留存关键信息。

从本质而言,课堂评价的核心目标在于促进学生学习发展,其实现路径依赖于通过多元方法收集对学习改进具有实质意义的信息。具体表现为:教师需持续观察学生是否达成预设的学习目标,若未达成则进一步分析差距的程度与具体维度。在此过程中,教师需依托学科素养的深层积淀与教学理念的价值引领,凭借深厚的学科功底与丰富的教学经验,以自然生成的教学智慧实施针对性点拨,从而使课堂评价呈现目的明晰、目标精准、方式多元、信息可靠、反馈高效的特征,最终助力学生核心素养的渐进式养成。此过程蕴含着"评价即教学"的专业理念,体现了课堂观察在学习诊断、教学调节与素养培育中的系统性功能。

第三节
"问学·体验"阳光课堂教学的评价策略

新课标强调要坚持以评促学、以评促教,发挥评价的育人导向作用。在当前教学改革的背景下,评价不再只是一种管理或甄别学生的手段,而是一种服务手段,通过评价来更好地促进教学目标的达成。"问学·体验"阳光课堂教学评价便是以核心素养为导向,坚持"教—学—评"一体化,坚持数字化评价,坚持可视化评价,不断促进学生全面发展的评价。

一、坚持"教—学—评"一体化,实现以评促学

新课程改革的核心理念是"一切为了学生的发展",并进一步明确新时代"培养什么人,如何培养人,为谁培养人"这一根本问题。"问学·体验"阳光课堂教学评价同样坚持"以人为本",坚持"以促进学生核心素养而评价",力图实现"教—学—评"一体化。

(一)设计系统的具有整体性的评价目标和任务

1. 以学定教,制定准确、明确的教学目标

教学目标作为教学活动的核心导向,兼具导学、导教与导评三重功能。唯有精准映射学科价值、具备可操作性与可测量性的学习目标,方能在教学与评价体系中发挥统领作用。[1]由此,在构建"教—学—评一体化"教学框架时,首要考量即在于教学目标的明确性与可理解性。"问学·体验"阳光课堂教学模式以核心素养为价值导向,要求教师通过课标解读、学情分析与教材研读的系统性操作,深度挖掘文本内涵,制定锚定学科核心知识与关键能力的学习目标,从而解决"教什么"的根本性问题。

以人教版语文五年级《推荐一本书》为例,其教学目标的制定需建立在多维分析基础之上。从教材分析维度看,该习作是单元教学的重要组成部分,教材将"好书"喻为"好朋友",旨在引导学生向他人推荐优质读物。单元习作要求明确指向"根据表达需

要,分段表述,突出重点",强调学生需依据表达目的进行材料筛选与有条理表述,并将重要内容具体化。从纵向能力发展序列考察,二年级"推荐一部动画片"、四年级"推荐一个好地方"至五年级"推荐一本书",形成了从口头表达到书面表达、从简单推荐到复杂表述的清晰能力进阶路径。横向对比本册单元间联系,第四单元习作要求"学习列提纲,分段叙述",本单元则在此基础上进一步强化"分段表述、突出重点"的能力训练,体现出教学要求的连续性与递进性。从单元板块内部关联分析,本单元以"读书明智"为主题,课文学习侧重引导学生"根据要求梳理信息,把握内容要点",口语交际要求"分条讲述,把理由说清楚",形成了从口头到书面、从分条到分段的梯度化表达能力培养体系。

学情分析显示,学生在推荐行为方面具备双重经验基础:生活中已形成推荐喜欢事物的日常经验,学习中则在二年级、四年级先后经历推荐相关训练,基本掌握"多角度""抓看点"等推荐方法。本次"推荐一本书"作为第三次系统学习,其能力增长点体现在两个维度:一是推荐内容从日常直观事物转向相对抽象的书籍,二是表达要求从"能写推荐理由"提升至"把重点理由写具体"。尽管学生在"快乐读书吧"及本单元整体学习中已积累一定整本书阅读经验,具备推荐好书的基本条件,但如何基于整本书的整体把握进行信息筛选以完成推荐,以及针对不同文体类别确定看点、选择表达方式并将重点理由具体化,仍是亟待突破的学习难点,需要教师通过支架搭建与活动设计进行分层引导。

基于上述教材与学情的系统性分析,《推荐一本书》第一课时的教学目标可确立为以下三个维度:其一,要求学生结合个人阅读经验与受众需求推荐书籍,能完整书写基本信息,选取一点或多点理由进行推荐并实现分段表述,聚焦推荐行为的基础性规范;其二,引导学生聚焦推荐重点,从书中内容、个人想法、他人评价等多元角度入手,将重要推荐理由具体化,突破内容表述的深度要求;其三,通过"找书友"的情境化学习活动设计,创设沉浸式推荐场景,使学生在实践中感受阅读乐趣,进而激发他人的阅读兴趣,实现情感态度与价值层面的培养目标。这一目标体系既立足学科知识与能力的梯度发展,又关照核心素养的渐进养成,通过可操作、可测量的目标设定,为"教—学—评一体化"教学实践提供了科学的导向框架。

2.学评一体,制定与教学目标匹配的评价任务

只有认知水平与学习目标、学习过程一致的课堂评价才能发挥其诊断学习结果、监控学习进展、调节教学的基本功能。仍以《推荐一本书》为例,在确定教学目标后,可制定以下评价任务。

①能根据自己的阅读经验和别人的需求,确定自己要推荐的书目。

②能写出推荐理由,并能选择出一条最能打动读者的理由。

③能从"书中内容""自己想法""他人评价"等把重要的理由写具体,通过自己的现场推荐能激发读者的阅读兴趣。

在教学目标制定之后,不是进行教学活动设计,而是设计评价任务、制定评价标准、保障目标与评价的一致性。

(二)创建可观测的学习场域

"教—学—评"一体化本质上是一种教学组织模式,教师是学习的主导者和服务者,为课堂学习提供支持和引导,学生走进学习现场,借助并置身于现场完成主动自我学习和相互协作的深度学习。[1]构建合适的学习场域,需满足以下要求。

1.基于核心素养目标,创设真实的学习情境

新课标强调创设真实而富有意义的学习情境,解决真实问题的过程也是发展学生核心素养的过程。在同一目标下,教师的教学行为与学生的学习任务有机整合在真实的学习情境中,一方面能够激发学生的学习兴趣,提高学生的学习自主性;另一方面能够在问题解决的过程中,为教师提供更多观测学生学习能力的机会。

以《推荐一本书》为例。教师从学情调查出发,在揭示课题后发布"找书友"任务。在"读过哪些书""想读哪些书"的基础上,将推荐一本书的"目的、对象、情境"融为一体,创设并发布"找书友"的情境任务,用情境任务贯穿学习始终。其课前引学单有:阅读调查表、阅读需求调查表。(见图6-7、图6-8)

阅读调查表

姓名:_____
1.你最近读了哪些书?(至少写出三本)
书名:_____
2.你经常读哪一类书?
　□小说　□科普读物　□童话　□诗歌　□人物传记　□其他
3.你最近特别想读哪一类书?
　□小说　□科普读物　□童话　□诗歌　□人物传记　□其他
原因:_____
4.你曾经向同学推荐过书吗?(　　)
5.你是以什么方式向同学推荐书的?(　　)
　A.口头　　B.书面

在你已经阅读过的课外书籍中,最想跟同学分享哪本书呢?回家后再浏览一下这本书吧。

图6-7　阅读调查表

阅读需求调查表

读书好比串门,隐身的串门。1—4年级,我们曾经到《神笔马良》家里串门;也曾到《大头儿子和小头爸爸》家里去做客;《安徒生童话》是我们的百去不厌的城堡;《城南旧事》让我们久久回味。这学期,你还想到哪些家里去做客呢?

请在"读者姓名"一栏里写上你的名字吧。

书籍类型	读者姓名
小说	
科普读物	
童话	
诗歌	
人物传记	
其他	

图6-8 阅读需求调查表

2.细化学习任务,合理运用过程性评价手段

教师在设计学习任务时要尽量细化任务要求,并为每一项学习任务设置可观测的学习产品,以便发挥过程性评价对学生核心素养发展水平的监测作用,并及时反馈教师的教和学生的学。

仍以《推荐一本书》为例。在"找书友"情境任务中,教师将任务细化,在环节二、三、四分别设计了评价任务。如过程性评价任务一:我能结合书的特点和同学需求确定推荐书目。过程性评价任务二:我能结合书的特点和同学需求选择推荐理由。过程性评价任务三:我能把最重要的推荐理由写具体,并激发同学的阅读兴趣。通过"评价伴随"不仅能引导学生学会学习过程中的自我反思和自我管理,更能有效地落实"教—学—评"一体化。

(三)以评促学,开发课堂教学评价量表

评价量表是"问学·体验"阳光课堂教学的重要组成部分,它可以有效反馈课前预习、小组互学、全班展学和课后拓学中的学习情况,调整各环节学习策略。教师应提前设计评价量表,告知学生评价标准,引导学生有效使用评价量表,最终形成评价结果。

1.课堂学习评价量表

《课堂学习评价量表》主要针对"问学·体验"阳光课堂的各个学习环节,针对学生对学习流程的熟练程度、学习态度、学习效果、质疑问难等情况开展评价。由教师或教师与学生共同设计评价标准,并组织全班学习评价标准和评价方法。一般附在"引学单""问学单""拓学单"之后,在学生完成相应学习后开展自评、家长评、互评、小组长评和师评。

2.学习评价量规

《学习评价量规》主要依据课堂学习目标,对各学习环节的学习目标达成情况开展评价。一般在学习相应内容时出示给学生评价标准,让学生带着目标学习,然后再通过自评、互评和师评等方式,反馈其学习效果。

如,习作课《推荐一本书》中教师针对"重要理由写具体"设计了如下评价量规。(见图6-9)

"重要理由写具体"评价量规

| 能引用书中相关内容写重要理由。 | 不仅能引用书中相关内容,还能加上自己的想法写重要理由。 | 不仅能引用书中相关内容并加上自己的想法,还能恰当引用他人评价写重要理由。 |

图6-9 "重要理由写具体"评价量规

在教学过程中,评价量规被多次运用,包括:

①借助评价量规,明确习作方向。学生写作前,前置评价量规,引导学生自主参与、及时改进,促进学生反思,明白"如何写具体",为学生的写作、修改、评价明确具体方向。

②借助评价量规,学生评价。

③借助评价量规,自主修改习作。

④结合量规,生生互评,寻找书友。在教学中,"重要理由写具体"评价量规伴随学生习作、交流、自评、互评、师评的全过程,发挥了评价的激励、诊断、反馈等功能,达到"教—学—评"一致。

再如,在《海上日出》一课的拓学"借助问学单上的思维导图把海上日出晴天时的景象讲给家人听",教师设计了如下评价量表。(见图6-10)

217

分享美景评价量规

评价要素	等级描述			
	5分	4分	3分	2分
美景分享	按一定的顺序,说清楚太阳的位置、亮光、颜色的变化。	按一定的顺序,说清楚太阳的位置、亮光、颜色其中两种的变化。	按一定的顺序,说清楚太阳的位置、亮光、颜色其中一种的变化。	说得不太清楚

图6-10 分享美景评价量规

学生借助评价量规和课中思维导图有条理地进行视频展讲,感受语言文字的美,为单元习作"写自己的游记"奠定基础,体现任务群视野下的单元整体教学意识。

学生在学习过程中参照评价标准不断修正、规范自己的学习,然后依照评价标准采取自评与互评相结合的方式评价学习,完成自我认知、自我促进。评价标准的有效运用,可以促进师生聚焦学习表现,提升教师解释信息的能力,教中有学、学中有评,评价与学习同构,从而实现"教—学—评"一体化的自然融通。

(四)实施"教—学—评"一体化融通的教学流程,强化师生的评价意识

"问学·体验"阳光课堂教学模式以学生为中心,倡导学生的主动学习和积极参与。从操作层面来看,一个完整的"问学·体验"阳光课堂教学过程一般分为三个体验环节:引学启问自主体验、互学启思展学体验、拓学启用深化体验。这三个环节是一个有机整体,反映了学生完整的体验过程,也是一个有序可控的教学系统。

1.课前,教师遵照学生的学习基础、思维特性、生活经验等,通过梳理每节课的知识点,有针对性地设置引学单,并把引学单发给每一名学生。这样,学生在课前预习中就有"路"可走,有"纲"可循,让学生既带着问题预习文本,又生成问题走进课堂。此刻的引学单承担着检测学生自主学习的评价功能,一是检测预习效果的目的性,即我们的学习任务是否指明了学习目标;二是了解学生的学习起点在哪里,为后续的学习指明方向和路径。

之后,教师通过引学单收集学生自学后存在的问题,并结合课程标准、教学内容的重难点提炼出关键问题串,设计出课堂问学单,确定出课堂的起点和教学的依据,为教学定向。

2.课中,教师以问学单为载体,综合运用口头反馈、肢体反馈、符号语言反馈等多种课堂评价反馈形式,引导学生开展展学体验活动,激发学生内驱力,指导学生在互助学

习、合作探究、展示交流的过程中发展思维、提高能力、形成素养。

在小组互学之前,教师要提前设计"评价量表",并引导学生有效地使用,实现"评价先行",为学生的学习明确具体方向。在小组互学过程中,教师要观察学生的学习情况,及时搜集学生难以理解、难以解决的学习内容,在学生展示交流时有针对性地根据教材的重点和学生理解的疑难点进行指导,帮助学生形成有逻辑、有体系的知识结构,让展与导紧密结合。同时,结合"评价量表"引导学生发现自己的进步幅度,实现增值评价,发挥评价的激励、诊断、反馈等功能。在这个过程中,教师要注意关注不同的学生,对优等生的思维亮点给予赞赏,对中间生的理解特点表示肯定,对学困生的每一点进步更要大力表扬,让课堂评价真正助力学生的成长。

3.课后,新的知识结构初步形成,刚形成的新素养还未融通,教师要设计有针对性的拓学单,考查学生对知识的应用能力,让学生在实践中巩固新知。通过测试,学生可以看到自己的成长足迹,提高自省能力。同时,教师可以全面了解学生对知识的掌握程度,并对教学效果进行评估,及时调控补救,改变评价滞后现象。

从课前引学到课中互学再到课后反思,通过"问学·体验"阳光课堂教学评价的模式,将教学与评价自然融合在一起,起到促进学生学习和改进教师教学的作用,强化师生的评价意识。

二、巧用数字化评价,提升课堂教学评价效果

数字化评价是依托数字化教学环境衍生出的新的评价方式。传统的评价内容较为单一,方式也比较刻板,难以使教师收集到客观的学生信息。这会导致评价内容僵化,而且不利于教师对学生进行更明确的指导。[②]"问学·体验"阳光课堂教学范式坚持数字化评价,教师借助信息技术丰富教学模式与教学方法,将不同的评价方式融入教学过程中,有针对性、侧重性、多维性地对学生进行评价。

(一)搭建数字化评价平台

充分运用数字化的优势,加速信息的记录、反馈、跟进,在最短的时间内,精准反馈学生的每一项表现。在钉钉、班级优化大师、国家中小学智慧云平台等数字平台上组建全校各个班级群,全体师生和家长加入各自班级群。在常态化的管理过程中,通过平台的"班级圈""通知""打卡"及各种"点评"功能,将日常纸质反馈材料,转化为电子

反馈材料,实时呈现学生日常表现,及时畅通学校、家庭、社会共管的教育网络。

学校的评价主体不再只是班主任,而是真正构建学生、班主任、任课教师、家长相融合的评价体系,多方共同参与到学生的教育与成长中来。学校层面,由学校管理者通过巡校、巡班快捷评价,对学生实现全方位、多元的评价。在教师层面,全体教师都可以从各种教学工作、各种活动层面对全体学生的素养进行综合评价。如任课教师依据学生课堂表现,利用希沃白板进行课堂实时评价,上室外课时可利用手机对学生的目标达成度开展点赞评价。在学生层面,学生可参与"班级优化大师"数字平台评价,例如班干部协助教师在课前准备、课间活动、放学路队等场景中记载同学的表现,并及时反馈给教师录入数字平台等。在家长层面,家长加入数字化平台,既可实时关注学生在校表现情况,又可实时关注学生在家表现情况,如对学生在家参与劳动等情况进行评价,创新家校沟通方式,让家校沟通更轻松有效。

(二)利用数字化工具辅助教学

教师在教学中要转变教学思路,与时俱进,加强自身的学科修养,提高自身的综合教学能力,根据班上学生的实际需求,充分借助现代教学设备,利用数字化平台和设备来辅助教学,提高课堂教学的有效性。如人教版六年级数学《圆的周长》中,为了让学生更直观地理解"任意一个圆的周长总是它的直径的3倍多一些"这个概念,从而引出圆周率,教师可以借助多媒体做一个演示动画。在动画中,让不同大小的圆在直尺上滚动一圈,出现一条线段。通过演示,学生能直观地学习圆周率的原理。这样一来,教师不用去做很多的讲解,学生就能用最短的时间直观地掌握相应的知识。

课堂上利用数字化技术管理课堂,能有效提高课堂的教学效率和教学质量,也可以使教师及时了解每一名学生的实时动态,从而针对性施策。如,"问学·体验"阳光课堂教学范式坚持课前预习,每一次上课前,学生都需要完成课前引学单,教师会将引学单提前发在公共服务平台上,让学生在线上预做,平台会准确分析出哪些学生去做了,哪些学生没做,有哪些学生认真去预习了,哪些学生没有认真预习(见图6-11)。这样,在具体的课堂教学实践中,教师就可以采取针对性对策进行教学,做到因人施教。课后,教师再将拓学单发送到平台上,这样平台很快就会分析出学生的强项和弱项,从而使教师一目了然。数字化管理课堂具有传统课堂教学管理所不具备的优势,它不仅方便快捷,在节约教师大量时间的同时,还提高了课堂管理的效率。

学情分析图

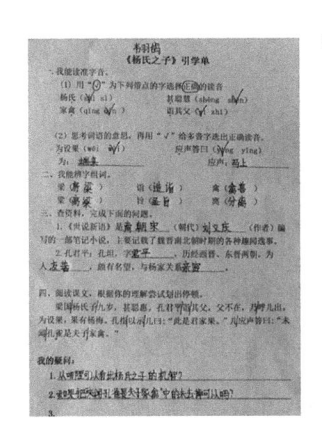

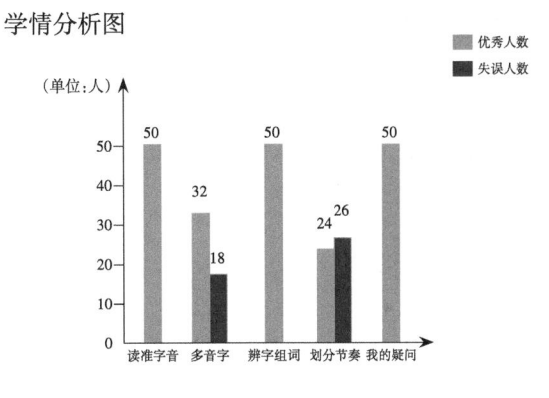

图6-11 学情分析图

(三)利用数字化工具激励学习

数字化平台的运用,为"问学·体验"阳光课堂教学评价提供了便捷、高效的管理方式。数字平台上提供了各种通知模板、奖状模板,教师可以根据需求,进行定制修改。同时可以设置家校双方接收消息的时间,以免相互打扰。教师还可以在钉钉或其他数字平台上制定一套挂件奖励规则,如给班长、组长、课代表、值日生等增加职务性挂件,给有进步的学生安排小红花、大拇指、奖牌、幸运草等鼓励性挂件,给表现好的学生戴上"三好学生""小标兵"等荣誉性挂件,为不同维度表现优异的学生提供奖励,通过树立榜样带动班级形成良好氛围。

在积分评比中,不使用传统的纸质记分册,而实行电子档案,及时对学生的数据进行采集,通过数据分析实时更新班级光荣榜,让学生及时看到自己的得分情况,增强荣誉感,激发学生创先争优的内驱力。在积分兑换中,同样改变传统兑奖方式,如利用钉钉平台的"抽奖神器模板"等进行阶段性奖励,盘活班级氛围,提升学生的期待值,增强学生的集体归属感,打造一个积极向上的班集体。

三、用好可视化评价,促进课程优化

在教育信息化改革浪潮中,以数字评价为主的新型评价体系已经初步构建。为了能够顺应"十四五"期间教育改革的新趋势,助力学生核心素养的高效能发展,"问学·体验"阳光课堂教学评价还尝试用可视化评价作为评价和课程的联结,解决评价过程中存在的问题,让评价有反馈、看得见,真正助推学生发展。

(一)教学目标可视化

教学目标是教学活动的基础,它指导着教学内容、教学方法的选择和设计,也是教学评价的重要依据。"问学·体验"阳光课堂教学评价在实施过程中,坚持教学目标可视化。

1.制定明确的目标

在制定教学目标时,教师需要明确学生需要掌握的知识点、技能和态度要求。这可以通过仔细分析教材、考试大纲和课程大纲来完成,同时要关注学生的实际情况和需求,确保目标具有可操作性和可测量性。

例如,对《篮球直线运球教学设计》一课制定教学目标如下:

①学生能够用自己的语言叙述篮球直线运球的动作要领。

②学生能够沿着一条直线连续运球3—5次。在课堂开始时用几分钟时间展示本节课目标,让学生明确如何做才能达成这个目标,并列出简要清单,从而让学生对期望什么、怎样才算成功,以及如何把任务与目的进行关联等方面有深层的理解。这样的目标描述具有可操作性、可视性,容易在课堂上落实,对教学的促进作用较强。

2.使用可视化工具

为了便于学生更好地理解教学目标,教师还可以利用图表、图形、列表等可视化工具,将教学目标和知识点清晰地展示出来。这可以帮助学生迅速了解自己的学习任务和学习的重点难点,提高学习效率。

例如,在五年级语文第一单元的复习课中,可以制作课程的知识点思维导图,帮助学生形成清晰的复习思路。(见图6-12)

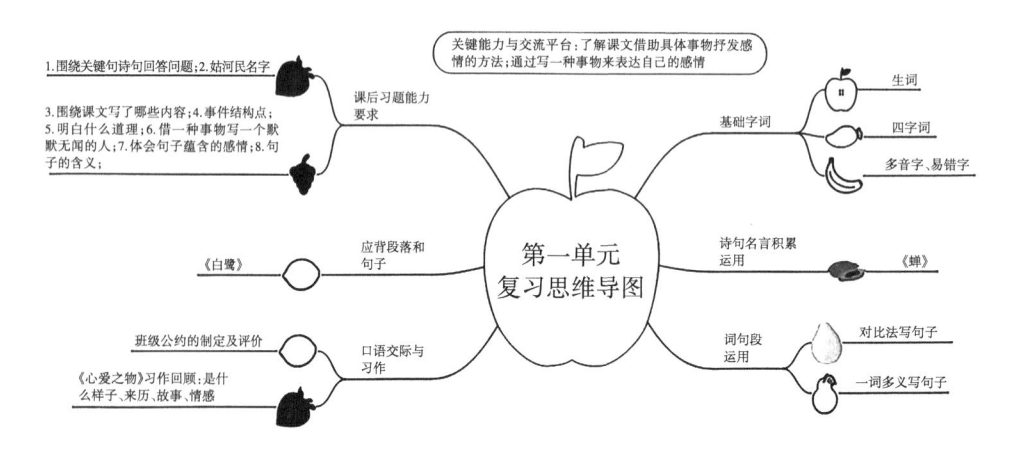

图6-12 第一单元知识点思维导图

(二)学习标准可视化

学习标准也有导教和导学的功能。学习标准可视化是将学习目标、学习内容与评价标准紧密联系,对学习任务或作业有清晰的评价维度,不同维度又有具体可操作的评价指标和水平分层,标准的达成具有一定的挑战性和可达成性等。例如,人教版五年级语文习作《他_____了》的学习标准是从"多个角度""修辞运用"和"侧面描写"着手,制定了详细、可操作的评价要点和评价指标,确保每名学生都能够根据评价量规开展自我评价或同伴互评,较为准确地找出自己在每个学习目标下的真实学习情况,从而及时调整自己的学习内容和学习对策。(见图6-13)

评价要素	《他_____了》评价量规		
	等级描述		
	优秀	良好	合格
多个角度	能从神态、动作、语言等角度中选择三项,把人物当时的表现写具体,反映出他的内心。	能从神态、动作、语言等角度中选择两项,把人物当时的表现写得较具体,反映出他的内心。	能从神态、动作、语言等角度中选择两项,描写当时人物的表现,反映出他的内心。
修辞运用	能抓住细微变化,恰当地运用修辞,很好地反映人物的内心。	能抓住细微变化,恰当运用修辞反映人物的内心。	能抓住细微变化,能运用修辞反映人物的内心,但不够恰当。
侧面描写	有恰当的侧面描写反映人物的内心。	有侧面描写反映人物的内心。	无侧面描写。

图6-13 《他_____了》评价量规

课上给每名同学发放一份打印的评价量表和学习单,学生在完成学习活动的过程中及时记录任务达成情况。课程结束后把学习单上交给教师,教师可以清晰看到本节课教学的反馈情况,思考如何在下一步的教学中帮助学生解决这些学习困惑。

学习标准可视化能够准确反映学生行为达成情况,帮助教师明确要把课堂带向何处,了解学生与成功标准间的具体差距,帮助学生知道自己处在什么位置,距成功标准还有多远,如何做才能符合成功标准,从而更加积极地参与学习。学习标准可视化后,学生可以极大地调动元认知,随时反思自己的学习状况,进而调整自己的学习内容和学习策略。

(三)学习过程可视化

学习过程可视化是指在课堂学习中通过合作、互动、共享等方式,将学习任务的完成、思维的产生、重难点的突破等充分展现的过程,也是学生知识内化的展现过程。

1.学习任务可视化

学习任务可视化包括两层含义:①清晰展示学习任务的具体要求、任务分工、实现路径、任务结果、任务达成的标准;②明确学习任务与学习目标、学习重难点之间的关联性。"问学·体验"阳光课堂教学范式对此有充分体现。

如人教版语文五年级《杨氏之子》这篇课文,教师设计了七个环节:环节一、激发兴趣,导入新课;环节二、回顾引学单,了解学情;环节三、初读课文,读准读通;环节四、梳理文意,读好停顿;环节五、品读对话,揣摩人物思维过程,体会杨氏之子的机智;环节六、背诵课文,感受语言的风趣;环节七、拓学启用,深化体验。教师在第五个环节揣摩人物思维过程中,通过任务设计引导学生主动学习和体验学习,将教学中的重点和难点转化为学生的学习兴趣点,使学生乐于参与,引发其深度思考,这对重点难点的突破和知识的自主构建有很大帮助。(见图6-14)

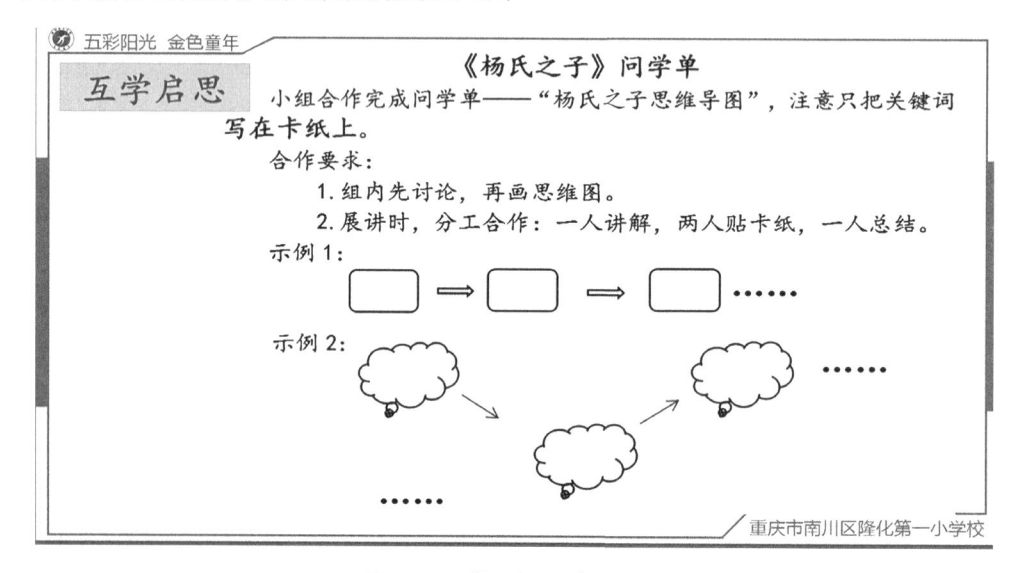

图6-14 《杨氏之子》问学单

2.难点突破可视化

如今信息技术已经比较成熟,充分运用现代媒体技术,将不可视的知识可视化,使学生获得替代性感受和体验。在"互联网+"时代,教师可以借助网络资源,包括图片、视听、动画等媒体资源,对课堂知识进行模拟、演示、诠释,还能把复杂信息分解为简单的连续信息,以利于学生对复杂信息的识别。

如《圆的画法》教学中,可先让学生观察一条线段绕一个端点(定点)顺时针旋转直至另一端点扫出一个圆的过程,让学生初步感知圆的形成过程。在学生获得初步感知的基础上,利用媒体课件将画圆的步骤分解展示给学生,通过形象、直观、生动的画面演示,教师再加以点拨,这样,学生就会牢牢记住画圆的每一个步骤和要领。再如教学圆的面积公式的推导,其中圆的面积计算公式,对学生来讲较为抽象,学生难以理解化圆为方的道理。可用多媒体课件演示,先把一个圆2等份拼成近似长方形,并闪烁显示,再把一个圆分成8等份,16等份、32等份,并分别进行动态割补,使学生清楚地看出等分的份数越多,拼成的图形越接近长方形。通过这样直观的动态图像展示,让学生观察、比较、归纳,推导出圆的面积计算公式也就不难了。而且学生在学习知识的过程中,感受到了数学的美,感受到数学就在我们的生活中,就在我们身边,增强了学生对学习数学的兴趣。

(四)评价结果可视化

在课堂教学中,教师进行学习结果的评价时,常常会用到类似于"你真棒!""说得太好了!"等较为宽泛的词语,虽然也会对学生有一定的激励作用,但是并不能引起学生的思考,对学生来说,使用语言的听觉刺激效果远远没有视觉刺激效果好。因此,在对教学结果进行可视化处理时,"问学·体验"阳光课堂将单纯地使用听觉评价变为综合使用听觉和视觉评价,提高评价结果对学生学习的反馈和激励作用。

在体育教学实践场域中,课堂即时评价的可视化处理是提升教学效能的创新路径。以"合作跳绳"课程为例,教师基于具身认知理论与可视化评价原理,创新性地将分组发带转化为动态评价载体。课前通过色彩编码完成异质分组,构建合作学习共同体;课中要求学生在双人合作跳绳练习过程中,以佩戴发带作为任务完成标识,形成"取下—完成—佩戴"的可视化评价链条。

这一评价设计巧妙运用具身符号系统,将抽象的学习进度转化为直观的视觉信号。从评价维度看,彩色发带构成多模态评价矩阵:其一,对学生而言,佩戴状态的视觉反馈形成即时性自我效能激励,未佩戴者可清晰认知学习差距,产生追赶动力;其二,对教师而言,通过场域内发带分布的空间可视化,可快速捕捉小组任务完成进度,判断教学节奏,及时调整指导策略。该评价模式实现了评价工具的一物多用,将分组标识转化为过程性评价载体,既强化了学习动机,又为教学决策提供可视化依据,体现了"评价即教学"的深度融合,在促进课堂互动、优化教学流程方面展现出显著的实践价值。

第七章

"问学·体验"阳光课堂教学范式的支持体系

支持体系是指为某个事物或系统提供支持和帮助的一系列要素或力量,它通常包括学校的硬件设施、软件资源、教师培训、课程设置、家校合作、评估机制等方面。从教育领域来看,阳光课堂教学范式的支持体系是为了确保阳光课堂教学范式的顺利实施而建立的一系列支持和帮助要素,是实现"问学·体验"阳光课堂教学范式的现实条件。

"问学·体验"阳光课堂教学范式的推进实施需要学校理念文化、制度文化、环境文化的创新;需要提高教师的师德素养、教学素养、管理能力和综合育人能力;需要建构学校"阳光课程体系",开发相关课程资源,促进学生综合素质的全面提升。

第一节
学校文化的创新

学校文化是全体师生所认同和遵循的价值观、精神、规章制度、物质设施等的一种整合和结晶,其最高价值在于促进学校内人的发展。而学校的中心工作是教学,课堂是教学工作的主阵地,课堂教学与学校文化有着紧密的联系。"阳光教育"的学校文化指引"问学·体验"阳光课堂教学范式的方向和愿景,"问学·体验"阳光课堂教学范式需要"阳光教育"学校文化的指引和支撑。"问学·体验"阳光课堂教学范式的实施和推广,需要"阳光教育"学校文化在理念文化、制度文化、环境文化等方面的创新。

一、建构以阳光教育为核心的理念文化

学校理念文化作为校园文化体系中的精神内核,处于文化层级的顶端,是学校内在特质与精神风貌的集中体现。这种隐性文化形态虽无形却深刻,涵盖办学思想、校风、校训、教风、学风等核心要素,系统回答了学校办学定位、人才培养目标及教育实施路径等根本性问题,对学校发展起着价值引领与方向导航作用。

"问学·体验"阳光课堂教学模式的有效实施,需依托以"阳光教育"为核心的学校理念文化体系。该体系以阳光的自然属性与象征意义为哲学基础,将阳光所蕴含的光明、温暖、活力、公平及希望等特质,转化为教育理念与实践指引。其中,"阳光教育"作为核心教育思想,秉持以爱育爱、以智启智的教育哲学,致力于为学生的终身发展奠定幸福基石。

(一)构建"阳光教育"办学思想体系

学校确立"五彩阳光、金色童年"的办学理念,深度融合五育并举的教育方针与阳光的色彩象征。通过色彩符号系统赋予五育独特内涵:以红色作为德育基调,聚焦学

生行为规范养成与红色文化传承,旨在培育兼具道德素养与家国情怀的美德少年;黄色承载智育功能,强调学习习惯与思维能力的培养,着力塑造乐学善思的智慧少年;蓝色作为美育表征,注重审美能力提升与艺术素养培育,致力于培养气质高雅的优雅少年;橙色关联体育与心理健康教育,关注学生体质健康与健全人格发展,目标是培养充满活力的健康少年;绿色对应劳动教育,强调实践能力与创新精神培养,力求培育热爱劳动、善于创造的创新少年。该理念通过五育融合与阳光化育,旨在培养具有多元特质、家国情怀与国际视野的阳光少年群体。

(二)塑造特色鲜明的"三风一训"文化符号

在教风建设方面,提出"逐光前行、从教如心"的价值导向,要求教师遵循教育规律,以光明为指引,兼具教育情怀与专业视野,成为具有持续育人能量的"阳光教师"。学风倡导"乐学好问,晖光日新",鼓励学生保持求知热情,在学习中不断精进,实现自我超越,成长为积极向上的"阳光少年"。校风以"向阳而生、人人出彩"为核心,营造师生蓬勃向上、个性发展的校园生态。校训"挺胸、抬头、走路"以具象化表达,传递自信担当、心怀梦想、全面发展的价值追求,成为师生行为准则与精神坐标。

(三)强化理念文化的视觉与行为渗透

学校通过校歌、校徽、校旗、校刊等视觉符号系统,以及校园口号、班级文化建设和各类教育活动,全方位渗透"阳光教育"办学思想。要求班级文化建设与学校理念同频共振,各类活动主题紧密围绕"阳光教育"展开,使"做阳光人、做阳光事"成为全体师生共同的价值追求。这一文化建设路径旨在提升学校文化品位,优化课堂教学品质,塑造师生高尚品德,最终实现学校内涵式发展与教育质量的全面提升。

二、完善以阳光教育为核心的制度文化

学校制度文化作为校园文化系统的重要构成维度,处于核心精神文化与浅层物质文化的中介性文化层级。其不仅是维系学校教育教学秩序的制度化保障机制,更是推动学校文化建设与内涵发展的系统性支撑体系。基于阳光教育理念的制度文化建构,需彰显"阳光"文化的双重特质:一方面以"温暖"为价值内核,通过广泛的民主参与机制确立制度标准,在制度实施中践行人文关怀,形成"制度框架与情感浸润"的协同管

理生态;另一方面以"公平"为精神底色,秉持依法治校原则,构建兼具刚性约束与柔性引导的制度体系,实现"制度尺度"与"教育温度"的辩证统一。

(一)阳光德育管理制度的系统化建构

德育作为学校教育的核心组成部分,肩负着思想引领、价值塑造与心理培育的多重使命。阳光德育管理制度的建立,旨在通过规范化、精细化的制度设计,为德育工作的有效实施提供机制保障:

1.常规德育管理

构建《阳光学生一日常规管理制度》《两操活动规范》《课间行为准则》等系列制度,通过标准化的行为规范与常态化的检查评比机制(如"向阳花"班级评选),培育学生的文明礼仪与规则意识。

2.德育课程与活动管理

建立《主题班团队会实施规范》《校园德育实践活动管理办法》《校外教育活动安全准则》,形成课程实施与活动开展的全流程管理制度,确保德育活动的规范性与实效性。

3.德育研究与队伍建设

创设《德育课题研究管理制度》《班主任专业发展支持机制》《德育工作室运行规范》,通过制度化的研究与培训体系,提升德育工作的专业性与创新性。该制度体系以"立德树人"为根本导向,致力于培养具有文明素养与高尚品格的阳光少年。

(二)阳光教学管理制度的协同性建构

教学管理制度作为课堂教学范式实施的重要保障,需形成覆盖教学全流程的制度体系:

1.教学过程精细化管理

制定《教学常规实施标准》,对备课、授课、作业批改、学业辅导等环节进行标准化规范;建立《课堂教学范式巡课制度》,通过常态化督导确保"问学·体验"教学范式的有效落地。

2.教研与课程管理

构建《教研组建设与运行规范》《校本课程开发指南》《课后延时服务管理办法》,形成"教研活动—课程开发—服务创新"的协同管理机制,特别针对社团活动、课后服务等新型教育形态建立适应性制度。

3.教师专业发展支持

创设《青年教师成长档案制度》《教学改革创新激励办法》,通过目标导向的培养机制与多元化的评价激励,助力教师专业成长。该制度体系强调动态调适性,依据教育政策与实践需求及时修订完善,形成可持续优化的教学管理生态。

(三)阳光师生评价制度的发展性建构

师生评价制度作为学校管理制度的核心环节,需建立兼具公平性与发展性的评价体系:

1.教师多维评价体系

(1)评价维度多元化

从思想政治素养、师德师风、教学实践、班级管理、教育研究等维度构建评价指标,设立"阳光师德教师""课堂教学能手"等多元化荣誉称号,实现"德能勤绩"的全面考核。

(2)评价主体多元化

建立教师自评、同行互评、学生评教、家长反馈、领导评议的多主体评价机制,通过360度评价视角促进教师专业发展。

2.学生发展性评价体系

(1)评价导向发展化

采用课堂观测、实验操作、项目成果等过程性评价方式,结合品德发展、学业水平、身心健康等多维指标,构建《学生综合素质发展评价报告册》。

(2)评价工具精细化

开发《阳光课堂学习评价量表》《阳光少年成长档案》等工具,通过"动态评价—诊断反馈—改进提升"的闭环机制,助力学生核心素养发展。该评价体系以"增值性评价"为范式,聚焦师生的持续性成长与个性化发展。

学校制度文化的创新建构,本质上是通过制度赋能实现管理效能与教育价值的双重提升。通过德育、教学、评价等制度体系的协同优化,不仅为"问学·体验"阳光课堂教学范式提供制度保障,更致力于构建兼具规范秩序与人文温度的校园治理生态,最终实现学校教育的内涵发展与品质提升。

三、打造以阳光教育为核心的环境文化

良好的校园环境作为隐形教育场域,具有陶冶学生情操、净化精神世界的重要功能。优雅的环境空间通过感官体验引发心理愉悦,以潜移默化的方式实现环境育人的教育价值。构建阳光校园的核心要义,在于塑造富有魅力与温情的空间场域,使其处处渗透人文关怀,为学生营造沐浴阳光、快乐成长的教育生态。

环境作为一种沉默的教育力量,其育人功能的实现需要赋予空间符号以教育内涵,达成"让每一面墙都成为教育言说者"的境界。基于"阳光教育"理念的校园环境文化建设,需着力凸显阳光育人的环境特色,在思想理念、空间布局、格调营造与育人功能等维度达成和谐统一,具体可从以下两方面推进:

(一)学校历史文化与"阳光教育"思想的深度融合

学校历史文化作为珍贵的文化遗产,蕴含着丰富的教育资源。校史中的荣誉成就、杰出校友、档案文献以及建校初期留存的建筑与植被,均构成了教育叙事的生动素材。通过构建荣誉墙或校史陈列室,能够引导学生追溯学校发展脉络,感知历史成就,树立精神楷模,进而培育学校荣誉感与进取精神。在传承历史文化的过程中,需有机融入"阳光教育"思想,深入挖掘其内涵特质,彰显教育立意与价值追求,实现传统继承与现代创新的协调统一,使历史文化资源与阳光教育理念形成完美的价值契合。

(二)阳光校园环境的整体性布局建构

校园环境的规划设计需遵循朴素与雅致交融、自然与庄重搭配、沉静与灵动呼应的原则。基于此,阳光校园环境的打造应在既有空间基础上,系统考量"阳光教育"思想与整体布局、建筑风格、功能定位的融合路径,通过精心设计与实施,形成具有"阳光"特质的环境特色——各要素间相互交织、相映成辉,兼具独特个性与鲜活灵动感。

在空间命名系统建构中,可将教学楼名称与阳光特质相联结,如"向阳楼""朝阳楼""骄阳楼"等。校园环境采用分区布局策略,可划分为阳光学习区、运动区、绿化区、生活区、劳动区等功能板块。其中,阳光绿化区通过葱郁植被、流水景观、幽径草坪等生态要素,构建起舒缓心理压力、恢复身心能量的自然空间,助力师生以最佳状态投入学习生活。

各功能区域的命名需契合阳光教育理念,如学术报告厅可命名为"阳光讲坛",礼堂表演区为"阳光舞台",文化长廊为"阳光文化长廊",书画展示区为"阳光展台",就餐

区域为"阳光餐厅"等。区域标识系统的设计应保持整体风格统一,视觉元素契合阳光意象,文字说明赋予各区域独特的教育内涵。校园廊道、楼梯间、草坪、绿植等空间可设置文化小贴士,通过"夸父追日""凿壁偷光"等与太阳相关的知识典故,实现环境空间的叙事性建构。

经由上述设计,校园中的一草一木、一砖一瓦均转化为具有教育言说能力的符号载体,使学生在日常学习生活中持续受到环境的感染与熏陶,实现环境的约束、导向、激励与审美等多重教育功能。

校园作为学生、教师、家长及课程资源等多元生命体共生共长的生态系统,赋予其"阳光"的文化内涵,本质上是为了保障师生在教育生活中发展个性、感受温暖、实现健康成长。阳光校园所构建的,是充满生机活力、令人向往的成长乐园,其核心理念在于以人为本,彰显和谐发展、共生共长的价值追求,营造团结友好、积极乐观、普惠包容、奋进向上的教育生态,最终形成洒满阳光雨露、充满生命活力的优质教育环境。

第二节 教师素养的发展

教育家精神作为教师专业发展的核心内驱力,是新时代教师职业素养的重要表征。依据教育部等八部门联合发布的《新时代基础教育强师计划》,新时代教师队伍建设需以遵循专业发展规律为前提,构建以高素质人才培养为引领、高水平教育体系为支撑的发展框架,聚焦思想政治素养、师德师风建设与教育教学能力三大核心维度,通过筑基提质、补短扶弱、做优建强等系统性策略,实现教师培养培训质量的全面提升,推动教师队伍在数量规模、专业素质、结构配置上的协调发展,为高质量教育体系建设筑牢师资根基。

在"问学·体验"阳光课堂教学范式中,教师作为教学活动的主导者与学生发展的引路人,其专业素养的持续提升构成范式有效实施的关键支撑。这一素养发展体系呈现多维并进的特征:其一,师德素养层面,要求教师树立全局意识,培育积极向上的阳光心态,强化教育理念的实践转化能力,将立德树人根本任务融入教育全过程;其二,教学素养层面,通过"三单"(预习单、学习单、作业单)开发锤炼教学设计能力,依托4Q预习策略、小组合作机制构建、课堂导学实践提升课堂实施水平,并借助全过程课堂评价体系优化教学管理效能;其三,综合育人层面,教师需在课堂教学与班队活动中探索核心素养培育路径,实现知识传授、能力培养与价值引领的有机统一。

在阳光课堂教学实践场域中,具备高尚师德风范、卓越教学能力与综合育人智慧的教师群体,通过创设互动探究的学习生态,成功培育出兼具问题意识、自主学习能力、创新精神与人文情怀的阳光少年群体。这一实践成果印证了教师素养发展与教学范式创新、学生核心素养培育之间的协同共生关系,为新时代基础教育改革提供了可资借鉴的实践样本。

一、良好的师德素养

重庆市南川区隆化第一小学校是一所百年老校,巴蜀名校。随着新时代的发展,学校全面实施素质教育,形成了"阳光教育"办学思想体系,确立了"五彩阳光·金色童年"的办学理念。同时打造了"阳光教育"办学特色,落实立德树人,实施"五育"并举,旨在培养品学兼优、胸怀天下的阳光少年。在"问学·体验"阳光课堂教学实践中,教师自觉加强政治学习,积极参加师德培训,形成了教师良好的师德素养,为教学范式的推行提供了支持,为学生的健康成长和全面发展提供了保障。

1. 大局观念

教师在践行"问学·体验"阳光课堂教学中,必须与时俱进,与前沿教育教学思想发生碰撞,形成教师的大局观念。这就要求教师要对国家教育政策、教育改革有敏锐的感知力,从理论上认真学习国家的教育方针、政策。在新课程改革的新思想、新理念下,坚持立德树人导向,立足核心素养,五育融合,全面育人,发展素质教育,培养全面发展的"阳光少年"。

2. 阳光心态

教师在践行"问学·体验"阳光课堂教学中,能从学校的"阳光教育"出发,充分领会"阳光教育"的办学思想,乐于从教,保持健康积极的生活方式,有着丰富的精神文化生活,善于调节情绪,拥有积极向上的阳光心态。从而以己度人,培养出"问学·体验"阳光课堂下的"阳光少年"。

3. 践行能力

"纸上得来终觉浅,绝知此事要躬行。"无论是做什么事情,说不如做,学不如做,可见实践行动的重要性。作为阳光少年的引路人,教师必须不断更新知识结构,提高自身的教育教学水平,在教学实践中承担起教师的责任和义务,毫无保留地把自己的知识和经验传授给学生。尊重学生的个性发展,引导学生树立正确的人生观和价值观,发现和培养学生的特长,促进其全面发展。树立正确的社会责任观,带领学生从生活学习中关注社会问题,推动社会发展。

二、扎实的教学素养

"问学·体验"阳光课堂教学范式立足课堂教学,课前用4Q预习法进行扎实的预习,完成引学单,为课上深度交流做准备;课中以学生合作、展讲为主要学习方式,完成问学单的任务,课上小组合作、展讲是否有效是课堂学习成功与否的关键所在;课后设计有层次的练习,练习拓学单,提升学生综合运用知识的能力。"问学·体验"阳光课堂教学范式让学生的学习做到功在课前,效在课中,果在课后,教师从"三单"的设计,4Q预习的管理,学习小组的组建培养,课中管理引导等方面练就了扎实的教学素养。

(一)教学设计能力

"问学·体验"阳光课堂教学范式强调三个体验环节,引学启问自主体验、互学启思展学体验、拓学启用深化体验。因此,"三单"作为自学媒介被引入教学,促使学生真正成为学习的主体。"三单"的开发需要教师结合教学内容,进行课程内容的整合和知识的重构,着眼于学生的最近发展区,设计出带有一定难度的,符合学生学情和身心发展的"三单",调动学生的学习的积极性,发挥其潜能,实现知识的结构化和高阶思维的发展。

1. 引学单的开发

(1)内容构成

引学单的开发需遵循学科逻辑与学情分析的双重维度。语文学科引学单应聚焦教学目标的梯度分解,其核心要素包括:①基础知识的结构化梳理;②文本内容的概括性提炼;③关键语句的深度解析;④学习困惑的元认知反思。数学引学单则需依据知识的序列性特征,构建包含旧知链接、新知探究、实践应用与问题生成的四元结构,形成认知同化的脚手架体系。这种学科特异性设计体现了知识表征的差异性规律。

(2)设计策略

①以旧引新策略

建立学科知识的立体网络,通过奥苏贝尔认知同化理论的实践转化,将新知识锚定在原有认知结构上。教师应运用先行组织者技术,通过概念图、思维导图等可视化工具,揭示知识间的逻辑关联,降低学习的认知负荷。例如,在数学函数教学中,可通过一次函数的复习引出二次函数的探究路径。

②实践引学策略

依据情境认知理论,引学任务应创设真实问题情境。以《义务教育语文课程标准(2022年版)》倡导的"学习任务群"为框架,如在《爬山虎的脚》教学中,可设计"自然观察日记"的实践性任务,引导学生通过观察记录、数据采集等方式,实现知识的具身化建构,培养科学探究精神。

③语言激趣策略

需运用积极心理学的皮格马利翁效应,通过赋能型语言(如"你已经具备解决这类问题的能力")激发学习内驱力。评价语言应注重过程性反馈,采用描述性评价替代简单的等级评定,如"你对这一问题的思考体现了批判性思维的萌芽"。

(3)评价意义

引学单评价构建了"学生自评—家长参与—教师分析"的三维评价体系。课前的自我评价环节,通过元认知监控工具(如学习反思表)促进学生自我调节学习能力的发展。教师对完成数据的统计分析(如运用SPSS等工具进行描述性统计),可形成学情画像,为课堂教学的精准设计提供实证依据,实现从"以教定学"到"以学定教"的范式转型。这种评价体系的闭环设计,体现了形成性评价的诊断与改进功能。

2.问学单的开发

(1)构成要素

从结构形态来看,问学单呈现"一课一单"的设计特征,其核心架构由"学习目标""互学问题""疑问深化"三大模块构成。其中,"学习目标"的设定需教师基于单元语文要素解析、学生认知发展规律研判以及引学单反馈数据的深度挖掘,精准提炼核心知识要点。该模块旨在通过目标前置的方式,帮助学生在学习伊始明确课堂学习的核心任务与关键难点,有效激活认知准备状态,为后续学习活动奠定清晰的目标导向。

"互学问题"模块聚焦教学重难点突破与学习策略建构,其问题设计需建立在对引学单学情分析的基础之上。教师需整合学生已有知识储备、认知困惑与能力水平,提炼出具有统领性的主问题及衍生问题链。这些问题需兼具知识建构性、目标导向性、认知层次性、学科综合性与情境真实性,并配套具体的自学指导策略,形成"文本研习—生活迁移"的认知路径,既引导学生深入文本解读,又促进知识的实践转化,拓展学生的认知视野与生活经验联结。

(2)设计策略

问学单的设计需严格遵循课程标准的指导框架,紧密围绕教学目标与重难点展开。这要求教师深度解读学科课程标准,精准把握教学内容的核心价值与学情特征,以问题为驱动载体,构建具有思维深度与探究价值的主问题及问题序列,确保教学活动的针对性与有效性。

在表现形式层面,问学单应突破传统问答、填空的单一模式,依据学科特性与教学内容需求,灵活运用画图、表格、线轴、思维导图等多元化呈现方式。这种多模态的设计策略能够有效契合不同学生的认知偏好,激发学习兴趣,提升学习参与度与知识建构效率。

基于多元智能理论与最近发展区原理,问学单设计需体现分层递进的梯度特征。教师需通过学情诊断精准识别学生的能力差异,设计基础巩固、能力提升、拓展创新等不同层次的学习任务,形成螺旋上升的问题序列。这种分层设计既能为学习能力较弱的学生提供思维支架,又能满足学优生的高阶思维发展需求,实现"因材施教"的差异化教学目标,保障全体学生的学习获得感。

对于逻辑性强的学科(如数学),问学单设计需遵循问题组合的科学策略。教师应依据知识的逻辑关联与思维发展规律,精心编排问题顺序,构建具有连贯性、递进性的问题链条。通过问题间的逻辑衔接与难度梯度设置,降低思维跃迁难度,引导学生形成系统、有序的思维路径,促进逻辑思维能力的渐进发展。

(3)评价意义

问学单的评价体系采用"自我评价—小组评价"的双轨制模式。教师需深度参与学习过程,通过观察、指导与反馈,引导学生开展自我评价与小组互评活动。这种评价机制能够帮助学生清晰认知自身知识掌握程度与学习进展,促进元认知能力发展;同时,通过小组互评实现知识共享与思维碰撞,培养学生的批判性思维与合作学习能力,最终形成"评价—反馈—改进"的学习闭环,助力教学目标的有效达成。

3.拓学单的开发

(1)构成要素

语文学科拓学单的内容架构呈现动态生成特征,其模块组成随学习内容与要素的变化而调整,主要包含"基础知识拓展""背景资料拓展""同类文章拓展阅读"等核心板块。此类设计旨在通过多维知识联结,实现文本解读的深度与广度拓展。数学学科拓学单则形成"基础练习—变式练习—深化练习"的三阶训练体系,通过题型梯度设计推动知识迁移与思维进阶。尽管两科表现形式各异,但在知识拓展维度上具有内在一致性,均需教师在设计中兼顾基础巩固、方法迁移、应用创新,引导学生实现从知识接受到实践运用的认知转化。

(2)设计策略

语文拓学单需聚焦文本主题的横向延伸,选取同题材或同主旨的多元作品,引导学生通过比较阅读、批判性讨论等方式深化对主题的理解。例如,在爱国主题单元中,可整合不同时代的同类文本,促使学生在互文解读中升华思想认知。数学拓学单则可融入数学史文献、数学家生平故事等阅读材料,通过文化情境创设激发学习兴趣,渗透科学精神与爱国情怀,实现学科知识与人文素养的协同发展。

基于杜威"教育即生活"的理念,拓学单设计需构建学科知识与生活实践的联结通道。教师应将抽象知识转化为真实生活情境中的问题任务,如语文可设计"校园文化宣传文案撰写",数学可创设"家庭理财方案设计"等任务,引导学生在解决实际问题的过程中理解知识的应用价值,培养观察能力、信息提取能力及跨情境迁移能力。

拓学单需突破文本局限,融入多元化实践活动设计。语文学科可组织故事会、戏剧表演、主题演讲等活动,通过语言输出强化文本理解;数学学科可开展速算竞赛、数学建模、生活问题调研等活动,在操作与探究中发展逻辑思维与创新能力。此类活动设计遵循"做中学"原则,使学生在沉浸式体验中实现知识的意义建构。

(3)评价意义

拓学单评价采用"自我评价—教师评价"的双主体模式。学生通过自我反思表对知识拓展效果进行元认知监控,教师则依据设计目标对学生的拓展成果进行系统性评估,包括知识掌握的准确性、思维发展的深度、实践应用的灵活性等维度。教师的针对性反馈既能帮助学生识别学习盲区,又能通过增值性评价增强学习信心,形成"目标—实践—评价—改进"的良性循环,最终实现拓展学习的育人价值。

(二)教学实施能力

课堂教学的功夫不仅仅在课内,功夫也下在课前和课后。"问学·体验"阳光课堂教学范式让学生的学习做到功在课前、效在课中、果在课后。

1.课前

(1)4Q预习了解学情

4Q预习是根据教学内容,为达成学习目标,学生在教师的指导下,有目的、有计划、有方法、有评价地开展课前学习的过程。通过4Q预习法进行预习,学生经历了读、记、思等从感官接触到思维融合的过程,对将要学习的新知识有了初步的了解和自己的思考,甚至提出有价值的问题,这将是学生在课堂中交流、展讲、质疑、释疑的基础。通过对学生预习方法的指导,可以提高学生自主学习能力,养成自主学习的习惯。

例:中高段的语文学科4Q预习指导

Q1:文中基础知识是否落实?我们可以从读、写、查三方面入手。

Q2:课文主要讲了什么?

Q3:课文想告诉我们什么?文中哪些关键词、句帮助作者表达了这样的意思?

Q4:还有哪些新问题?还想阅读哪些书籍或相关资料?

预习情况检测:

①利用钉钉群里面的课文跟读APP检测学生的课文朗读。这个APP既可以检测学生对课文朗读的流利度,又可以检测学生对字词朗读的准确度。

②利用同步解析上面的"自主学习"这一板块,其中的"读准字音、理解字词"可以检测学生对生字词语的音、形、意的掌握;"初读感知"可以检测学生对课文主要内容的了解;"学贵有疑"可以检测学生能解决哪些问题,还存在哪些疑问。

③通过引学单上设计的作业来检测学生的预习情况。

④先由同桌之间相互检查、再由小组长检查预习情况,然后将预习情况分互评和组评两种方式呈现在"4Q预习积分表"里面。

(2)小组建设赋能课堂

"问学·体验"阳光课堂教学范式视域下的"小组互学"机制,以"问学单"作为必要的实践载体,在关键性问题串的系统性引领下组织开展小组互助学习活动。该模式通过激发学生的内在学习驱动力,引导学生在互助学习与合作探究的过程中,实现思维品质的发展、综合能力的提升以及学科素养的形成。

在具体实施过程中,教师针对小组建设的指导涵盖分组策略、任务分工、能力培训及效果评比等各个环节,每个环节均追求实际成效。这一实践过程不仅有助于教师在教学实施中培养和构建高效互学小组的能力,同时也为阳光课堂教学范式的实践应用与高效发展提供了有力支撑。

为深入落实"问学·体验"阳光课堂教学范式下的"小组互学"模式,小组建设各环节有着科学严谨的实施策略,以下从组建、分工、合作及评价等方面进行详细阐述。

①小组组建策略

依据"组间同质、组内异质"的组建原则,充分考量学生年龄特征、兴趣偏好、个性心理、智力水平及学业成绩等多维要素,构建由4—6名成员构成的同伴互助学习小组。其中,小组配置为优等生1人、中等生2—3人、潜力生1—2人,通过成员间的优势互补实现协同发展。各学习小组在合作交流过程中,共同确立组名、口号、学习目标及行为公约,以此增强团队凝聚力与认同感。

②角色分工体系

基于学生学习能力与交流能力的差异,以4人小组为例,进行明确的角色划分。选拔具备学业优异、责任心强、自律性高、善于倾听与组织协调等综合素养的学生担任小组长(1号),负责小组合作交流、展讲汇报的组织管理、过程监督及成员评价;副组长(2号)主要承担组内讨论的协调工作,并记录成员发言要点;组员(3号)负责依据成员学习能力对"问学单"问题进行课前分工规划,并收集小组讨论产生的问题;组员(4号)则专注于倾听小组讨论成果,并在展讲环节进行准确清晰的汇报。这种精细化分工确保每位成员均有明确职责,有效激发学习积极性。

③合作交流机制

秉持学生主体地位理念,依据学习内容与难度差异,构建有序的小组合作交流与展讲汇报流程。在研讨问题时,遵循"4号先行发言、3号补充质疑、2号纠错释疑、1号总结归纳"的基本顺序,确保全体成员均能深度参与学习过程,收获知识与成功体验。同时,赋予小组长小组序号命名权,并实施组内角色定期轮换制度,促进成员全方位能力锻炼与发展。

④评价激励机制

遵循教育激励理论,将评价贯穿于小组互学活动全过程,有机结合形成性评价与终结性评价,以激发学生学习兴趣与积极性为核心目标,运用多样化鼓励性评价方式维护学生学习自尊。教师定期对小组长开展专项指导,助力其明晰职责定位,通过收集组长反馈全面掌握小组成员学习动态,协同解决组长管理难题,组织经验分享交流,及时对组长工作予以肯定表扬,并提供知识拓展、方法总结、管理指导及思想引领等支持,配套丰富学习资源与广阔学习空间,强化小组长的领导力与团队管理效能。

2.课中

"问学·体验"阳光课堂教学范式以培养"善提问、会学习、能创新、有温度"的阳光少年为终极目标,其中"问学"是策略,教学中以"问"为载体、以"学"为主线;通过"引学启问、自主体验,互学启思、展学体验,拓学启用、深化体验"等三环六步推进实施。阳光课堂以学习为中心,以学生自学、互学、展学为主体,但由于学生认知水平、互学展讲能力等因素的影响,课堂教学中教师应适时的引导点拨、归纳总结以便有效促进学生高阶思维的发展。

(1)课前导学

①导向策略

课前导向策略是指在本范式课堂教学启动前,教师通过导课环节使学生预先明确学习目的,并确立全课教学基调,从而激发学习动机、维持持久注意力,促使学生自觉调控学习行为的一种导学方法。

教师在课前依据教学内容确立学生的学习方向与目标,通过创设任务驱动情境或组织特定教学活动,让学生明确学习目标、激发学习动力。这种导学方式能够推动学生积极主动地投入新课程学习,进而实现强化学习效果、促进教学发展的双重目标。

②导联策略

课前导联策略是指在本范式课堂教学启动前,教师通过引导学生复习与即将学习的新知识相关的旧知识,从中探寻新旧知识的联结点,以合乎逻辑的方式引出新知识的一种方法。

从已知到未知是学生认知发展的基本规律。教师可在课前通过提问引导学生回顾已学知识点,在学生回答后及时给予评价,再依据新旧知识的联系再次提问以引入主题。在讲授新知识时,教师需适时考量新旧知识的关联,充分利用学生已掌握的知识或日常生活中积累的经验设计导入语,引出新知识。如此导入,不仅有助于学生巩固已学知识、加强新旧知识的联系,使学生易于明确本节课的教学目标、任务和重点,也易于激发学生探求新知的欲望。

③导趣策略

课前导趣策略是指在本范式课堂教学启动前,教师精心设计新颖有趣的新课导入形式,以触发学生的好奇心、增强探索心理,从而吸引注意力、使其迅速进入学习状态的方法。

教师可通过以下行之有效的"四法"激发学生学习兴趣、调动学生学习积极性、提高课堂教学效益:

· 情境导趣:教师根据教材与学生特点,运用语言、设备、环境、活动、音乐、绘画等手段渲染氛围,营造符合教学需求的情境,以激发学生兴趣、诱发思维,使学生置身特定情境中产生心理共鸣,从而进入学习新课的"角色"。

· 质疑导趣:教师通过揭示疑难、设置悬念的方式激发学生兴趣以导入新课。该方法旨在充分激发学生的好奇心与求知欲,使学生在课堂伊始即形成认知冲突,让教学紧扣学生思维,通过提出悬念性问题,创设学生探求知识的最佳情境。

· 故事导趣:教师利用学生喜爱听故事的特点,叙述与学习内容相关的生活实例或故事,通过故事情境激发学生想象。此导入法可唤起学生的生活经验,帮助其拓展思维、丰富联想,从而自然进入最佳学习状态。

· 游戏导趣:教师通过设计小游戏,以轻松有趣的方式引导学生参与体验,并将游戏结果与教学主题关联,让学生在放松中加深印象,快速进入课程学习。

课堂导入的优劣往往决定一堂课的成败。诚然,"教无定法,贵在得法","问学·体验"阳光课堂要求教师根据学科特点、教材特点和学生的年龄特征设计灵活有效的导入方法,注重其知识性、趣味性、启发性和灵活性的统一,在新课导入时激发学生学习兴趣、触动其思维,使学生以最佳兴奋状态投入学习活动。唯有激发兴趣,学生才会乐于学、主动学;唯有激发兴趣,学生才会积极思考、全身心投入阳光课堂。

(2)课中导学

①互学小组中的导学策略

有的放矢策略:在本范式小组互学开展前,教师结合小组互学内容特点,通过呈现、口述、交流等方式引导学生明确互学目标,选择"讨论""教授他人"等适宜的学习形式,以提升小组互学的针对性与实效性的一种导学方法。该策略也指教师在学生开展小组互学过程中观察学习情况,及时搜集学生难以理解和解决的学习内容,结合教学目标确定需讲解的内容。

教师在小组互学前依据教学内容创设任务驱动情境,激活小组互学动力;运用课件呈现小组互学内容、学习形式与互学要求;标注关键内容,激活小组互学动力。教师在小组互学前的导学作用,不仅实现了导趣、导法,也帮助学生明确互学内容、形式、要求等,使小组互学更具针对性和实效性,同时为互学后的教师导学做好准备,让后续导学有的放矢。

肝胆相照策略:在本范式小组互学过程中,教师针对小组成员的构成情况,适时介入小组互学,通过提问、倾听、观察等方式引导小组成员相互帮助,尤其是优等生对学困生的重点帮扶的一种教学方式。该策略也指教师在小组互学过程中对学困生的重点关注与助学行为。

教师需近距离观察小组互学开展情况,倾听小组成员发言,对有效开展互学的小组可快速跟进,当发现小组互学交流中缺乏成员间的倾听与比较,导致错误未被发现、内容未被完善时,应及时介入,引导学生认识到小组互学交流不应仅局限于讲述独立学习时的答案,而应在倾听与比较的基础上进行补充与纠错,学会在比较中矫正、吸纳与提升;指导学生在小组观点形成的基础上进行有条理的梳理,引导小组成员向思维深度发展或从内容层面转向方法层面;指导小组中的学困生复述完整答案或运用归纳方法。

厉兵秣马策略:在本范式小组互学结束后、全班展讲活动前,教师专门预留时间段,激励小组成员按展讲分工任务进行展讲训练,尤其是对学困生进行展讲互助指导,以促进学习内容内化、做好上台展讲准备的一种导学行为。

教师引导学生以小组为单位,按展讲分工任务开展组内展讲训练,为"全班展讲"活动的良性互动做准备,使人人参与展讲成为可能;为小组提供更广泛的"互教互助"契机,通过"你说我听、我说你听、互相补充"的方式,利用"组内人人展讲"实现"同伴互教",让学习力弱的学生在小组互助中增强表达勇气与自信,学习力强的学生在帮助他人中获得成就感,形成有温度的学习共同体;充分调动学生参与学习活动的热情,激发其展示自我的"表现欲",让学生通过"组内人人展讲"体验"小老师"角色、获得成就感,同时在活动中提升逻辑思维与语言表达能力,最大限度拓展发展空间。

②全班展讲中的导学策略

将错就错策略:在全班展讲中,当学生出现错误时,教师给予其充分的思考时间与空间,让学生自主发现并纠正错误。教师应将此作为教学的真正起点,站在学生角度"顺应"其认知,把握错误思想的运行轨迹,摸清错误源头,进而"对症下药"找到解决问题的方法。

教师需善于观察与倾听,摸清错误源头并"对症下药"。当学生出现错误时,教师应以"绿灯"态度对待,允许重答、补充或争论,让"错误"成为新的教学亮点。

教师需将错就错、因势利导。例如,在解决"桃树有45棵,比梨树的3倍多6棵,梨树有多少棵?"时,学生可能列出①3×45-6;②(45+6)÷3;③(45-6)÷3等多种算式,教师可通过学生合作结合线段图明确③为正确答案后,因势利导:"若为其他算式,能否改编原题条件?"学生由此针对其他算式改编应用题。此过程中,教师利用错误为学生创设思维空间,引导其自主观察、实验、验证、归纳、分析、整理,多角度、全方位审视条件、问题与结论的内在联系,实现知识丰富与思路拓展,提升求异思维能力。

锦上添花策略:学生的既有经验、智慧、知识与学习潜力可作为教学资源,且具有越用越丰富的特点。当教师在课堂上面临知识重难点困境时,若能巧借学生的自发创见,往往能收到锦上添花、事半功倍的效果。

学生的灵感与顿悟在课堂中常不经意出现,具有瞬间性、可遇不可求与稍纵即逝的特点。对待此类生成性资源,教师需认真倾听、及时捕捉与肯定。如某数学教师讲解"鸡兔同笼"题(鸡兔共18头48脚,求鸡兔数量)时,学生提出"去脚法":"鸡兔共48脚,每兔去2脚、每鸡去1脚,脚数减半为24,其中18对应头数作为鸡数,24-18=6为兔数,18-6=12为鸡数。"教师认可该方法并让其展示,引发更多解题思路,促进学生思维发展。

拨乱反正策略：由于小学生年龄小、思维发展不平衡，对教学重难点把握不准，加之部分学生易钻牛角尖，课堂展讲常出现偏离主题的情况，教师需及时引导，制止无价值、偏离主题的讨论，将学生恰如其分地引领到主题上，使其围绕课堂主题讨论。

教师需在课堂各环节多次点题，引导学生理清思路、明确方向，以梳理教学进程线索并凸显主题；当提问偏离主题时，教师不应生硬打断，可回应"该话题与主题关系不大，可再思考"，或通过示范对话让学生体会，既帮学生释疑解惑，又引导其抓住主要问题、回归讨论主线。

删繁就简策略：当学生展讲语言不清晰、言之无物、缺乏逻辑性时，教师应引导其用规范、有序、完整、精练的语言表达。这要求教师在每节课的各教学环节，结合教学内容有计划、有意识地引导学生进行说话训练，搭建回答问题的框架；教师的语言应作为表率，力求用词准确、简明扼要、条理清晰、前后连贯、逻辑性强，进而引导学生准确、精练、连贯地回答。例如，学生说"圆锥体积是圆柱体积的三分之一"表述不准确，又如回答"23是质数还是合数，为什么？"时，应引导学生按"质数定义—23满足定义—23是质数"的思路作答。

问题回抛策略：在本范式课堂教学中，当学生请教师判断或请教时，教师不直接回答，而是将问题回抛给全班学生，并通过方向引领等方式引导学生自主解决问题的方法。当学生向教师质疑时，教师可回抛问题"谁能帮他解决？"以激活更多学生参与问题解决。交流中，教师需专注学生互动，倾听想法，发挥学生主观能动性，梳理提炼关键信息，调动多元感官参与，丰富对问题的认识，让学生在充分回答基础上进行小结与提升，形成"一抛""二抛""三抛"的思维碰撞场域，有效促进"教"与"学"的协同发生，使学生思想更主动、状态更积极、行为更自觉。

煽风点火策略：当学生兴趣低迷、注意力不集中时，教师需调动教学各因素，通过"煽风点火"激发学习兴趣，优化课堂教学效果。要让学生思维与智慧"燃烧"，教师需先"自燃"，课前深入理解教材、了解学生的思想状况、能力水平与学习习惯，课堂上依情况因势利导、激发兴趣。在知识重难点处设计问题，通过持续"煽风"（如"不明白你讲的内容""如何得知""为何这样讲"等追问）找准突破口、深化交流。同时，教师需学会"点火"以建立"情绪场"，课堂中适时讲解有趣故事与历史趣闻，运用手势、面部表情、体态动作创造语言情境，通过"意会""传神"的暗示感染学生。

收放自如策略：课堂中既要让学生充分表达观点、发挥主观能动性，教师又需把握"度"，做到收放自如，让课堂活而不乱。教师需为学生提供充足学习空间，放手到位、务求实效,同时适时"收场",确保时机恰当、自然合理。

润物细无声策略:所有学科教师需利用本学科特点加强学生思想教育,发挥学科教材的育人优势,渗透德育,让学生在获取科学文化知识的同时提升道德修养、塑造独立人格。教师在课堂教学中需找准切入点与着力点,将德育融入教学内容,运用学科发展史与先进人物事迹鼓舞学生、激发民族自豪感;将德育融入学科活动,把生命教育、劳动教育等五育融合到阳光课堂中。

(3)课后导学

课后拓学是教学不可或缺的环节,对教师课后导学素养提出新要求。教师需探寻课后拓学的策略与方法,确保课后拓学与课堂教学深度融合。

①导思策略

结课时,教师可用准确精练的语言对教学内容与重点进行提纲挈领的总结归纳;引导学生回忆所学知识,帮助其梳理知识点的联系与区别,加深对知识的掌握与理解;进一步强调教学重点与难点,以促进认知结构的建立与完善,提高学生运用知识解决问题的能力。

结课时,教师还需引导学生畅谈学习体验、感受与收获,表达困惑与喜悦,提出建议与见解,不仅关注学习结果,更关注学习体验、情感态度与价值观,以进行针对性指导与教学改进。同时,为学生提供专业的反思性指导(行动催生、方法指引、反馈矫正),对不同反思及时作出准确恰当的评价,并据此引导学生借鉴、模仿或优化,提升反思意识、习惯与能力,为后续学习注入动力。

在小学"五育并举"要求下,教师不仅要注重学生基础知识与能力培养,还需有意识地将知识掌握与思想品德教育相联系,在知识教学中自然、适时、适量地有机融合,实现五育融合,培育阳光少年。

②导学策略

结课时,教师设计有趣的教学情境,以对话方式总结新课,可收画龙点睛之效,不仅制造教学高潮,还能引领学生学会反思,达成总结、活用、拓展、提升、启智的目标。

对教学内容联系紧密的课时,教师可利用内容连续性与学生好奇心,在结课时针对下节课内容提出启发性问题,设置悬念、激发求知欲,达成"欲知后事如何,且听下回分解"的艺术效果。

课堂不仅是传授知识的场所,更重要的是习得学习方法。教师在结课时可引导学生总结本课获取知识的方法及运用该方法解决的问题,构建方法模型,提升归纳总结能力。

③导用策略

小学生充满好奇心,走进教室时常带着诸多问题。一堂课的结束并非教学内容与学生思维的终结,教师需在旧知识基础上适时拓展延伸,鼓励学生探索新知识的奥秘,引导其探究新知识的生长点,体验探究乐趣,激发"且听下回分解"的学习期待,充分调动学习积极性。

学以致用是学习的最高境界。教师需在结课时结合教学内容、课本练习与拓展题目,指导学生进行深化练习,使其能在真实、复杂的情境中应用知识;有针对性地生成问题,引导学生多角度思考,激活智慧火花、提升思维品质,结合已学知识解决实际问题,实现学以致用。

教师在阳光课堂课后拓学中运用导思、导学、导用策略,可引导学生有效落实目标、获取新知,将课堂推向高潮、展现知识魅力;促进学习、巩固新知、弥补不足,提升学习效果;培养归纳能力、引发课堂留恋、激发探究欲望;画龙点睛、辐射课后,令人回味无穷;反思体验、改进教学,促进师生成长;活跃课堂氛围、扫除疲惫,提高学习效率。

(三)教学管理能力

"问学·体验"阳光课堂教学范式中教师对课堂的教学实施进行了引导,对教学过程也开展了一系列评价并进行管理。同时,"教、学、评一致性"是教学任务达成的关键,也是保障阳光课堂目标达成的关键。教师在教学中根据内容的变化、目标的不同、环节的推进进行个性化的评价管理,运用多样性、鼓励性、针对性、客观性的评价语言,提升教师评价能力和教学管理能力,促进阳光课堂教学范式的实施。

1. 对课堂文化的评价管理

在"问学·体验"阳光课堂教学范式中,学生于课前、课中、结课及课间休息阶段,始终以学校文化为行为规范的基准,实现自我约束与素养提升,逐步形成独具特色的阳光课堂文化生态。

(1)课前文化建构

课前文化以学校阳光办学理念为内核,结合班级文化特质与学科属性,构建契合本班学情的"课前三分钟"规范体系,通过多元形式激活学习氛围:

多元展示机制

采用唱歌、演讲、故事讲述、经典通读、才艺展示等单一或复合形式,实现学科知识与文化素养的有机融合。

班级精神唤醒

通过集体呼号强化班级凝聚力,如:

-班长:一二三→其余学生:请坐端

-班长:挺起胸→其余学生:抬起头

-班长:好问之→其余学生:乐学之

范式特色渗透

嵌入"问学·体验"核心要素,通过口号呼应强化"善问乐学"的价值导向。

教师需从展示形式的创新性、口号执行整齐度、特色呼号熟练度三个维度实施过程性评价,推动班级课前文化的个性化建构,增强学生的集体荣誉感与学习内驱力。

(2)课中文化培育

阳光课堂通过差异化策略促进倾听行为的有效发生,依据学生认知发展水平实施分层引导。

低年级课中展讲前,如:

展讲学生:挺起胸

其余学生:抬起头,身坐正,脚放平,不急举手倾耳听。会思考、能判断,我会做个小裁判。

中年级课中展讲前,如:

展讲学生:挺胸其余学生:抬头

展讲学生:我展讲其余学生:我倾听

高年级课中展讲前,如:

由展讲者主导规范引导,实现学习共同体的自我管理,具体如:

展讲学生:挺胸其余学生:抬头

教师需通过课堂观察对口号准确性、行为一致性、注意力集中度、倾听习惯养成度进行动态评价,将碎片化的互动语言转化为持续性的文化符号,提升课堂学习的整体效能。通过课前、课中环节的仪式化设计与持续性评价机制,促进学生形成良好的倾听习惯,提高学生的课中学习质量。

(3)结课

"问学·体验"阳光课堂教学范式以培养"善提问、会学习、能创新、有温度"的阳光少年为终极目标,每一个终极目标的形成都离不开无数个小目标的积累,阳光课堂每次结课都是让学生一边说、一边思考、一边评价,看看自己本节课的小目标是否实现。低年级可以一边说,一边加上一些肢体语言,说完以后在问学单上进行自我书面评价;中年级可以对答,对答完成以后在问学单上进行自我书面评价;高年级可以由一个学生说,其余学生在问学单上进行自我评价。

每一次结课时,教师都需要提醒学生进行自我评价,再根据学生的自评规范性、是否客观公正、总结是否完整等进行评价,促进学生形成以评促学的良好学习风气,提高学生的总结能力和评价能力。

(4)课间

教师需要在课间休息前提醒孩子收拾好文具,让自己的区域内干净整洁,促进学生养成良好的行为习惯。如:

课间五件事:收文具　送凳子　捡垃圾　喝温水　上厕所

2.对课堂表现的评价管理

"问学·体验"阳光课堂教学范式强调三大体验环节:引学启问的自主体验、互学启思的展学体验、拓学启用的深化体验。课堂表现主要聚焦于第二个环节,涵盖学生二次自学、小组互学与全班展讲。教师在各环节中不仅需实施指导,更要对学生学习活动进行系统性观察与评价,以此推动学生改进学习方法、转变学习态度、提升学习能力。

(1)学生自学

此为基于"问学单"的课堂二次自主学习,旨在检测学生预习成效,为小组互学提供探究素材。教师需全面掌握学生自学状况,针对个别学生开展针对性指导,并从整体与个体层面进行过程性评价,以激发学生学习积极性。

(2)小组互学

教师需主动参与学生小组讨论,通过持续巡视关注各小组学习动态,在合作过程中捕捉问题并于关键节点给予提示、引导与评价。小组学习遵循以下评价原则:在任务分配上,采用"组长主持、弱者先行、中者补充、优者总结"的机制;在合作文化构建上,倡导"耐心倾听、翔实记录、善意评价、积极讨论"的规范。

教师评价需兼顾不同层次学生的学习体验,既鼓励学困生,也激励优等生与中等生,同时从多维度关注学习态度与合作文化。

（3）全班展讲

教师在展讲中需关注不同层次学生的表现：既要展现优等生的思维亮点，也要呈现中等生的理解特点，更要关注学困生的每一点进步。在评价时，不仅要聚焦优等生的精彩展示与思维发展，还要关注中等生的积极互动与质疑发问，同时留意学困生的专注倾听与认真笔记，确保不同层次学生的发展与进步均被看见，让每位学生体验学习成功，激发向上的学习兴趣。

3.对课堂结果的评价管理

一节课的结束并非学习活动的终结，而是学习的延续。教师需在结课时对学生学习进行多维度评价，涵盖自学效果、互学态度、展讲表现、互动参与、思考质疑、拓学运用等方面。基于评价引导学生借鉴、模仿与优化，使学习兴趣与热情延伸至课后，促使学生在学习中反思、在反思中成长、在成长中提升核心素养。

4.对课堂作业的评价管理

学习是师生共同经历的智慧之旅，其终极目标是让学生灵活运用知识理解世界、解决问题。课末，教师需结合课本练习与拓学单，对学生作业完成情况进行及时评价与反馈。这一过程既能检验学习成果、了解学情，帮助学生查漏补缺，又能为后续教学指导提供依据，实现"学以致用"的教育价值。

三、综合的育人能力

"问学·体验"阳光课堂教学范式以培养"善提问、会学习、能创新、有温度"的阳光少年为终极目标。"问学"是策略，教学中以"问"为载体、以"学"为主线，从问题入手，让师生在问题的驱动下探究、在探究中生疑、在解惑中生智；"体验"是方法，即学生在情境中开展体验活动，在体验活动中建构知识；"阳光"是目标，让每名同学都自信阳光，快乐成长。阳光课堂的目标导向把课堂教学的每一个环节都融入了学生核心素养的发展，教师综合的育人能力促进了学生的全面发展。

（一）互学点亮思维

"问学·体验"阳光课堂教学范式强调三个体验环节：引学启问自主体验、互学启思展学体验、拓学启用深化体验。

"互学启思"是指以"问学单"为必要载体,在关键问题串的引领下开展展学体验活动,激发学生内驱力,指导学生在互助学习、合作探究、展示交流的过程中,发展思维、提高能力、形成素养。教师在生生交流,师生对话中适时适当地对学生的学习活动进行引导和点拨,抓住问题创生的节点推动学生思维的向广度和深度发展,充分调动学生的积极性,让学生在互学中享受学习的快乐,在快乐中进步,在进步中成长。

(二)展讲激发自信

在"问学·体验"阳光课堂教学范式的展讲过程中,学生在教师的指导下有序有礼地进行"问学单"的展讲,有组内成员的分工、合作,既可以通过展学展示优等生的思维亮点,又能够展示中间生的理解特点,还能展示学困生进步的每一点,其他组学员也可以对展示组的展讲进行补充、质疑、追问,在交往中交流,使全班同学对知识的理解更深入。同时,各层次的学生都能在展讲中充分感受到自己的价值,感受学习的快乐,获得学习的成功感,激发对自身的自信。

(三)活动涵养审美

在推动"问学·体验"阳光课堂教学范式的进程中,教师结合各环节实践操作开展了多元展示评比活动。

4Q预习展示活动

各班从书写规范性、格式正确性、4Q要素完整性等维度开展4Q预习作业评比,遴选优秀作品组织集中展示。学生在展示中建构正确价值观,通过榜样示范发现审美特质、积累审美经验,实现认知与情感的双重发展。

小组互学展示活动

以小组互学的逻辑条理性、思维深度、实效程度为评比标准,选拔优秀互学小组录制知识点探究视频并全校分享。学生在展示中通过语言文字表现美、创造美,在获得学习自信的同时,积累审美体验。

小组展讲评比活动

从展讲的逻辑架构、思维深度、互动效果等方面开展评比,优秀展讲小组在全年级进行展示。学生在交流中提升语言运用能力,增强学习自信,通过互动激发创造性思维,发展审美创造能力,促进综合素质发展。

在阳光教育理念引领下,教师通过丰富的课程体系与灵动的课堂设计,为学生提供自主发展空间,实现从"被动学习"到"主动探究"的转变。让学生成为课堂主体,在安静思考中建构知识,在深度交流中发展思维,在体验活动中完善认知。课堂生态既保持规范秩序,又彰显自由活力;既强调自律意识,又鼓励个性表达;既营造宁静氛围,又激发思维灵动。最终使学生真正成为学习的主人,以主动探究的姿态成为勇敢的体验者与创新者,实现全面而有个性的发展,成长为"善提问、会学习、能创新、有温度"的阳光少年。

第三节
课程建设的优化

"问学·体验"阳光课堂教学范式的有效实施,亟须科学的课程体系、合理的课程内容与丰富的课程资源作为支撑。科学的课程体系是落实该教学范式的根基。学校立足学生发展需求、契合学校发展规划、遵循国家政策导向、融合学校文化特色,构建起"阳光课程体系"。课程内容则是达成"问学·体验"阳光课堂教学范式目标的核心要素。其设计注重对接学生生活经验、呼应实际需求,强调通过实践活动深化学生体验、关注情感培育,具备显著的开放性与综合性特征。通过鼓励跨学科学习与合作探究,着力培养学生的综合素养与创新能力。学校严格依据新课程方案和课程标准要求,对课程内容进行系统整合,积极推进跨学科主题课程学习与大单元学习。丰富的课程资源是"问学·体验"阳光课堂教学范式得以顺利实施的重要保障。学校通过积极开发与充分利用各类课程资源,为学生提供多元学习路径与丰富学习素材。同时,高度重视课程资源的共建共享,与社区、家长等建立紧密合作关系,共同推动课程资源的持续优化与创新发展。

一、课程体系的重构

(一)重构依据

中共中央、国务院《关于深化教育教学改革全面提高义务教育质量的意见》明确提出坚持"五育"并举、全面发展素质教育的核心要求。《教育部关于全面深化课程改革落实立德树人根本任务的意见》进一步强调,需着力培育学生高尚的道德情操、扎实的科学文化素养、健康的身心素质与良好的审美情趣,致力于培养具备中华文化底蕴、中国特色社会主义共同理想及国际视野的社会主义合格建设者与可靠接班人,并提出主要任务中的五个"统筹"。同时,《义务教育课程方案(2022年版)》指出,应全面落实"有理想、有本领、有担当"的时代新人培养目标,以增强课程综合性与实践性、引导育人方式变革、发展学生核心素养等要求为指引。上述政策文件共同构成学校课程方案编制的理论依据与方向指南。

基于政策导向,学校采用问卷调查与多元访谈相结合的实证研究方法,对全体学生展开系统性调研。经数据汇总与深度分析发现,新时代城区小学生的课程需求呈现多元化特征:除国家课程与地方课程等基础性学习内容外,创新技术类、艺术发展类、社会实践类课程更受青睐。学生普遍期望课程学习能够紧密关联个人兴趣爱好、生活经历与实践经验,迫切需求更多参与创新科技实践、动手操作活动的机会,以及走进自然、社区开展研学实践的学习场景。通过丰富学习体验,学生不仅期望收获学习乐趣、积累成功经验,更力求实现"有理想、有本领、有担当"的自我发展目标,成长为具有积极特质的阳光少年。

(二)课程目标

课程体系目标定位为培养品学兼优、胸怀天下的阳光少年。以中国学生发展核心素养为指引,紧密结合学校"品学兼优、胸怀天下"的育人目标、"挺胸、抬头、走路"的校训,以及办学理念与愿景,确立以培育"阳光少年"为核心素养总目标,并从"自立品质、天下情怀、科学精神、人文素养、实践创新"五个维度分层构建理论体系。

"自立品质"维度聚焦学生自主发展能力,强调形成爱学习、会学习的良好习惯,具备正确认识和评估自我的能力,涵盖"乐学善思、健康向上"等基本要点。"天下情怀"维度着重培养学生的社会责任感与全球视野,倡导学生树立大格局观念,积极承担社会责任,为构建人类命运共同体贡献力量,包含"爱国爱家、放眼世界"等核心要素。"科学精神"维度鼓励学生以批判性思维审视问题,秉持实事求是的态度,不断追求真理,其核心要点包括"实事求是、勇于探究"。"人文素养"维度以人为本,强调文化知识的积累沉淀与高尚审美情操的培养,涵盖"文化积淀、审美高雅"等关键内容。"实践创新"维度突出劳动意识培养,倡导尊重劳动、积极参与劳动实践,鼓励在已有文明成果基础上开展创造性活动,提升复杂环境下的问题解决能力,包含"热爱劳动、善于创造"等基本要求。

(三)课程结构

基于"阳光教育"办学哲学,紧扣"五育"并举理念,学校确立"五彩阳光,金色童年"的办学理念,锚定"品学兼优,胸怀天下"的育人目标,选取太阳红、大地黄、天空蓝、活力橙、生命绿作为五育表征色彩。以"培养德智体美劳全面发展的新时代好少年"为指导思想,立足学生核心素养需求,结合学校发展定位、国家政策导向与校园文化特色,系统构建"向阳课程体系"。该体系以培育"品学兼优、胸怀天下的阳光少年"为核心,形成三级课程架构:以国家课程为根基构建朝阳课程,奠定学生核心素养底色;以全校必修校本课程为主体构建正阳课程,凸显"品学兼优、胸怀天下"的学校育人特色;以校本选修课程为补充构建晖光课程,促进学生个性化发展。三级课程相互渗透、协同互补,共同支撑学生全面、和谐且富有个性地成长。

向阳课程遵循儿童身心发展规律与学校育人目标,采用"纵横交错、立体架构"模式。横向从美德、智慧、健康、优雅、创造五个维度,纵向设置品德、语言、健康、艺术、创造五类课程。所有课程均以国家课程为基础,校本课程为拓展延伸:品德类课程以道德与法治为依托,分年级开设孝行教育、红色研学、节日实践等课程,引导学生塑造社会公德,协调个人与社会关系,落实美德素养培育;语言类课程以语文、英语为核心,通过课本剧、经典诵读等拓展形式提升语言能力,培育智慧素养;健康类课程以《体育与健康》为基准,借助篮球、武术等专项课程培养生活习惯,夯实健康素养;艺术类课程以音乐、美术为起点,通过葫芦丝演奏、创意手工等课程涵养审美情趣,塑造优雅素养;创造类课程以数学、科学、劳动为基础,依托思维训练、机器人实践等拓展课程,培养劳动技能与创新能力,落实创造素养。

在保证课时总量与学生在校时长不变的前提下,学校对课程实施时间进行系统性规划。依据学生年龄特征与学科特性,采用长课、短课、大课、小课灵活组合的周课安排模式,并通过"班级课堂""学校课堂""社会课堂"三类场域协同实施,确保课程体系有效落地。

(四)课程实施

立足学校"五彩阳光,金色童年"的办学理念、"挺胸、抬头、走路"的校训及"乐学好问、晖光日新"的学风等教育思想,综合分析本校学生资源与校内外教育教学资源条件,秉持素养导向的课程理念,以课堂变革强化跨学科实践,开展以学习者为中心的教学创新,以大单元、跨学科学习为切入点推进综合学习,将立德树人根本任务融入具体教育教学活动。

1.国家课程的实施

(1)深化基于标准的教学

围绕国家课程校本化实施指南,不同年段与学科从学情校情出发,完成从学段目标到学期目标、单元目标、课时目标的分解,细化课程标准,以编制学期课程纲要、单元计划及基于标准的课时教案为抓手,推进"教—学—评"一体化教学。

各学科依托课程标准与核心素养,构建整体性教学意识,建立与学生真实生活"有关、有趣、有用"的连接,开展大单元教学。在大概念、大任务、大情境统领下系统设计教学活动,满足不同学生素养发展需求,实现从关注"双基"向聚焦核心素养、从学科素养培养向全面育人的转变,促进阳光少年全面发展。

(2)深化阳光课堂变革

以确立"阳光目标"为起点,构建"以问启学""以学定教""少教多悟""具身践行"为特征的"阳光课堂",运用"问学·体验"教学范式,采取"个体自学—小组互学—全班展学—教师导学"的"三学一导"组织形式,凸显"教师主导、学生主体、活动主线"。综合运用"唤醒感受""探究交流""操作运用"等策略,引导学生深度参与,实现"六解放"(脑、手、眼、口、空间、时间),达成"主动体验、快乐分享"的学习目标。

通过"常态课驱动、转转课联动、展示课带动",推动学习方式与导学方法变革,形成"以学生为中心"的创新课堂生态。夯实"课前引学、课中问学、课后拓学"环节,实现课堂流程结构化、学习自主化、点拨灵动化、效果最优化。

(3)深度推进五育融合

将阳光少年核心素养培养融入学科内外,通过学科融合、项目融合、主题融合、活动融合等路径,开展跨学科主题学习。立足学科边界融合,强化知识综合运用能力,实现从"拼凑叠加"向"融通协同"转变,构建跨目标育人体系,强化课程协同功能,促进五育整体发展。

(4)深化作业改革

以教师集体备课与学情研究为基础,聚焦作业设计、批改等关键环节,开展全学科、分层、劳动作业的实践研究,注重思维进阶与过程实证收集,实现作业减负提质。

2.校本课程的实施

以"班级课堂、学校课堂、社会课堂"三类场域开展项目式学习,促进学生在体验、反思中成长。

(1)班级课堂实施

在延时走班、社团活动、学科特长、艺术情趣、研学实践、主题活动等课程中,基于学科素养系统化实施,解决"为何教、教什么、怎么教"的育人问题。学生通过必修、选修分班或走班参与,满足个性化与全面发展需求。

(2)学校课堂实施

在校园展示、主题活动、阳光劳动等课程中,一是体系化开展"班级风采展示""阳光魅力展示"等综合艺术活动,融合美育、德育、智育;二是序列化开展"主题活动月课程"(三月"向春天报到"、四月"创造节"等),促进五育融合。

(3)社会课堂实施

在红色研学、社会实践、传统节日等课程中,延伸校园综合课程,开展"特校手拉手""职业体验""走进科技馆/红色基地""清明/端午/重阳实践"等校外活动,强化社会参与与文化传承。

二、课程内容的统整

(一)现有课程内容存在的问题

当前课程内容呈现碎片化特征,过度聚焦单一学科知识点,忽视学科间及知识体系的内在逻辑关联,导致学生难以构建系统化知识网络,制约知识理解与迁移应用能力发展。同时,课程内容与现实生活、社会问题的联结不足,显著降低学生学习兴趣与动机。

1.缺乏跨学科整合

课程内容以单一学科知识传授为主,缺乏学科间的交叉融合与协同应用。这种割裂式教学模式限制了学生综合素养的培育,使其难以将知识转化为解决实际问题的能力。例如,数学与科学课程较少与语文、社会科学建立联系,导致学生无法运用数理知识进行文本分析或社会现象解读。

2.缺乏实际应用和社会意义

现有课程偏重理论知识灌输,与现实生活场景及社会热点问题的衔接薄弱。学生难以感知知识的现实意义,学习积极性受挫。以社会科学课程为例,教学多停留在历史事件和地理知识的表层讲解,未能深入探讨其对当代社会与个体生活的影响,导致学生的学习动力匮乏。

(二)现有课程内容的需求

小学作为基础教育奠基阶段,课程内容的适切性与前瞻性至关重要。结合教育实践需求,小学课程需从以下维度优化:

1. 需要与现代社会的发展紧密结合

面对科技快速迭代与知识更新加速,小学课程应动态融入前沿科学知识、技术应用成果及社会发展趋势,培养学生适应未来社会挑战的核心能力。

2. 需要关注学生的个体差异和多元发展

学生在兴趣、天赋和潜能方面存在显著差异,课程内容需提供多样化选择。通过增设艺术、体育、科学探究、语言思维等多元课程,满足学生个性化发展需求。

3. 需要注重培养学生的综合素养

现代社会对人才的要求已拓展至道德品质、社交能力、创新思维等综合素养。课程应通过实践活动、项目式学习等方式,着重培养学生团队协作、批判性思维及社会责任感。

4. 需要传承和弘扬传统文化与民族精神

为增强文化认同与民族自豪感,课程需系统融入历史、文学、艺术等传统文化内容,引导学生理解中华文化内涵,筑牢文化自信根基。

(三)小学课程内容的统整策略

为破解现存问题,需以明确的课程目标为导向,重构课程内容体系,强化知识间的逻辑关联,推进跨学科、跨领域融合,并结合学生需求优化课程内容,全面提升学生核心素养。

2022年版课程标准强调以主题、项目、任务驱动内容结构化设计,要求以学科核心概念为线索整合碎片化知识,构建有机整体。除综合课程外,各学科需设置不少于总课时10%的跨学科主题学习。

1. 学科间融合,设置跨学科主题课程

跨学科主题课程是课程改革与人才培养的必然要求,其以学生经验为核心,整合多学科知识与技能,通过真实问题情境驱动学习,打破学科壁垒与现实界限。

(1)单学科主导的跨学科主题学习

以数学学科为例,依据《义务教育数学课程标准(2022年版)》要求,学校系统设置两类跨学科主题学习课程。

一类是基于核心素养开展联合课程学习。以数学学科为主导的联合课程,旨在引导学生通过跨学科主题课程学习,自主领悟数学与其他学科、数学与现实生活的内在关联。①通过学习活动,学生能整体感悟并践行"数学的眼光""数学的思维""数学的语言",进而提升数学核心素养。如学校针对六年级学生,围绕"水是生命之源"主题,按照"生活用水情况访谈—用水情况调查—滴水实验—制定节水方案"的思路开展跨学科主题学习。在这一过程中,学生体会到数学与信息科技、科学、语文等学科的联系,以及数学与生活的紧密关系,并在分析调查结果、实验数据等运用数学知识解决实际问题的实践中,发展了数学眼光、数学思维和数学语言。

另一类是在综合实践活动中拓展融合。教师利用课后服务时间组织学生开展综合性实践活动,着力培养学生的跨学科应用能力和创新意识。例如,在六年级学习"圆的面积"内容时,课堂上向学生介绍我国古代著名数学家祖冲之和圆周率的故事后,设计以"中国古代数学文化知多少"为主题的综合实践活动。学生先围绕主题讨论学习内容及程序,再依循①查找资料,选择案例;②学习数学文化,了解背景;③撰写学习报告;④制作手抄报,介绍数学文化;⑤开展"中国古代数学文化展示交流会"的流程展开实践探索。活动中,学生综合运用多门学科知识解决遇到的问题,感受知识的无边界性,体会跨学科学习的重要意义。

(2)地域资源导向的多学科整合

立足学校所处地域的丰富资源,精心筛选能够融合多学科领域、具备显著关联性与共性的主题,深度挖掘与学生生活及社会实际紧密相关的问题,以此激发学生的参与热情,同时充分考量学生的兴趣爱好与关注点,系统规划各年级的活动主题。

学校以"我和我的家乡"作为大主题,依据不同年级特点设置相应小主题,全面开展跨学科主题学习活动。二年级开展"我为家乡动植物揭秘"主题活动,旨在引导学生探索家乡独特的生物多样性;三年级开展"我为家乡景点打CALL"主题活动,鼓励学生发现并宣传家乡的自然与人文景观;四年级开展"我为家乡美食代言"主题活动,通过美食文化了解家乡的独特魅力;五六年级开展"我为家乡古建筑点赞"主题活动,聚焦家乡古建筑的历史与艺术价值。

各班在既定主题下,进一步选择学生感兴趣的切入点进行深入探究。例如,三年级一班开展了以"古镇风情"为主题的跨学科主题学习活动。学生亲自走进东街古镇，亲身感受古镇的历史底蕴、传统文化和自然景观，通过实地考察、资料查阅等方式，深入了解中国著名古镇以及其他国家特色古镇的风貌。学生还通过绘画、写作等多样化方式，积极宣传家乡古镇的独特魅力，并向同学们介绍其他国家富有特色的小镇。通过这些活动，学生不仅感受到人文与自然的和谐之美，拓宽了视野，更增强了对家乡的认同感和民族自豪感，同时提升了审美情趣。

2.学科内整合，进行大单元学习

《义务教育课程方案（2022年版）》明确指出，基于核心素养培育要求，需明确课程内容的选择范畴与容量，注重与学生经验、社会现实的关联，强化课程内容的内在联系，凸显课程内容的结构化特征，探索以主题、项目、任务等方式组织课程内容。积极探索大单元教学，开展主题化、项目式学习等综合性教育活动，以促进学生触类旁通、融会贯通，加强知识间的内在联系，推动知识结构化进程。

大单元教学能够实现学科知识、教学方法、评价方式及学科素养的有机整合，有效培养学生的综合素质与创新思维，全面提升教育教学质量，促进学生的全面发展。通过系统性的单元设计，将不同篇章的知识点进行整合，有助于学生深入理解学科的内在逻辑结构，从而更好地掌握知识。例如，将《分数乘法》和《分数除法》两个单元的内容重组为一个教学单元，探索"分数乘除法"中的大观念，并依托该大观念编制单元教学目标、设计单元教学流程。通过对知识的统整，让学生体会分数、小数、整数在运算方法本质上的一致性，进而发展学生的推理意识和应用意识。此外，多元化的教学方法和评价方式能够有效激发学生的学习兴趣，提升其学习的主动性与参与度。同时，通过学科素养的统整，学生的学科素养和综合素质能够得到更好的培养与提升，从而为适应未来的学习和工作奠定坚实基础。

三、课程资源的开发

学校课程建设的根基在于课程资源，其既是教师开展教学的素材与工具，亦是学生获取知识、提升能力的基础与源泉。课程资源的丰富程度及其开发运用水平，直接决定课程实施的广度与深度，优质课程资源能为教师提供多元且生动的教学内容，使教学更具吸引力与活力，进而更好地满足学生学习需求，推动教育教学创新发展。课程资源开发对提升教学质量、优化学生学习效果、培育综合素养意义深远,是创新教育、增强教学实效的关键环节,也是推动课堂范式变革的必要条件。

2001年,教育部印发的《基础教育课程改革纲要(试行)》首次提出"课程资源"概念,将积极开发与合理利用校内外资源(包括校内教学设施、实践基地及校外社会资源、自然资源、信息化资源等)纳入课程改革重要内容。2023年5月,教育部《关于加强中小学地方课程和校本课程建设与管理的意见》对校本课程开发作出明确要求:学校需设专人负责,构建教师、社会专业人士、家长等多方参与的开发机制,明确各方职责,科学规划与规范组织开发工作。通过调研分析学生需求与学校课程资源,充分论证后确定校本课程的建设方向、重点领域、科目及形态等。每门校本课程均需研制课程纲要,明确课程名称、开设年级、课时,阐明目标、内容、结构、实施与评价方式,注重综合性、实践性与选择性,强化实施评估及动态调整。义务教育阶段校本课程应聚焦学生多元成长需求,采用学生喜闻乐见的形式,避免内容与形式单一化。

(一)课程资源开发的思路

学校课程资源开发以学校课程实施为基础,必须以学校课程为切入点,围绕学校课程目标、课程内容、课程组织、课程评价、课程管理等方面进行资源开发。

1. 为国家课程补充相应的课程资源

国家课程在学校层面的实施,需要学校和教师进行理解与二次开发,形成学校层面的国家课程及其拓展课程体系。

国家课程的校本化实施除需课标、教材、教师用书等基础材料外,还需补充文字资料、多媒体资源、社会与自然资源等教学辅助素材,这要求教师创造性运用素材性资源,并结合学校实际开发补充。例如,学校为提升学生自主学习能力,在各班组建学习小组,组织教师开发各学科、各年级基于"问学·体验"阳光课堂教学范式的引学单、问学单、拓学单,分别用于学生课前、课中、课后学习。

国家课程的拓展课程以国家课程要求为基础,挖掘学校课程资源形成课程或活动,以拓展学生学科核心素养。如:语文学科拓展"五彩群文课程""经典诵读课程",以经典诵读丰厚文化积淀;数学学科拓展"思维训练课程""数学巧手课程",培养推理意识;体育与健康学科拓展田径、跆拳道、武术、绳彩飞扬等课程,提升运动技能;信息科技学科拓展机器人、航模、无人机等课程,强化信息素养;劳动学科拓展小农夫种植、阳光劳动周、传统技艺等课程,培养劳动习惯。

2.为校本课程或社团活动开发相应课程资源

学校所在地历史悠久,拥有1383年建制史,留存龙岩城抗蒙遗址、东汉摩崖石刻、尹子祠等人文古建筑;境内金佛山景区集世界自然遗产、国家5A级旅游景区等九项国家级荣誉于一体,地质与自然资源原始丰富,是黑叶猴、银杉、金山方竹等珍稀动植物的生物宝库,更有浑水粑、冲辣菜、方竹笋等地域美食。

依托地域资源与学校办学理念,呼应南川区"四有八为"德育课程要求,学校开发以"我和我的家乡"为主题的校本课程,组织各年级学生开展跨学科主题学习活动,引导学生了解家乡古建筑、自然景观、动植物及美食,激发热爱家国之情。

(二)课程资源开发的策略

1.丰富校本课程资源开发的支持渠道

课程资源的开发作为提升教学质量与培育学生综合素质的核心环节,其成效直接关系到教育目标的达成。为系统化支持校本课程资源的深度开发,学校构建了层次分明、多元协同的支持渠道体系。

(1)构建与专业机构的合作网络

学校与教育委员会、教师进修学校等教育行政及专业机构建立战略性合作关系,形成政策与专业的双重支撑。通过与教育委员会的深度协作,充分利用其政策引导功能,为校本课程资源开发争取到专项政策支持与资源投入,拓展课程开发的实施平台;与教师进修学校联合举办"校本课程开发理论与实践"专题培训、学术研讨会等系列活动,通过专家讲座、案例分析、工作坊等形式,系统提升教师对课程资源开发的理论认知与实操能力,显著增强教师参与校本课程开发的主动性与创造性。

(2)激活社区与家庭协同参与机制

社区与家庭作为课程资源的重要来源,被纳入学校资源开发的有机体系。学校与社区共建实践基地,组织学生开展"特校伙伴手拉手""广场勤劳环卫工体验""花山红领巾红色研学""社区小小志愿者服务""职业体验日"等系列主题实践活动,将社区真实场景转化为课程资源;同时,定期邀请社区文化传承人、行业从业者及家长代表进校开展专题讲座,如每年五一劳动节邀请家长以"职业成长导师"身份分享职业生涯故事,通过现场互动、情景模拟等方式,将家庭教育资源与社会资源有机融入校本课程开发。此外,通过家长委员会、问卷调查等渠道常态化收集家庭需求与建议,为课程开发提供多元视角。

(3)强化校内资源整合与协同开发

学校内部建立跨学科资源整合机制,组织各学科教师成立课程开发教研组,每两周举行一次结构化教学交流研讨会,推动学科间课程资源、教学经验的共享互鉴与融合创新。同时,对校内教材、教具、图书馆文献资源、实验室设备、体育场馆等硬件设施进行系统化梳理与集约化管理,根据校本课程开发需求优化资源配置,建立动态调整机制,显著提升资源利用效率。例如,将图书馆古籍文献与地方文化课程结合,实验室仪器与科学探究课程对接,形成资源与课程的精准匹配。

2.提高教师的课程开发意识和能力

教师作为校本课程开发的主体力量,其专业素养直接决定课程资源开发的质量。学校通过立体化培养体系,多维度提升教师的课程开发意识与实践能力。

(1)开展专业化培训与竞赛

学校构建"理论引领—实践指导—反思提升"的培训体系,定期举办"课程开发前沿理论""校本课程设计策略"等专题讲座,邀请课程论专家、资深教研员进行授课;组织"校本课程开发案例分享会""跨校交流研讨会"等学术活动,促进教师间经验互鉴。同时,鼓励教师参与省、市、区各级校本课程开发竞赛,通过赛前指导、赛中打磨、赛后复盘的全流程支持,教师在"古镇文化跨学科课程""数学与生活实践课程"等竞赛项目中屡获佳绩,有效激发了课程开发的创新活力。

(2)提供系统化资源与团队支持

学校建立多维度资源支持体系:采购国内外优质课程开发教材、教辅资料及多媒体教具,构建实体资源库;引进希沃白板、课程设计软件等数字化工具,并组织专项培训,提升教师技术应用能力。同时,成立由学科带头人、骨干教师组成的课程开发核心团队,实行"导师制"帮扶机制,为教师提供从课程理念建构、内容设计到教学实施的全过程指导。此外,设立课程开发专项经费,支持教师参加高端研修、购买专业资源,形成良性发展生态。

(3)建设智能化课程资源共享平台

学校搭建集"资源存储—分类检索—共建共享—评价反馈"于一体的数字化课程库,对各学科课程标准、教学设计、课件素材、教学视频等资源进行系统化整合与分类管理,支持教师通过关键词检索、学科分类等方式便捷获取资源。平台设置"资源上传—审核—共享"机制,鼓励教师将原创课程方案、优质教学案例等上传至平台,形成资源共建共享的激励机制。同时,引入其他学校的优秀校本课程资源,并邀请课程专家、一线教师组成审核团队,保障资源的专业性与适用性,为教师开发提供多元化参考。

3.深入挖掘各种课程资源,为校本课程开发增添新的内容

校本课程的创新性与丰富性依赖于对多元资源的深度挖掘。学校通过多渠道、多维度的资源开发策略,持续为课程注入新鲜内容。

(1)深化现有教材资源的二次开发

教师系统梳理国家课程教材、地方教辅资料及校本教材,依据学校"问学·体验"阳光课堂教学范式要求,对符合育人目标、契合学生认知特点的内容进行筛选与重构。例如,将语文教材中的地方文学作品拓展为"本土文化研读"校本课程,对数学教材中的实践案例进行情境化改编,形成"数学与生活"探究课程模块,通过内容重组、情境创设、活动设计等方式,实现教材资源的校本化转化与增值利用。

(2)转化学科竞赛与实践活动资源

学校与数学奥赛、科技创新大赛、英语演讲比赛等竞赛组织方建立合作关系,将竞赛中的前沿知识、创新题型、优秀参赛作品转化为校本课程素材,开发"学科竞赛思维训练"系列课程;同时,与社会实践机构、科研院所合作,将"金佛山生物多样性调查""古镇历史文化研究"等实践活动中产生的调查数据、研究报告、影像资料等进行系统化整理,形成"家乡文化探究""科学实践创新"等校本课程模块,为教学提供兼具实践性与探究性的真实案例。

(3)融合现代教育技术拓展资源边界

依托互联网、大数据等技术手段,学校构建开放式资源获取渠道:教师通过国家中小学智慧教育平台、学科专业网站、教育资源数据库等平台,获取优质课件、精品课例、学术论文等资源;利用微课制作工具、虚拟现实(VR)技术开发沉浸式教学资源,如"虚拟现实中的古建筑""三维动态数学模型"等,创新教学呈现方式。同时,引导学生通过在线学习平台、教育APP开展个性化学习,将数字化资源转化为互动式、探究式学习活动,拓宽课程资源的应用场景,激发学生的学习兴趣与创新思维。